JN100978

SDGs時代の
パートナーシップ

成熟したシェア社会における力を持ち寄る協働へ

佐藤　真久
関　　正雄
川北　秀人

編著

学文社

はじめに

　本書は，SDG17「パートナーシップで目標を達成しよう」で指摘されている
マルチステークホルダー・パートナーシップについて，①多様な持続可能な社
会像（人類生存，人類成長，社会成長，社会存続）（北村　2019）と，②パートナー
シップの多義性（手段，権利，目的）（佐藤　2019）の視点から考察を深めるもの
である。

　加えて，今日においては，パートナー
シップそのものが課題となっている
点も指摘せざるを得ない。持続可能な
社会の構築には，多様な主体の参画（マ
ルチ・ステークホルダー・プロセス）が
不可欠である半面，そのパートナーシ
ップが期待された成果を生み出せず，
むしろ負担や効率の低下にさえ結びつ
いてしまっている事例も少なくない。

「持続可能な社会」を考える視点
（北村友人　2019，『SDGs 時代の教育』12 頁）

このようなパートナーシップの不全は，まさに持続可能性の向上を阻害する顕
著な要因の 1 つといえる。

　相乗効果の高いパートナーシップや協働は，参画する多様な主体が，状況や
目的とともに，成果に対して真摯に謙虚に向き合いながら，互いのもつ力や資
源と，実践のプロセスや課題を共有することで実現する。つまり，パートナー
シップや協働の最大の強みであり，他方でむずかしさでもあるのは，その多元
性と，互いを理解・尊重し，力を活かしあえる「持ち寄り」の成否にある。本
書は，その課題に挑むための視座や，成果を導きつつある事例を広範に集めた。

　本書は，以下の 5 部構成となっている。

　「第 1 部 SDGs とマルチステークホルダー・パートナーシップ」では，編者
らが総論として持続可能な社会像（人類生存，人類成長，社会成長，社会存続）に
対する異なるパートナーシップのアプローチをまとめている。いずれも持続可

能な社会の構築に向けて，パートナーシップの重要性を述べているが，その依拠するところが異なる点に特徴がある。

「第2部 社会成長と社会存続のためのパートナーシップ」では，「社会成長」の一翼を担う企業が進めるパートナーシップの展開，「社会存続」に向けた共通プラットフォーム（政策・規範・ルールメイキング）の構築に向けたパートナーシップの拡充，「社会成長」と「社会存続」を軸とした地域のパートナーシップについて，事例を取り扱いながら論考を深めている。

「第3部 人類生存と社会存続のためのパートナーシップ」では，「人類の生存」と，人と人との関係性に基づく「社会の存続」に焦点をおいたパートナーシップについて論考を深めている。いずれも，VUCA社会（変動性，不確実性，複雑性，曖昧性の高い社会）において，世代内／世代間のコミュニケーションを重視し，行政や既刊型の組織体制にすべてを依存せず，自律的でありながら，互いの力を持ち寄る協働の姿を読み取ることができるだろう。

「第4部 社会存続としてのパートナーシップ」では，「社会の存続」には社会参加と協働が不可欠であるとともに，それらを「権利」として捉えて論考を深めている。

「第5部 人類成長と社会存続のためのパートナーシップ」では，「人類の成長」と「社会の存続」には協働の仕組み（協働ガバナンス）と学びの仕組み（社会的学習）が重要であるとともに，多様な主体と協働しつづける仕組みの構築，学び続ける仕組みの構築として，パートナーシップを「目的」として捉えて論考を深めている。

終章では，「SDGs時代のパートナーシップ」として，本書のまとめ，および既刊の関連書籍4冊もふまえたSDGs達成のためのまとめに代えた。

一般的に，パートナーシップは，目標を達成するための「手段」として捉えられがちだが，本書では，第2・3部で主に取り扱われているような「手段」としてのパートナーシップだけではなく，第4部で「権利」としてのパートナーシップ，第5部で「目的」としてのパートナーシップも併せて取り扱うことにより，持続可能な社会の構築に向けた「課題」となっているパートナーシップの不全に対して，解決を導きつつある多様な姿を取り扱っている。

本書を通して，SDGs について関心をもつだけでなく，それらを，「私の行動」「私たちの協働」として捉えていただきたい。その際には，既刊の関連書籍4冊（『SDGs と開発教育』(2016 年8月刊行)，『SDGs と環境教育』(2017 年10月刊行)，『SDGs とまちづくり』(2019 年3月刊行)，『SDGs 時代の教育』(2019 年5月刊行)も併せて読まれることをお勧めしたい。前述のとおり，パートナーシップには，持続可能な社会像に対するさまざまなアプローチと，パートナーシップ自身の多義性・多元性がある。これらの多様なアプローチと多義性・多元性を結びつける意欲や力をもつことが，持続可能性を高めるパートナーシップの構築には不可欠だ。本書の読者のなかから，孤軍奮闘をやめ，力を持ち寄る協働を通して，持続可能な社会の実現に貢献するような人々が多数輩出されることを期待する。

編者を代表して　　**川北 秀人**

本書に登場する主な地名

秋田県秋田市 (254)

山形県鶴岡市 (45, 260)

新潟県阿賀野川流域 (235)

富山県神通川流域 (240)

京都府亀岡市 (103)

島根県雲南市
(30, 54, 91, 97, 118, 214, 232)

北海道浦幌町 (146)

岩手県陸前高田市 (259)

宮城県女川町 (93)

東京都豊島区 (132)

神奈川県横浜市 (74, 193, 225)

愛知県知多地域 (205)

岡山県西粟倉村 (87)

岡山県岡山市 (195)

大分県別府市 (160)

注：カッコ内は掲載ページ

目　　次

第1部
SDGs とマルチステークホルダー・パートナーシップ

第1章　社会成長と社会存続のために

第2章　人類生存と社会存続のために

第3章　人類成長と社会存続のために

第1章
社会成長と社会存続のために

KeyWords
□持続可能な発展　□環境・経済・社会　□トランスフォーメーション　□人権の尊重　□マッピング　□SDGs ウォッシュ　□インパクト評価　□マルチステークホルダー・パートナーシップ　□Society 5.0

　これまでになく幅広い層の間で，SDGs（持続可能な開発目標）への関心が高まっている。これは SDGs の特徴である参加型の策定プロセスが大きく影響している。17 の目標は幅広いテーマを網羅しており，間口が広く誰もが解決に参加できることは SDGs の大きなメリットである。しかし，目標レベルの高さと比較して，現時点での SDGs の達成状況は不十分である。とりわけ，SDGs の中核課題である気候変動との戦いや貧困・格差問題への取り組みは，ほかの目標の達成にも幅広く影響するにもかかわらず，大きく遅れている。今後の取り組みを加速し，SDGs の高い目標を達成するために必要なのは，これまでとは次元の違う，政府・市民社会・企業・投資家など主体間での新たなパートナーシップの形成である。目標達成への取り組みを加速して，成果志向のインパクトのある活動とするためには，そして SDGs 達成に必要なトランスフォーメーションをもたらすためには，各セクターに何が求められているかを考えていく。

1 SDGs の根本思想とは何か

　SDGs は，2015 年 9 月に国際連合（以下，国連）で採択された，2030 年までに達成すべき，貧困，飢餓，健康と福祉，格差，雇用，ジェンダー，気候変動といった課題を解決し，持続可能な社会を実現するための 17 の目標体系である。各目標には具体的なターゲットと，各国の進捗を図る指標を伴っている。前身の MDGs（ミレニアム開発目標）がもっぱら開発と貧困の問題に重点をおいていたのに比べて，持続可能な発展の 3 要素である環境・社会・経済の 3 つの側面を幅広く取り上げた体系となっているのが大きな特徴である。

図1-1　持続可能な開発目標（SDGs）

17目標は主に，目標1～6までが社会的包摂，7～12が経済成長のあり方，13～15が環境保護，16と17は実施手段に関する目標となっている。

　SDGsの根本理解の出発点として，1987年に確立された持続可能な発展の定義「将来の世代のニーズを満たす能力を損なうことなく，今日の世代のニーズを満たすような発展」[1] を思い起こせば，将来世代を犠牲にしないための環境問題の解決と，今日において満たされていない貧困層のニーズを満たすための開発，この2つが中核的課題であること，そしてそれはSDGsにおいてもまったく同様であることが理解できよう。

　環境問題のなかでも，気候変動との戦いは全人類共通の，待ったなしの大きな課題だ。そしてその問題解決のためには，脱炭素社会という今とはまったく異なる経済社会への大変革を成し遂げなくてはならない。SDGsが強調する「トランスフォーメーション」[2] は，すべての目標について必要な考え方だが，まさに気候変動に関して最もよく当てはまる。また，貧困問題解決に経済成長は不可欠だが，それは環境を劣化させず，しかも誰も置き去りにしない包摂的な成長でなければならない。SDGsでは「誰一人取り残さない」という理念を掲げて，この包摂性を強調している。

つまり，持続可能な社会を実現するためには，ただ単に環境・社会・経済の3要素を独立の要素として調和させるとかバランスをとるというのではなく，これらを不可分一体の3要素として捉えて，統合的な取り組みをめざさなければならないのである。

　またもう1つ，持続可能な発展のすなわちSDGsの根底にある究極の理念は，「人権」であることもみえてくる。環境も社会も経済も，人間の活動が影響を与えるとともに，存在としての人間そのものにも影響を与える。持続可能な発展の中心にいるのは常に人間であり，持続可能な発展は人権の実現と深く関わっている。たとえば，環境問題の解決は，将来世代の人権を守るために必要なことであって，その意味ですぐれて人権問題である。経済成長は，貧困層の人権を実現するうえで欠かせない。そして，社会的包摂の取り組みが人権の実現をめざしていることはいうまでもない。SDGsの採択文書の前文で書かれているように，SDGsは究極的には「すべての人々の人権を実現する」ためのものであり，言い換えればすべての人が人間らしく，尊厳をもって生きることができる社会の実現をめざすものだといえよう[3]。

　以上，持続可能な発展の，したがってSDGsの中核的課題である，とくに環境と貧困問題に焦点を当ててSDGsの根本にある考え方を述べたが，SDGsは，その課題分野がとにかく広いことが特徴である。このことは，MDGsと違って策定過程がきわめて参加型であり，世界中のあらゆるセクターから意見が寄せられ，それが反映されているからでもある。当初は目標数が多すぎる，もっと絞り込むべきだとの声もあったが，それよりも，誰もが意見表明の機会をもち，自分たちの意見が反映されているという点は，MDGsに比べたときのSDGsの際立った特徴であり，強みでもある。

　したがって，SDGsは地球規模の大きな課題だけではなく，身近な地域の課題も含め広範な課題に言及しており，誰もが自分事として何らかのかたちで解決に参加できるというのも大きな特徴である。SDGsは，根源的には地球規模の環境と貧困という重い課題を内包しながら，しかし間口は広く，入り口のハードルは低い。これはSDGsを他人事にせず，全員参加で取り組むうえでは大きなメリットとなる。

2 大きく遅れる気候変動との戦い

2015年にSDGsが採択されて以来，すでに15年の取り組み期間のほぼ3分の1，5年近くが経過した。進捗状況は，毎年7月にニューヨークの国連本部で開催される，ハイレベル政治フォーラム[4]で共有され，課題が認識されている。

現在，SDGsの各目標のなかで最も大きな進捗の遅れとされているのが，気候変動との戦いである。2019年7月にハイレベル政治フォーラムの一環として開かれたSDGsビジネスフォーラムにおいて，国連グローバル・コンパクトのCEOキンゴー氏は，目標とのギャップが最も大きく取り組みが遅れているのが，この気候変動問題と，経済的格差やジェンダーギャップのような社会的格差を含む格差問題だと述べた。SDGsの17の目標は多岐にわたり，いずれも達成容易ではない目標群である。しかし，なかでも達成には程遠く，しかも達成できなかった場合には深刻な事態を招くという意味で，最大の問題は気候変動の取り組みの遅れである。その現状は，ついに世界中に広がる若者の抗議行動を引き起こした。

「政治的に何が可能かではなく，何をする必要があるのかに目を向けようとしない限り，希望はありません」。2018年12月，ポーランドのカトヴィツェで開催されたCOP24で，スウェーデンの15歳の少女グレタ・トゥーンベリ（Greta Thunberg）さんは，政府間交渉の当事者の各国代表に向けて厳しい表情と凛とした口調で訴えた。そのスピーチは，決して感情的にならず，冷静に大人を諭す説得力をもったものだった。グレタさんは翌年のダボス会議（世界経済フォーラム）に招聘されたほか，欧州議会，国連気候行動サミットなどでも演説した。

ことの始まりは，グレタさんが2018年の夏から毎週金曜日にたった一人でスウェーデンの議会前に座り込んで，必要な気候変動対策をとらない政治家に対する抗議活動を始めたことだ。その秋に予定されていたスウェーデン総選挙に向けて，自分で考えて行動を起こしたのだ。

たった一人で始めたこの行動は，その後共感の輪を大きく広げ，SNSを通

じて世界中のティーンエイジャーが立ち上がる。2019 年 3 月 15 日の金曜日，一斉行動日には，世界中 120 カ国以上でグレタさんの呼びかけに呼応して若者が抗議行動をするまでになり，欧州を中心にマスメディアでも大きく取り上げられるようになった。

　IPCC（気候変動に関する政府間パネル）が警告しているように，迫りくる気候の危機は科学的には「必然の近未来」であって，経済・社会や私たちの暮らしにとてつもない影響をもたらす。しかし，産業革命以降の気温上昇を 2℃ 以内に抑える国際合意を，そしてさらに低い 1.5℃ 以内に抑えることを強く勧告する IPCC 特別報告書（2018 年 10 月）の科学者の声を，政治家はどれほど真剣に受け止め，行動しているだろうか。そこで，投票権をもたない世界中の子どもたちが，投票による意思表示の代わりに声をあげたのだ。

　この若者の行動のうねりは，ついに大人も動かした。2019 年 5 月の欧州議会選挙では，ドイツ，フランスなど各国で環境政党が躍進し，欧州委員会は 2050 年までに温室効果ガスの排出を実質ゼロにするために，政策を総動員して新しい経済社会をつくると表明した。しかし，「私たちの家が火事です」と危機が差し迫っていることを訴え，世界中の政府が気候の危機を回避するに十分な政策をとるまで抗議活動を続けると宣言するグレタさんの声に多くの政府が応えるまでには至っていない。2℃ 目標達成に必要な温室効果ガス削減量と現状での各国の削減目標レベルの間には大きなギャップがある。1.5℃ 目標となるとさらにギャップは大きい。

　気候変動はすでに世界各地で，熱波による死者，干ばつによる農業への打撃，豪雨による洪水災害，氷山融解による海面上昇など，広範かつ甚大な影響をもたらしている。今後も深刻化するに違いないこの事態は，私たちの社会の存続に関わる重大かつ差し迫った危機だ。この状況を正しく認識しようと，世界中で多くの自治体等が気候非常事態宣言を発しはじめている。その数は増えつづけ，2019 年 8 月現在で 900 を超えた。

　現世代の気候変動への取り組みは，将来世代に決定的な影響をもたらす。ICC（国際商工会議所）会頭で，前ユニリーバ CEO のポール・ポールマン氏は，「もし現世代がこの問題を解決できるにもかかわらず努力を怠ったとしたら，

それは歴史上最大の世代間犯罪になる」と述べた[5]。その意味で，重要な利害関係者である未来を生きる若者たちが，現世代の政策決定者に課題解決を迫る声をあげ，集団的アクションを起こしたことには大きな意味がある。

③ 貧困と格差

　SDGs に関する国連の報告書（The Sustainability Development Goals Report 2019）は，取り組みの進んだ分野と，進んでいない分野についてそれぞれ言及している。まず進んだ分野として，MDGs の時代から通算して，25 年間で 10 億人が極度の貧困から脱出できたことをあげている。電気へのアクセス可能な人口も 2 倍になった。5 歳未満の死亡率は 2000〜2017 年で半減した。逆に進んでいない分野は，まず上述の気候変動であり，現状では 2℃ 目標の達成には遠く，4℃ 上昇の軌道をたどっている。このままでは後戻りできない破滅的な結果が待っている。もう 1 つの大きな問題は貧困と格差である。貧困，飢餓，疾病，水と衛生などの問題は，相変わらず最も貧しい国や人々のグループにおいて未解決のままである。ジェンダー不平等は拡大し，女性は男性に比べ賃金が低く意思決定にも参加できない。また 18 億人の若者のうち 22％ は仕事に就けず，教育訓練を受けられていないなどがあげられている。

　この貧困と格差の問題，とくに経済的格差の拡大については，国際 NGO のオックスファムが警鐘を鳴らしている。ダボス会議に向けて 2019 年 1 月に発表された報告書[6]では，世界で最も豊かな 26 人が所有する資産は，貧しいほうから数えて世界人口の半分にあたる 38 億人の資産合計と同じだったという。そしてこの傾向は年々亢進している。2018 年の同報告書では 2017 年に世界で新たに生み出された富の 82％ は 1％ の富裕層の手にわたり，貧しい下半分の人々の資産は増えなかったとしている。オックスファムは，富の偏在はもはや制御不能（uncontrollable）なレベルであると警鐘を鳴らしている。

　格差を縮めるために有効な取り組みの 1 つは教育の普及であるが，前出の SDGs に関する国連の報告書では，パキスタンでは 2400 万人の子どもが学校に行けておらず，地方の貧困家庭で小学校に通えている少女は 15％ に過ぎな

いという。子どもの権利を守る活動を続けている世界的な NGO，セーブザチルドレン・ジャパンでは，公共広告で，水汲みや家事手伝いに追われて学校にいくことができない途上国の少女の現実を考えさせ，貧困問題解決のために何が必要かを問いかけている。貧困は経済的貧困だけが問題なのではない。水と衛生，医療，教育，エネルギーへのアクセス，デジタルデバイドなど，多くの要素が関連し，解決方法もさまざまな側面から考えなければならない。ここに，政府だけでなく企業も含めたあらゆるステークホルダーが解決に貢献しうること，ステークホルダーの参画なしには貧困問題の真の解決はできないことの理由がある。

　また，貧困と格差は途上国のみの問題だけではない。先進国における貧困と格差も大きな問題である。日本国内においても，子どもの 7 人に 1 人は貧困状態にあるとされているし，将来は高齢者の貧困が大きな社会問題になるであろう。SDGs が掲げる「誰一人取り残さない」という理念を貫き，包摂的な社会を実現することは，世界共通の重い普遍的課題である。

４ トランスフォーメーションの必要性

　これまで取り上げた気候変動の問題，貧困と格差の問題は，SDGs の 17 目標でいえば目標 13 と 1 に書かれているが，それ以外の目標やターゲットの多くと関連が深く，それらの取り組みにも大きな影響を及ぼす。そしてこの 2 つの課題の共通点は，解決方法が小手先の対策やモグラたたき的な対症療法では足りず，根本的な解決策が必要で，社会経済の構造的な変化を起こさなければならないことである。SDGs の採択文書のタイトルに用いられたトランスフォーメーション（変容）という言葉[7] は，まさにこのことを訴えている。構造的な変化とは社会全体が連動してシステマティックに変化することであり，SDGs は必然的に，関連するすべてのセクターのコミットと協働を必要とする。

　この点は SDGs の理解の根本におかねばならない点であり，いずれの SDGs の目標への取り組みにおいても必要とされる基本的な考え方だ。また，本書のパートナーシップを考えるうえで，常にもっていなければならない視点である。

しかし，実際のSDGsへの取り組みは必ずしもトランスフォーメーションを意識して行われていない。SDGsの17のゴール，169のターゲットは幅広い分野をカバーしており，自組織の既存の取り組みをSDGsのどこか一部分に紐づける（マッピングする）ことによってSDGsへの貢献を確認し，満足してそれ以上深堀りする行動に至らないという傾向がある。また，SDGsブームに乗って，もっぱら対外アピールのみを目的としたイメージづくりにすぎない宣伝活動「SDGsウォッシュ」に陥っていると批判されるケースもある。

　では，以上の視点からみたときに，真に目標達成に資する意味のある取り組みとするにはどうすればよいか，とりわけ重要なセクターである政府，市民社会，企業，投資家の4つのセクターに求められる役割と課題を考えてみたい。

(1) 政府

　政府セクターの役割はトランスフォーメーションを主導することであり，そのためには，何といってもSDGsを政策に組み込み，主流化することである。元来，政策はすべて何らかの意味で公共の福祉を増進する意図で行われており，したがって既存の政策を束ねてみれば，それだけで外見的には「SDGsに資する政策パッケージ」になってしまう。しかし，そうした現状追認や既存政策の寄せ集めに終わるのではなく，SDGsが提示している真の持続可能な発展に必要な課題群を統合的に理解し，対策も省庁縦割りの枠組みを超えて立案・実施する必要がある。これまでにない中長期的スパンでのチャレンジングな目標達成のために，政府一体となって経済・社会の仕組みを大きく変容させるような政策が求められているのである。

　そこでは，長期ビジョンとロードマップを示し，必要なら市場のルールを変えることによって，社会に対する明確な政策シグナルを発信することが，とりわけ重要である。トランスフォーメーションを導くうえで，ルール・メイカーとしての政府の役割は最も大きい。

　自治体でもSDGsへの関心が高まり，盛んに取り組まれるようになった。ひと口に自治体といっても，おかれている状況はさまざま，課題も多岐にわたる。しかし，本書で紹介された事例や，「SDGs未来都市」や「自治体SDGsモデ

ル事業」に選定された事例などでみられるように，地域の問題解決に取り組む NPO や社会起業家，企業，大学などとの，他地域が参考にすべき協働事例や多くのイノベーティブな事例がすでに生まれている。これらをスケールアップするとともに，各地に移植・展開していくことが強く望まれる。

⑵ 市民社会

環境，福祉，多文化共生，防災，教育などさまざまな分野で，地域の課題解決のために市民セクターが果たしてきた役割は非常に大きい。今後も，課題解決志向でミッションを掲げ行動する市民セクターの力は，SDGs の達成に不可欠なものである。市民セクターによる，行政や企業も巻き込んだ主体的な問題解決の試みは，これからもさらに拡大していくことが望まれる。そして，今後は現場で個々の問題解決にあたるだけでなく，欧米の NGO のように，政策提言（アドボカシー）にも力を入れて，ルールづくりや政策・ビジョンの策定などにより深く関わって大きな力を発揮することが望まれる。

とくに，市民セクターならではの，あるべき社会の姿を提示し長い時間軸での大きな変革を提起する役割に期待したい。気候変動のような地球規模課題だけではなく，国内課題を考えてみても，たとえば急速に進む少子高齢化によって日本社会の将来は長期的かつ劇的に変化する。現時点で生じているひずみやしわ寄せに目を配り，社会的弱者の力になるだけではなく，将来に目を向けさせて警鐘を鳴らし，変化を先取りした政策や社会の動きを導くような役割も期待したい。

また，一人ひとりの市民の行動変容も重要であり，この点でも市民の意識・行動に働きかける市民セクターの力の発揮が求められる。このことに関連して，Good Life Goals というツールがある[8]。WBCSD（持続可能な発展のための世界経済人会議）などが提唱しているもので，市民一人ひとりが暮らしのなかで SDGs に取り組もうというものだ。注目したいのは，自分の行動の見直しだけではなく，各目標へのアクション項目の最後に，「要求しよう」「働きかけよう」という政策決定者などに向けた変化への要請に関する項目があることだ。こまめな節電など自分のできる範囲での行動の積み重ねが社会全体で一定のインパ

クトを生むことは事実だが，それだけでは求められている大きな変化は起こせ
ない。有権者が意思表示をすれば，立法府，そして行政府をも動かせる。
SDGs の達成には欠かせない市民行動の1つだ。

(3) 企業

　SDGs 達成における企業の役割が注目されている。グローバルコンパクト・
ネットワーク・ジャパンの会員企業アンケートによると，「誰が課題解決の中
心的な役割を担うか」との問いに対して，2015 年の SDGs 採択以来，政府と
いう回答が大きく減少するなかで，企業という回答が目に見えて増えている（表
1-1）。

　SDGs 採択文書においても，第67 段落において，「民間企業の活動・投資・
イノベーションは，生産性及び包摂的な経済成長と雇用創出を生み出していく
上での重要な鍵である。我々は，小企業から協同組合，多国籍企業までを包含
する民間セクターの多様性を認める。我々は，こうした民間セクターに対し，
持続可能な開発における課題解決のための創造性とイノベーションを発揮する
ことを求める」としており，まさに課題解決に企業の力が不可欠なことを述べ
ている。この先，包摂的で持続可能な社会へのトランスフォーメーションを実
現するうえで有力な決め手になるのが，企業の役割であり，とりわけデジタル
技術の有効活用であろう。

　日本政府は，第5 期科学技術基本計画（2016 年1 月閣議決定）で日本の新しい
成長モデル Society5.0 を掲げた。それは狩猟社会，農耕社会，工業社会，情報
社会に続く近未来の超スマート社会の実現であり，高齢化に伴う介護ロボット
導入，スマート農業による農業生産性向上，自動運転によるモビリティ確保な
ど，社会の課題解決にデジタル技術を活用して人間の可能性を拡大することで
ある。言い換えれば，人間中心の超スマート社会の実現をめざすことである。

　経団連は，2017 年の経団連企業行動憲章および実行の手引きの改定において，
会員企業の SDGs への取り組み促進を主眼に，パリ協定，ビジネスと人権に関
する指導原則など，国際的行動規範を新たに取り込んだ。そして SDGs の達成
につなげる具体的なアクションとして，「Society 5.0 for SDGs」つまり

表 1-1　SDGs に影響力のあるセクター

Q. SDGs 推進に一番影響力のあるセクターはどこだと考えますか？

	2015 年	2016 年	2017 年	2018 年
企業	10%	12%	13%	19%
株主・投資家	0%	7%	12%	12%
顧客・消費者	4%	16%	17%	16%
政府・政府系団体（JICA 等含む）※ 2016 年までは自治体含む	58%	41%	35%	24%
（国内）地方自治体	—	—	1%	1%
NGO/NPO	5%	3%	1%	1%
アカデミア	1%	0%	0%	1%
国連・国際機関	—	—	—	3%
全セクターが等しく影響力を持っている	16%	15%	15%	21%
その他（具体的に）	0%	1%	1%	2%
わからない	5%	5%	4%	1%

出典：『SDGs 調査レポート Vol.3』 IGES, 2019 年

Society5.0 の実現を通じた SDGs の達成への貢献を戦略として打ち出している。

　2018 年 6 月に日本が議長国となって開催された G20 サミットに向けて，経団連は産業界としての提言をまとめるために，B20 会合を 2018 年 3 月に開催した。そこでは，世界の産業界の声として日本発の Society5.0 for SDGs の提言をとりまとめ，同時に具体的な各国企業の好取り組み事例集，"B20 Tokyo Summit : Tangible Examples by Business - Toward Society 5.0 for SDGs" を取りまとめて発表した。

　デジタル技術は，私たちの日々の暮らしにもすでに大きな変化をもたらしており，この先も，SDGs に不可欠な社会のトランスフォーメーションをもたらす可能性を有している。しかし，デジタル技術がもたらす変化がすべて人間にとって好ましいとは限らない。AI やロボット技術は人間の雇用を減少させるし，デジタル化された個人情報の活用は，プライバシー侵害や監視社会化など人権侵害にもつながるリスクも伴う。

　SDGs が必要としている社会変革の大きさを考えたとき，デジタル技術の活用は不可欠であろう。国連事務総長も，SDGs への取り組みの推進力として科

学技術とイノベーション，とりわけデジタル・トランスフォーメーションに期待を寄せている。課題はいかに人間中心の社会の実現を前提にして技術を人間のために用いるか，つまり技術の社会における受容性を常に人間中心の視点をもって考えることである。

　より詳細な企業によるソリューションについては，第4章で具体的事例とともに紹介する。いずれにせよ，トランスフォーメーションのための企業の役割は大きい。と同時に，企業にとっては，SDGsへのビジネス・ソリューションの提供は，大きなビジネス・チャンスでもある。前ユニリーバのCEO，ポール・ポールマン氏は，「SDGsは企業を必要としている。そして企業はSDGsを必要としている」として，企業とSDGsは密接不可分な関係にあることを強調した[9]。

⑷　投資家

　昨今，SDGsへの企業の取り組みを促進するエンジンとなっているのが，ESG投資である。企業の役割が重要性を増すとともに，その取り組みを加速する投資家の役割が注目されている。ESG投資とは，投資判断において，財務面での評価に加えて環境・社会・ガバナンスの側面も評価する投資手法をさす。2006年に国連環境計画金融イニシアチブ（UNEP-FI）が責任投資原則（PRI）を立ち上げてESG投資を提唱して以来，賛同する機関投資家が増えつづけ，世界的に残高が増加している。

　世界の統計を取りまとめて2年ごとに発表しているGSIAの報告書（2018 Global Sustainable Investment Review）によれば，2016〜2018年までの2年間で，世界のサステナブル投資残高は34.05％増加し，3256兆円（レート106.13円，2019年8月16日）となった。地域別にみてみると，なかでもとくに目覚ましい伸長をみせているのが日本である。世界の動向に後れをとっていた日本は，図1-2に示すように，2014年からわずか4年間で急激に残高を増やし，カナダを抜いて世界3位となった。全運用資産に対するサステナブル投資の割合も，欧州並みの50％には届かないものの，18.3％まで急上昇してきた。

　急拡大の大きな要因は，日本政府の政策によるところが大きい。金融庁は2014年に機関投資家向けのスチュワードシップ・コード，2015年には上場企

業向けのコーポレート・ガバナンスコードを策定し，機関投資家と企業との間で中長期的な企業価値向上のための意味のある対話を促した。そのなかでもESGは対話の重要項目とされている。また，2015年には世界最大の政府系年金基金であるGPIF（年金積立金管理運用独法）が，国連が2006年に呼びかけた責任投資原則（PRI）に署名した。GPIFは自らESG投資に積極的に取り組むとともに，PRIの原則4に従って，インベストメントチェーンにおける関係先にESG投資の実践を働きかけた。このため，GPIFから運用を受託するアセットマネジメント会社などが，一斉にESG投資に向かって動き出した。GPIFはさらにSDGsへの貢献も意識して，一連の取り組みを通じてその推進力となろうとしている。

もう1つ，国内外で企業行動に大きな影響を与えているのが，TCFDの提言[10]である。本章の文脈でTCFDが重要なのは，①気候変動への取り組みに関して企業が開示する情報は，非財務情報ではなくリスクと機会に関する財務情報そのものであると明言したこと，②脱炭素社会に向けて劇的な変化のシナリオが想定されるなかで，企業がこの変化のシナリオを事業戦略に織り込んでいるかどうかを開示する必要があるとしたことの2点である。とくに後者は，

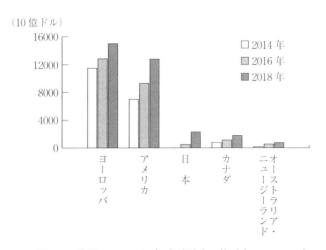

図1-2　世界のサステナブル投資残高の伸び（2014-2018）

出典：*Global Sustainable Investment Review*, GSIA（2016・2018）から筆者作成

これまでの取り組み実績を評価するという従来の手法ではなく，未来志向で，トランスフォーメーションの時代における社会の大変化に対する企業戦略を問うという点で，企業の情報開示に大きな影響を与えた。なお，TCFDには日本企業がいち早く反応している。多くの日本企業がTCFDへの支持を表明し，国別にみると世界一の支持企業数となっている。

　2015年のパリ協定では，合意形成に向けて企業と投資家が政府を後押ししたとされる。投資家は気候変動だけではなく，SDGs全般に関しても強い関心を寄せて，企業のSDGsに関する戦略やパフォーマンスの情報開示を求めている。またSDGsに関しては，グリーンボンド，SDGsボンドなど，債券投資の形態も大きな広がりをみせ，投資戦略が多様化している。今後も，SDGsがめざすトランスフォーメーションを加速する投資家の役割はますます重要になるであろう。

5 新たなパートナーシップの実践のために─その課題と展望

(1) マルチステークホルダー・パートナーシップを超えて

　冒頭にも述べたが，SDGsのよい所は，間口が広く，入り口のハードルが低く，インクルーシブな議論ができる点，つまり誰でも，立場や専門分野は違っても，参加して共通言語で話ができることだ。国連の広報戦略の成功も相まって，17色のカラフルなアイコンやバッジは世界中で目にすることができる。以前のようにそれぞれの分野の専門家がタコつぼの中だけで考えているのではなく，世界中で，あらゆる人々が共通理解の下に語り合う場を容易につくることができる。これは今までになかったことであり，SDGsの最もすぐれた点といってもよいであろう。SDGsのよい点をさらに具体的にみていくと，以下のような項目が列挙できよう。

・持続可能な発展という抽象的な概念を，具体的な目標とターゲットで目に見えるかたちで示した
・2030年という共通の長い時間軸で語ることができる
・解決すべき課題相互間の関連に気づかせてくれる

- 何を達成しなければならないかをまず考え，逆算して行動するバックキャスティングを促す
- マルチステークホルダーが参加する策定プロセスによって，皆がオーナーシップを感じている
- さまざまなステークホルダーが目標を共有して協働することの必要性を，認識させてくれる

持続可能な社会の実現をめざした，すべての組織に向けた社会的責任のガイダンス文書である，ISO26000 が強調しているように，マルチステークホルダーによる対話と協働，すなわち共通の理解に基づいてすべての組織がともに責任ある行動をとることが，SDGs 達成のために不可欠である。

そのうえで，包摂的で持続可能な社会へのトランスフォーメーションというSDGs の掲げる理念を実現し，難易度の高い体系的目標群を達成するために格段のチャレンジが必要なこととして，以下の諸点をあげることができよう。

- SDGs の基本理念としてのトランスフォーメーションがなぜ必要なのか関係者間で共有する
- 長期的視点に立ってこれまでにない大きな変化をめざすことの必要性に気づく
- そのためにはルールや仕組みを変えることも必要になることを理解する
- イノベーションと創造性を発揮させるために，ビジネスの力，市場原理と投資を活用する
- 人間中心の視点に立ち，革新的デジタル技術を最大限に活用する

各セクターがそれぞれ自らの領域に閉じこもったままで，目の前の問題解決のために必要に応じて協力するというタイプのマルチステークホルダー・パートナーシップだけでは，SDGs の各目標を成し遂げえない。必要なのは，より戦略的で革新的なパートナーシップであり，根本原因を理解し，目標達成へのインパクトを最大化するために必要な行動原理を共有し，総力をあげて社会全体に変化をもたらす行動をとることである。

しかもこの社会全体の大変革は，これまで経験したことがないほどのスピード感をもって成し遂げなくてはならない。気候変動に関していえば，1.5℃以

内の気温上昇に抑えることを勧告する前出の IPCC 特別報告書では，2030 年までに 2010 年比で 45％の排出削減が必要だとする。そのためには残された 10 年がきわめて重要な意味をもち，経済・社会・人々の価値観や行動まで大きく変えて低炭素社会に移行しなければならない。本章第 2 節で紹介したグレタさんの活動に共感する若者は増え続け，政治家に対して責任ある気候変動政策を求める 2019 年 9 月 20 日の一斉行動には，ついに世界中で 400 万人もの若者らが参加した。今，彼らが行動しているのは，自分たちが大人になってから世の中を変えるのでは，とても間に合わないからだ。

　経団連では，2017 年以来，毎年 7 月のハイレベル・ポリティカル・フォーラムに合わせて SDGs ミッションを送り，国連関係者やシンクタンクなど多くの関係者と対話を続けている。そのなかで，Society 5.0 for SDGs の戦略や日本企業の取り組み事例を紹介したところ，UNDP，世銀，UNICEF など国連関係組織が強い関心を示した。いずれも，従来の国連機関の手法の枠を超えた，イノベーション創造に力を入れているからだ。たとえば UNDP は，世界中にイノベーション・ハブを設置して世界規模でこれまでにない変化を生み出そうとしている。世銀はイノベーション担当副総裁をおいているし，UNICEF にはイノベーションの専任担当部署がある。UNDP は，イノベーションで社会を変えるには企業の力が必要なので経団連に協力を深めたいとして，協力覚書（MOU）を 2018 年 11 月に交わした。イノベーションをキーワードに，経団連と国連機関との間で，これまでにない協力関係が生まれつつある。

　こうした SDGs 時代の新たなパートナーシップのあり方に，インスピレーションを与えてくれるのが，The Fourth Sector Group の考え方である。筆者は 2019 年 7 月の経団連 SDGs ミッションで，ワシントンの国連財団ビル内のオフィスに The Fourth Sector Group を訪問し，代表の Heerad Sabeti 氏と対話を行った。同グループは，新たなエコシステムとして，既存の政府・市民社会・企業という 3 セクターのモデルを超えた，新しい 4 つ目のセクターを育む必要性を提唱している。これまでの課題解決の次元を超えた SDGs のような新時代の複合的な難題を解決するには，現在の構造とはまったく異なる新たなエコシステムが必要だとする考え方である。既存のセクターごとの別々のエコシステ

ムの存在を前提にして，その間のパートナーシップを強化するだけにとどまら
ず，サステナビリティを軸に据え，ビジネス手法を用いた，1つの大きなエコ
システムをつくり上げることが必要だとする。

　4つ目のセクターは，従来の3セクターのいずれにも属さない，ミッション
実現と収益拡大を同時に図ることを行動原理とした仮想的なセクターである。
現実的には，ミッション志向を強めた企業，ビジネス志向を強めた市民セクタ
ー，またそうした新しい視点で政策を推進する政府セクターや投資家などが該
当し，それらが重なり合う，新しい行動原理に基づく社会的領域のことを4つ
目のセクターと呼んでいる（ビジネス手法が不可欠だが，主体が必ずしも企業であ
る必要はない）。

　SDGs にはあらゆる関係者参加の下の共同アクションが必要だという意味に
おいて，マルチステークホルダー・パートナーシップが求められることはいう
までもない。しかし，SDGs が示すグローバルな課題，ローカルな課題の解決
を成し遂げるには，これまでにないレベルのイノベーション（すなわちトラン
スフォーメーション）を生み出す，新しいインパクト志向のパートナーシップが
必要とされる。そのあり方を考え実践するうえで，新たなエコシステムが必要
だとする The Fourth Sector Group の問題提起は豊かなインスピレーションを
与えてくれる。

⑵　求められるインパクト志向と課題としてのインパクト評価

　ここまでみてきたように，SDGs 時代の新たなパートナーシップを実践する
うえで必要なことは，「とにかく一緒に汗をかく」ことに加えて，どうしたら
必要で入手可能なリソースを組み合わせて，得られるインパクトを最大化する
ことができるかという成果志向の考え方である。

　企業も，政府も，市民社会も，今や SDGs という共通目標を手に入れた。そ
の達成のために，共通のパフォーマンス指標を使用して，インパクトの評価を
共有し，取り組みを改善しインパクト拡大に努めることが，イノベーション創
出につながる。そしてそこに，これまでと次元の異なる戦略的なパートナーシ
ップも生まれる。また，SDGs ウォッシュを避け，意味のある取り組みとする

ためも，実際にインパクトが生まれているかを測定・評価し，開示することが必要である。

インパクト評価，またそれに基づくパフォーマンス評価やベンチマーキングなどは，SDGs推進に関わる各主体の間で共通の関心事となってきている。さまざまなインパクト測定手法も提唱され，試行錯誤されている。こうした測定手法はこれからもいろいろと開発され，提唱されるであろう。インパクト評価の手法を最終的に1つに絞る必要はないが，少なくともインパクト評価を共通言語にするために，インパクトを評価するうえでの共通原則は樹立される必要がある。

最近では，インパクト評価の重要性が注目されるなかで，インパクトとはいえない内容を，インパクト評価をしたとして公表する，インパクトウォッシュという言葉も聞かれるようになった。これらを避けるためにも，インパクト評価の原則が確立され広く理解されることが望まれる。真のインパクトベースでの解決策を見いだすこと，それを評価して改善策につなげること，これはSDGsに取り組むすべての関係者に求められることである。

幸い，本書の各章でさまざまな切り口から紹介される豊富なパートナーシップの事例に明らかなように，あらゆる場面で，そしてさまざまな主体による連携がみられるようになった。しかし，SDGsの達成には，より大きな成果を生むパートナーシップの実践のために知恵を出し試行錯誤することが必要である。各章には，そのために必要なものは何かを考え，実践するためのヒントが満載であり，ぜひ活用していただきたい。

[関　正雄]

本章を深めるための課題

1. SDGsのこれまでにない特徴とは何なのか，またその根底に横たわる理念や思想が何であるかを理解しよう。
2. SDGsの達成のために，これまでにない次元のパートナーシップが必要不可欠であることの理由を考えてみよう。
3. トランスフォーメーションを実現するために，政府・市民社会・企業・投資家などの各主体に今後求められる行動とは何か考えてみよう。

注

(1) 1987 年，グロ・ブルントラント（ノルウェー初の女性首相）の率いる，環境と開発に関する世界委員会（国連環境計画の特別委員会）が作成した，報告書 "Our Common Future" における定義。

(2) トランスフォーメーション（transformation）とは，姿形が変わってしまうほどの大変容をさす。SDGs 採択文書においては，様変わりするような社会の大変革を意味し，従来とは次元の違う取り組みが必要であることを訴える重要なキーワードとして用いられている。

(3) SDGs 採択文書「我々の世界を変革する：持続可能な開発のための 2030 アジェンダ」の前文には，以下のような記述がある。「今日我々が発表する 17 の持続可能な開発のための目標（SDGs）と，169 のターゲットは，この新しく普遍的なアジェンダの規模と野心を示している。…中略…これらは，<u>すべての人々の人権を実現し</u>，ジェンダー平等とすべての女性と女児の能力強化を達成することを目指す。」下線は筆者。

(4) ハイレベル政治フォーラム（The United Nations High-level Political Forum on Sustainable Development，略：HLPF）とは，国連社会経済理事会の機能委員会の 1 つに過ぎなかった持続可能開発委員会を，その重要性に鑑みて総会直下の機関に格上げし 2012 年に設置された組織。2015 年以降は SDGs のフォローアップとレビューの場として位置づけられ，毎年 7 月に経済社会理事会主催で，4 年に 1 回は国連総会のもとに首脳レベルで会議が開催される。

(5) 2019 年 3 月 15 日に開催された，東京での B20 会議のパネルにおける発言。

(6) "PUBLIC GOOD OR PRIVATE WEALTH?" OXFAM BRIEFING PAPER – JANUARY 2019

(7) SDGs の国連採択文書の表紙タイトルは，「TRANSFORMING OUR WORLD : THE 2030 AGENDA FOR SUSTAINABLE DEVELOPMENT」である。

(8) IGES（公益財団法人 地球環境戦略研究機関）のウェブサイト（https://www.iges.or.jp/jp/index.html）からは和訳版がダウンロードできる（2019 年 8 月 31 日最終閲覧）。

(9) 2019 年 3 月 15 日に開催された，東京での B20 会議のパネルにおける発言。

(10) G20 の要請により，2015 年 12 月に金融安定理事会（FSB）が設立した，気候関連の財務情報開示に関するタスクフォース（Task Force on Climate-related Financial Disclosure, TCFD）。座長はマイケル・ブルームバーグ氏。企業の気候変動関連の情報開示を促進し，①企業に対する投資，与信および保険引受判断を支援，②金融セクターの保有する炭素関連資産および金融システムに内在する気候変動関連リスク・機会を明示。こうしたリスクの開示が不完全であることにより，資本配分の誤りが発生し，金融市場の不安定化が生じ得るものとして，TCFD が設置された。タスクフォースの提言書は 2016 年 11 月に公表された。

第2章

人類生存と社会存続のために

SDGsの目標17「持続可能な開発のための実施手段を強化し，グローバル・パートナーシップを活性化する」は，資金，技術，能力構築，貿易，体制面（政策・制度的整合性／マルチステークホルダー・パートナーシップ／データ，モニタリング，説明責任）について19のターゲットをあげている。世界全体をみれば，後発開発途上国をはじめとする危機に直面する人々を「誰一人取り残さない」ために，日本をはじめとする各国がグローバルに協力することを求める内容となることは当然といえる。

しかし日本は，戦時下でもないのに，高齢化と人口減少が同時に進むという世界で最も深刻な課題に直面する課題先進国だ。そんな日本こそが，自らの課題に，技術，能力構築，政策・制度，データ，モニタリング，そして何より，マルチステークホルダー・パートナーシップという，SDGsの目標17にあげられた項目へのローカルな取り組みを通じて，未来の世界各国に共通する課題解決のモデルとなることが必要であり，都市化や高齢化が進む他国への貢献が期待される。

本章では，人類の生存と社会の存続のために求められるパートナーシップを，日本の地域づくりにおいて進めるための視点や基本的なプロセスについて述べたい。

1 課題解決先進国であるために─決めてみる・やってみる・ダメならやり直してみる

人類を含むすべての生物種の存続に求められることは，弛まざる進化に他ならない。人類が，ほかの生物とともに共有する環境を含む社会の存続には，その持続可能性を下げる要因を抑え，持続可能性を高める要因を促すしかない。しかし人類自身がその役割を担わず放棄してしまえば，自らと社会の持続可能

性は下がり，存続を自ら脅かすことになる。

では人類史上初めて，超高齢化と人口減少という2つの難題に同時に直面する日本は今後，自らの持続可能性を高めるために，どのように社会の自治を進化していけばよいのだろうか。

自治とは，自分（たち）で決めて，自分（たち）で担うことを意味する。発災時の初動対応をはじめとして，日本の地域や住民には，担う力は十分にある。しかし問題は，決める力が弱いことだ。それが地域づくりのあり方であれ，公共施設や飲食店における禁煙の徹底であれ，海ごみの排出源である使い捨て型のプラスチック容器包装の使用制限であれ，持続不可能なことを繰り返しつづけることをやめ，負担を求めることについて，「むずかしい」「悩ましい」という言葉を口にする人々は，「判断の材料を懸命に探しているが，まだ見つかっていない」のではなく，判断を拒んでいるか，先延ばしにしているにすぎない。

もちろん，自ら決めて自ら担う自治であるがゆえに，「決めたくないなら，決めない」という判断もありえる。しかしそういう社会からは，「今は苦しくても，未来のために決めて動こう」という人々が離れ，減っていく。

人口構成や技術など，社会の状況が変われば，社会の担い方にも進化が求められる。未来を見通して判断し，変化に備えて動く人，つまり，挑みつづける人を増やせる社会と，変化を見過ごし，判断や，挑む人を拒みつづける社会とでは，その持続可能性に大きな差が生まれることは改めて述べるまでもない。

他県からの流入が続く東京も，出生率の大幅な回復が見込めないまま，まもなく人口減少期に入ることが避けられない。世界全体でも，人口は増加しつづけているものの，そのペースは下がりはじめている。人口より課題が増える時代や社会では，「これまでどおり」では歯が立たない。気づかないふりや「まだ大丈夫」という正常化バイアスによって，判断と行動をさらに遅らせてしまうことは，状況の悪化と持続可能性の低下を招いてしまう。

超高齢化と人口減少という，世界における課題先進国・日本が，課題解決の先進国となるためには，変化に備える動き，つまりチャレンジにやさしい国であることが不可欠だ。チャレンジとは，日常の暮らしに引き寄せていえば，「決めてみる・やってみる・ダメならやり直してみる」の3つの「てみる」のこと。

頭も心も柔らかく，判断と実践を積み重ねることが，進化を続けるための絶対的な要件である。

2 住民自らが判断・実践するために─「これまで」と「これから」を示す

課題先進国・日本の地域社会において，その課題解決の担い手は，ごく少数のイノベーティブなリーダーではなく，地域に生きる人々だ。自分たちで決めて，自分たちで担う自治によって，よりよい地域づくり，ひいては，地域の持続可能性の向上を実現するためには，住民自らが，社会と地域の変化を正確に理解し，判断し，実践する担い手となることが不可欠である。初期の生活習慣病の治療に必要なのは，医師による外科手術ではなく，患者自身による生活習慣の改善であるのと同様に，地域社会の持続可能性を高めるための取り組みに必要なのは，行政や専門家による支援の前に，住民自身による判断と実践の積み重ねに他ならない。

このため筆者は，健康診断や検査の結果を患者と共有し，自ら積極的に改善行動を行うよう促すのと同様に，市町村や集落単位の人口・世帯の構成や自治体行政の財政について，20年前から20年後までの前後40年間の推移で示して，「これまで」と「これから」がどれだけ違うかを，住民自身が自分ごととして受け止め，変化への対応の必要性を理解し，判断と改革に踏み込んでいくことを促しつづけている。

では，日本全体において，「これまで」と「これから」がどれだけ違うかを，SDGs が定められた2015年を起点に前後20年の計40年間の推移を確認しておこう。

(1) 人口構成の推移─85歳以上は倍増し前期高齢者も減りはじめる

すでに1970年に高齢者率が7％を超え，高齢化社会となって以降約50年を経ている日本において，「少子高齢化が進み…」といった枕詞は，状況の厳しさを正確に共有する言葉としての意味をもたない。

2015年を中心として前後20年間の推移（表2-1）をみると，生産年齢人口は

表 2-1　日本の人口構成の推移

（単位：人）

	1995 年	2005 年	2015 年	2025 年	2035 年
総人口	125,570,246	127,767,994	127,094,745	122,544,102	115,215,698
0 − 14 歳	20,013,730	17,521,234	15,886,810	14,072,740	12,457,214
15 − 64 歳	87,164,721	84,092,414	76,288,736	71,700,512	64,941,882
65 歳以上 総人口比	18,260,822 14.5%	25,672,005 20.1%	33,465,441 26.3%	36,770,849 30.0%	37,816,602 32.8%
65 − 74 歳	11,091,245	14,070,107	17,339,678	14,971,125	15,219,341
75 歳以上 総人口比	7,169,577 5.7%	11,601,898 9.1%	16,125,763 12.7%	21,799,724 17.8%	22,597,261 19.6%
85 歳以上 総人口比	1,579,745 1.3%	2,926,704 2.3%	4,887,487 3.8%	7,202,606 5.9%	10,017,973 8.7%
2015 年の日本が「100 人の村」だったら？					
総人口	99	101	100	96	91
0 − 14 歳	16	14	12	11	10
15 − 64 歳	69	66	60	56	51
65 歳以上	14	20	26	29	30
65 − 74 歳	9	11	14	12	12
75 歳以上	6	9	13	17	18
85 歳以上	1	2	4	6	8

出典：「国勢調査」1995 ～ 2015 年各年版，2025 年以降は国立社会保障・人口問題研究所の資料による

1995 年を，総人口も 2005 年をピークに減少を始めていることは多くの人も知るところだが，高齢者数はこれまで 20 年間で 8 割以上増え，人口に占める比率も 14.5％（7 人に 1 人）から 26.3％（4 人に 1 人以上）へと高まり，これから 20 年間でさらに数は 1 割増える。

　しかし 65 歳以上の高齢者を一括りにみるのは，健康や地域づくりにおける役割などを考えると適切ではない。現に，要介護度 3 以上の認定を受けている人の比率を年齢層ごとにみると，65 ～ 74 歳までの前期高齢者では 1.1％と約 100 人に 1 人にすぎないのに対し，85 歳以上では 23.2％と約 4 人に 1 人に達する。つまり前期高齢者は「元気高齢者」として，町内会長・自治会長や民生児童委員などをはじめとする主な役職をはじめ，地域づくりの主役として活躍し

ているのに対し，85歳以上になれば，介護サービスのみならず見守りや健康づくりなど，地域の人々による福祉のお世話になることを織り込まざるを得ない年齢層であることがわかる。

　このことを念頭において，再度表2-1をみると，地域づくりの主役である前期高齢者数はこれまで増えつづけてきたものの，今後は減少に転じ，一方で85歳以上は今後20年間で2倍以上になる。要介護度の認定率が現状と同じままで続けば，介護需要は現在の2倍になるのに対し，介護サービスを担う生産年齢は15%減少する。もはや介護保険制度にとっては，外国からの人材を受け入れるだけでなく，生産性を現状の2倍程度に高めるためにAIやロボティクスを最大限に活用するとともに，要介護度を下げるための健康づくりの活動への参加を，自治体行政や地域の力を借りて総力で促すしかない。

　「大きな数字を示されても理解しにくい」という人が多い地域に行く機会が多い筆者は，この推移を「2015年の○○市町村が100人の村だったら？」と簡素化して解説するよう心掛けている。同様に，2015年の日本が100人の村だったら，総人口はこれから20年間で100 ➡ 91へ，生産年齢人口は60 ➡ 51へ，前期高齢者も14 ➡ 12へと減る一方，85歳以上は4 ➡ 8へと倍増する。

　端的に言い換えれば，2035年の総人口1億1500万人強に対し，85歳以上は1000万人を超え，総人口の11人に1人に達することになる。それまであと，わずか15年ほどしかない。

⑵　世帯構成の推移──「向こう三軒両隣」に必ず後期高齢者のみの世帯

　人口構成以上に日本人のくらしや地域社会に大きな影響を与えているのが，世帯構成の推移（表2-2）である。これまで20年間に人口は1%しか増えていないのに，世帯数は21%増えており，結果として世帯当たり人数は減少，つまり，家族は小さくなった。1995年に2.85人だった世帯当たり人口は2015年に2.38人へと減少し，単独世帯は25%（4件に1軒）から34%（3件に1軒）へと増加して，日本で最も多い世帯は「一人ぐらし」となった。

　しかも，単独世帯のうち75歳以上は，1995年の91万件が2015年には320万軒へと3倍以上に増え，全世帯に占める比率も2%（50件に1軒）から6%（16

表 2-2　日本の世帯構成の推移

（単位：軒）

	1995 年	2005 年	2015 年	2025 年	2035 年
総世帯数	44,107,856	49,566,305	53,448,685	53,427,343	51,008,107
世帯当たり人数	2.85 人	2.58 人	2.38 人	2.29 人	2.26 人
単独世帯	11,239,389	14,725,144	18,417,922	19,491,043	19,037,252
全世帯比	25.5%	29.2%	34.5	36.7%	37.6%
うち 65 歳以上 (A)	2,202,160	3,864,778	5,927,686	6,953,222	7,342,707
うち 75 歳以上 (B)	917,473	1,966,953	3,200,944	4,610,835	4,903,989
全世帯比	2.1%	4.0%	6.0%	8.6%	9.6%
後期高齢者に占める割合	12.8%	17.0%	19.8%	21.2%	21.7%
うち女性	81.4%	77.7%	76.3%	75.6%	75.3%
65 歳以上の夫婦のみ (C)	—	3,583,526	5,247,936	6,052,880	6,350,102
うち 75 歳以上の夫婦 (D)	—	944,845	1,740,282	2,599,652	2,801,404
65 歳以上のみ (A+C)	—	7,448,304	11,175,622	13,006,102	13,692,809
全世帯比	—	15.0%	20.9%	24.3%	26.8%
75 歳以上のみ (B+D)	—	2,911,798	4,941,226	7,210,487	7,705,393
全世帯比	—	5.9%	9.2%	13.5%	15.1%

出典：「国勢調査」1995〜2015 年各年版，2020 年以降は IIHOE［人と組織と地球のための国際研究所］の推計

件に 1 軒）へと上昇した。320 万人の独居者は，2015 年の後期高齢者 1612 万人の 19.8%，つまり，後期高齢者の 5 人に 1 人が一人ではくらしていることになる。また，独居後期高齢者 320 万人のうち，76%（244 万人）を占めるのが女性であり，75 歳以上の女性の自動車運転免許の取得率は 11%（9 人に 1 人）と，男性（同 56%）に比べて大幅に少ないことが，買物や通院といった移動の困難が地域の課題として指摘される頻度が高まっている背景にあるといえる。

　75 歳以上の単独世帯と夫婦のみ世帯を合わせると，2015 年には 494 万軒と，すでに総世帯数の 9.2%（11 件に 1 件）に達しているが，控えめな推計を試みても，2035 年には 770 万軒，総世帯数の 15.1%（6.5 件に 1 軒）にまで登ると予測される。「向こう三軒両隣」（= 6 軒）に 1 軒が後期高齢者のみの世帯となれば，行政や

民生委員といった制度福祉だけで見守りなどの支援が届くはずがない。行政と地域が総力をあげて，後期高齢者のくらしを支える人材を育て，仕組みを整えるスピードを加速するしかない。

(3) 中山間地や日本海側より都心部の人「交」密度を高める取り組みを

こうした人口や世帯の構成の推移に基づく課題について，「東京などの都心から遠く離れた，中山間地など過疎が進んだところの問題だ」と，たかをくくっている人たちが珍しくないが，その認識を改めておきたい。図 2-1 は，2015年時点での各都道府県の高齢者率と世帯人口の分布とを，全国平均の推移とともに示したものだ。たしかに秋田県や高知県などは高齢化が進み，全国平均の2035 年と同水準である一方，東京都，愛知県，神奈川県といった高齢化率が低い都県も，全国平均の 2010 年と同水準にある。つまり秋田県・高知県と東京都・愛知県・神奈川県とは，全国平均の推移でみれば，25 年ほどの差しかないということになる[1]。

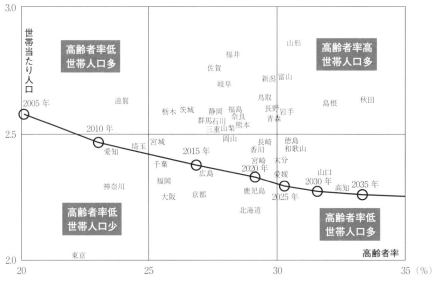

図 2-1　各都道府県の高齢者率・世帯人口の分布（2015 年）と全国平均の推移

出典：表 2-2 と同じ

さらに，すでに後期高齢者の独居率は，表2-2のとおり全国平均が19.8%と2割近いが，中山間地や日本海側など，これまで三世代同居世帯比率が高かった地域では1割前後，逆に核家族化が進んでいる都心部では3割を超えるなど，その利便性ゆえに，都心部のほうが，後期高齢者が一人でくらす比率が大幅に高くなっている。

東京都・大阪府・神奈川県といった都心部では，山形県，福井県，富山県といった日本海に面した県に比べて，世帯当たり人口が3割から4割少ないことから，今後，高齢化が急速に進むと，高齢者・後期高齢者の独居世帯も加速度的に増えることが避けられない。地域コミュニティにおける人「交」密度を高める取り組みを急いで進めねばならないのは，むしろ都心部である。

⑷ 人と施設の高齢化とひっ迫する自治体行政の財政

自治体では税収が伸び悩むままに「人と施設の高齢化」への負担が増え，職員数を減らさざるを得ない。自治体行政の財政は，国からの交付金や事業による拡大は続いているものの，自主財源となる税収がその分だけ増えているわけではなく，福祉関連の支出の伸びに追いつくには程遠い。

平成の大合併の最終年度となった2005～2015年度までの市区町村の歳入出と職員数の推移（表2-3）をみると，歳入の総額は49➡55兆円へと12%（6兆円）

表2-3　市区町村（基礎自治体）の歳入出と職員数の推移

	2005 年	2010 年	2015 年	2005～15 年の増減
歳入 総額（10 億円）	49,833	53,239	55,925	+12.2%
うち税収	17,667	18,384	18,955	+7.3%
うち地方債	4,574	5,133	5,051	+10.4%
歳出 総額（同）	48,515	51,605	55,925	+15.5%
うち職員給（同）	6,762	5,733	5,456	− 19.3%
うち扶助費（同）	6,708	10,189	12,269	+82.9%
職員数（人）	1,432,494	1,288,771	1,238,270	− 13.6%
職員1人当たり人口	89.2	88.4	102.6	+15.1%
参考 都道府県職員数	1,609,628	1,525,104	1,500,067	− 6.8%

出典：総務省「市町村別決算状況調」「地方公共団体定員管理調査結果」（市区町村職員数には一部事務組合を含む）。

増えているのに対し，税収は，2006 年に税源移譲が行われたにもかかわらず 17 ➡ 18 兆円へと 7%（1 兆円）増えているにすぎず，一方で地方債は 4.5 ➡ 5.0 兆円へと 10%（0.5 兆円）増えている。

　この間，歳出の総額は 48 ➡ 55 兆円へと 15%（7 兆円）増えているが，職員給は 6.7 ➡ 5.4 兆円へと 19%（1.3 兆円），職員数も 143 ➡ 123 万人へと 13%（20 万人）と大幅に減少している。歳出総額，いわば自治体行政にとって仕事の総量が 15%増えたのに，職員数が 13%減ったということは，職員 1 人当たりでみれば 28%忙しくなったということになる。10 年前に比べれば，4 人で担っていた業務を 3 人で担わねばならないことを意味する。

　歳出として最も大きく増えたのは扶助費で，6.7 ➡ 12.2 兆円へと 82%（5.5 兆円）も増えている。これ以外にも，病院や介護保険といった医療・福祉関連の繰り出しも増え続けており，今後は，公共施設も「高齢化」し，その更新費用も必要になる。自治体行政にとっては，税収が伸び悩むままに「人と施設の 2 つの高齢化」を中心に業務と歳出が増え，他方で職員は減らさざるを得ないという状況が続くだろう。

③ 人類の存続と社会の存続のために─その課題と展望

　日本全体でみれば，4 人に 1 人が要介護 3 以上に該当する 85 歳以上が倍増して総人口の 11 人に 1 人に，後期高齢者の独居または夫婦のみの世帯も倍増して 6 件強に 1 軒にそれぞれ達すること。それは決して中山間地や日本海側などに限られた問題ではなく，むしろ今後は，世帯当たり人口がもともと少ない都心部において深刻な問題となることが予測されること。税収の伸びを上回る「人と施設の 2 つの高齢化」の対応に要する支出増を受けて，自治体行政の職員数の削減も続くこと。このような人口・世帯構成や市町村の財政の推移を正確に知れば，「今までどおりのまま，何も変えずに続けるなどできない」こと，それゆえに，進化することや，動き出すための判断が求められていることが，広範な人々に理解されるだろう。

　従来の「行政におまかせ」あるいは「行政主導」も，人口が減り高齢化が進

んでいるのに行事中心の地域づくりも，自分たちがしたい・楽しいと思うことだけしかしない「自称・市民活動」も，地域のくらしの未来の見通しを共有し，連携・協働して進化に向けた「決めてみる・やってみる・ダメならやり直してみる」の「3つの『てみる』」を積み重ねるしかない。

　行政自らが「行政主導」型を，また，住民が「行政におまかせ」になってしまっている団体自治偏重の状態から，住民自治の拡充へと，なぜ，どのように進化していく必要があるのかについては第15章で詳しく述べるとして，本章の締めくくりに，すでに進化を始めている地域において広がりつつある，小規模多機能自治の意義や可能性について述べたい。

■ 小規模多機能自治—行事から事業へ，役から経営へ

　「小規模多機能自治」とは，小さな地域でも，できることを増やせば，住みつづけやすさを，結果として持続可能性を高めることができるということについて，筆者が島根県雲南市を初めて訪れた際に，地域の人々の取り組みを知り，そのすごさや普遍性を表現するためにつくり出したことばだ[2]。

　住民自治の拡充は，住民自身がその必要性に気づき，受け止め，判断し，実践を積み重ねるとともに，行政がそれを促し支える施策体系を基盤として整えつづけることなくしては，実現しない。それを着実に進めている雲南市などの事例をはじめとする経過や実績については第8章で詳しく紹介されるため，本章では，筆者が小規模多機能自治を通じた住民自治拡充の必要性について，各地で住民や行政職員，首長や議会議員に説明している内容を中心に述べたい。

　上述のとおり，昭和から平成にかけて，人口や世帯の構成とともに，働き方も大きく変化した。1995〜2015年の間に，生産年齢人口の減少もあり就労人口は6378万人から5575万人へと12％（802万人）減少し，とくに第1次産業は384万人から222万人へと42％（98万人），第2次産業も2014万人から1392万人へと30％（622万人），ともに大きく減少した[3]。今では働く人の7割以上は第3次産業に従事しているが，なかでも急激に増えたのが医療・福祉分野だ。同分野で働く人は，この20年間に倍増し，働く女性の5人に1人が従事するなど，製造業，卸・小売業に次ぐ，わが国で3番目に大きな雇用分野

となっている。

第3次産業で働く人の比率の上昇，とくに医療・福祉のように24時間・年中無休の営業が求められる分野で働く人の比率が高まることは，週末が休日ではない人が増えることを意味する[4]。さらに30歳代以上の女性の自動車運転免許保有率も高まり[5]，車で通勤して「遠くで働く」女性も増えている。

地域でも子どもが減り，見守りなど何がしかの支援を要する後期高齢者が増え，いっぽうで，人口も，地域づくりの主力となる前期高齢者さえも減っていくとなれば，時間の使い方を変えるしかない。現在の70歳代以上が，働き盛り・子育て盛りとして活躍していた昭和までは，人口が増え続ける中，子どもの数も世帯当たり人口も多く，週末にお祭りや運動会などの「行事」を催すことが，地域住民の間の人「交」密度を高めるために有効だった。しかし人口も，世帯あたりの人数も減り，週末にも地元から離れた場所で働く人が増え，高齢者のみ・後期高齢者のみの世帯が増えている今日では，見守りや健康づくり，買物の支援など，「事業」でくらしを支えることの重要性が高まっている。

地域づくりの主軸を，イベントから生活必須サービスへとシフトできるか否かには，「地域でのくらし方が変われば，地域づくりに求められる役割や機能にも進化が求められる」という社会や時代の要請に，地域の住民自らと行政が，どれだけ真摯に，謙虚に向き合うかが問われている。

地域づくりが「行事から事業へ」と進化するためには，その担い手も，同じことを繰り返すことが求められている「役」ではなく，進化や人材育成や仕組み化が求められる「経営者」となることが期待されている。

これまでの行事の担い手は，伝統として毎年など継続することで，楽しみながら育てることができた。すでに確立された行事や作業を続けるだけであれば，役員の任命も，単純な輪番制や，同じ人が10年など長期に続けても，乗り切ることができる。また，行事や活動が求められるたびに，目的別に組織が設立されてきた。目的別に組織を設けることは，人口が増えつづける時代にはよかったのかもしれない。しかし，すでに都心部での人口減少が始まりつつある日本において，人口が増えつづけていた時代と同じだけの行事や組織や会議を維持することはむずかしく，新たに助け合いによる生活必須サービスを担うため

には，限られた人材の貴重な時間の使い方を考え直すために，具体的には，行事や組織や会議を，減らす前に「重ねる」ことで，活動の担い手にも対象者にも時間や負担が有効に活用されるよう促すことが大切だ。

　こうした「行事・組織・会議の棚卸し」を進めると同時に，地域の今後のニーズを踏み込んで把握し，求められる品質や安全を確保しながら，毎日のように継続して事業を担える人材を育てるには，自治会・町内会・区といった地域自治の最小単位ではむずかしい。そこで，近隣同士で連携し，おおむね小学校区や連合自治会単位などの範域にあるすべての個人や団体で構成される地域運営組織を設立するとともに，安全や健康づくりといった目的別に部会を設けることで，同様の目的をもつ団体や活動が連携して判断し行動するなかから，やがて地域のニーズを俯瞰し，分野の横断や再編などを率いる「地域の経営」を担う人材を育てることが求められる。

　つまり，超高齢で人口減少に苛まされる，日本の地域コミュニティ（すでに先行している中山間地はもちろん，今後急激に進む都心部も共通して）においては，これまでのように目的別に組織を設けて単独で，より正確には閉じて活動するのではなく，上記の地域運営組織が，その範域内の個人や団体との「内なるパートナーシップ」と同時に，行政や範域外の団体などとの「外とのパートナーシップ」を通じて，「小さくてもいろんなことができる」ようになる小規模多機能自治を積み重ねることが，住みつづけやすさや持続可能性を高めるうえで，必須かつ最も有効なプロセスであるといえる。

［川北 秀人］

本章を深めるための課題

1．自分の住む市区町村や地域の人口や世帯の構成が，これまで，これから，どう変化するかを正確に知ろう。
2．市区町村や地域の人口や世帯の構成の推移を，自治会の総会などで，地域の人々と共有する機会を設けよう。
3．「行事から事業へ」「役から経営へ」という小規模多機能自治の事例を，互いに学びあう機会を設けよう。

注
(1) 高齢者率について，東京都は 2010 年に 20.1％，2015 年に 22.2％，秋田県は 1995 年に 19.6％，2000 年に 23.5％と，両都県の高齢者率は 15 年程度の差で推移していることがわかる。
(2) 2015 年に雲南市などが呼び掛けて設立された「小規模多機能自治推進ネットワーク会議」による定義は以下のとおり。「自治会，町内会，区などの基礎的コミュニティの範域より広範囲の概ね小学校区などの範域において，その区域内に住み，又は活動する個人，地縁型・属性型・目的型などのあらゆる団体等により構成された地域共同体が，地域実情および地域課題に応じて住民の福祉を増進するための取り組みを行うことをいう」（同会定款第 2 条）。
(3) 総務省統計局「国勢調査」1995 年，2015 年。
(4) 総務省統計局「労働力調査」1995 年，2015 年。
(5) 警察庁「運転免許統計」各年版。

第3章
人類成長と社会存続のために

KeyWords

□VUCA 社会　□順応的な協働ガバナンス　□協働プロセス　□社会的学習
□持続可能性キー・コンピテンシー　□変容を促すアプローチ

　本章では，「人類の成長」と「社会の存続」に貢献するパートナーシップについて考察を深めることとしたい。一般的に，パートナーシップは，課題解決の"手段"として位置づけられることが多い。しかしながら，異なる主体とパートナーシップの"仕組み"を構築し，協働と学びの"プロセス"を深めることそのものが，「人類の成長」や「社会の存続」にも貢献しうるともいえる。第1節では，これからの社会像として配慮すべき"VUCA 社会"についての考察を深める。第2節では，「人類の成長」に貢献するパートナーシップとは何を意味しているのかについて，第3節では，「社会の存続」に貢献するパートナーシップとは何を意味しているのかについて考察を深める。第4節では，"VUCA 社会"に適応したパートナーシップの"仕組み"と"プロセス"として，「順応的な協働ガバナンス」を取り上げ，パートナーシップにおける"問題解決の運営基盤の整備"と"問題解決の推進力の強化"について主に考察を深めることとしたい。第5節では，"VUCA 社会"における"多義的なパートナーシップ"の重要性を述べることとする。

1 これからの社会─求められる"VUCA 社会"への対応

　これからの社会はどのような社会だろうか。本節では，これからの社会像として配慮すべき"VUCA 社会"について考察を深めることとしたい。VUCAとは，変動性 (Volatility)，不確実性 (Uncertainty)，複雑性 (Complexity)，曖昧性 (Ambiguity) の4つの頭文字をとったもので，「現代のビジネスや社会が既存の枠組みでは捉えづらいこと」を象徴している。今日の社会は，経済・社会・環境面のどの側面においても，変動性が高く，不確実性の高い状況下にあると

いえる。さらには，さまざまな問題が問題群を形成し"複雑な問題"に対する解決策が必要とされていること，問題の原因，問題や課題の関係性，将来的展望などが曖昧な状況であるといえる。今日の社会が"VUCA社会"であるだけに，さまざまな事柄を相互関係的（システム）に捉え，その変化を時間軸で捉え，意味を多面的に捉え，状況的な対応をしていくことが求められている。これらのことを考えると，"VUCA社会"に適応したパートナーシップは，今日までの社会像の下でのパートナーシップとは異なる意味合いを有していることが読み取れよう。

2 「人類の成長」に貢献するパートナーシップの意味合い

本節では，「パートナーシップが人類の成長に貢献する」とはどのような意味なのかを考察してみることとしたい。

(1) パートナーシップを通して獲得され得る資質・能力～"持続可能性キー・コンピテンシー"

持続可能な社会の構築にむけた「人類の成長」についての国際的議論は，国連・持続可能な開発のための教育の10年（DESD：2005-2014；以下，「国連・ESDの10年」）と，その後継事業であるグローバル・アクションプログラム（GAP：2015-2019）において，その知見が蓄積されつつある。筆者は，アジア太平洋地域のESD関連事業の企画・立案・実施に関わり，DESD国連組織間諮問委員会のテクニカル・オフィサーとして当該地域のESDの取り組みに深く関わってきた。現在でも，UNESCOの実施するグローバル・アクションプログラム（GAP）のパートナー・ネットワーク会合（PN1：政策）の共同議長としての責務を遂行している。UNESCOは，これまでの「国連・ESDの10年」の知見をもとに，「持続可能な開発目標のための教育－学習目的」（Education for Sustainable Development Goals, Learning Objectives）を発表した（UNESCO 2017）。この文書は，「国連・ESDの10年」における一連の国際的議論を通して得られた資質・能力論（Wiek *et al.*, 2011）[1]を基礎にしており，以下の8つ

を UNESCO の「持続可能性キー・コンピテンシー」[2] として発表をしている（表3-1）。

　持続可能な社会の構築に求められる資質・能力（持続可能性キー・コンピテンシー）は，従来であれば，教育論・学習論において議論がなされるものであるが，本章では，"VUCA 社会"に適応したパートナーシップの文脈において考察を深めていきたい。UNESCO（2017）の提示する「持続可能性キー・コンピテンシー」（表3-1）は，どのキー・コンピテンスにおいても，自身一人で身につけるものではなく，他者とのコミュニケーションと協働が前提となっている。

表3-1　UNESCO（2017）の示す「持続可能性キー・コンピテンシー」（筆者訳）

・システム思考コンピテンス（system thinking competence）：関係性を認識し理解する能力；複雑系を分析する能力；異なる領域と規模のなかにおいてどのようにシステムが組み込まれているかを考える能力；不確実性を取り扱う能力
・予測コンピテンス（anticipatory competence）：複数の未来の姿（可能性ある，予想できる，望ましい）を理解し，評価する能力；未来のために自身のビジョンを創造する能力；予防原則を応用できる能力；さまざまな行動の結果を評価する能力；リスクと変化を取り扱う能力
・規範コンピテンス（normative competence）：自身のさまざまな行動に内在する規範と価値を理解し，省みる能力；利害関係，二律背反，不確実な知識，矛盾といった対立の文脈のなかで，持続可能性に関する価値・原則・目標・達成目標を協議する能力
・戦略コンピテンス（strategic competence）：ローカルレベルから遠く離れたところまでさらに持続可能性になるように，さまざまな革新的な行動を集合的に発展し実施する能力
・協働コンピテンス（collaboration competence）：他者から学ぶことができる能力；他者のニーズ，展望，行動を理解し尊重できる能力（共感）；他者を理解し，他者に関わり，他者に配慮しようとする能力（共感的リーダーシップ）；グループにおける対立を取り扱うことができる能力；協働的，参加的な問題解決を促すことができる能力
・批判的思考コンピテンス（critical thinking competence）：規範，実践，意見を問う能力；自分自身の価値，認知，行動を省みる能力；持続可能性の言説において立場をはっきりさせることができる能力
・自己認識コンピテンス（Self-awareness competence）：地域社会とグローバルな社会において自分自身の役割を省みる能力；自身の行動を継続的に評価し，さらに動機づけできる能力；自身の感情や願望を取り扱う能力
・統合的問題解決コンピテンス（integrated problem-solving competence）：異なる問題解決の枠組みを，複雑な持続可能性に関する問題群に応用する包括的な能力；持続可能な開発を推進するために実行可能で，包摂的で，公平な解決オプションを開発する包括的な能力；上述したさまざまなコンピテンスを統合する能力

UNESCO（2017）が提示する「持続可能性キー・コンピテンシー」の基礎となった Wiek. *et al.*(2011) の研究では，各キー・コンピテンス（システム思考，予測，規範的，戦略的コンピテンス）は，「対人関係コンピテンス」の獲得により，段階的に身につくと指摘がなされている。

- 「システム思考コンピテンス」の獲得には，コミュニケーションと協働が前提になっていることは周知のごとくである。システム思考は，さまざまな事柄の相互関係性，時間の変化，意味の多面性を理解するための重要な資質・能力であるが，多様な経験を有する主体との議論と，異なるメンタルモデルを活用することによるさまざまな事象の捉え直しなしには，システム思考は機能しない。他者とのコミュニケーションと協働は，"VUCA 社会"に適応し，「システム思考コンピテンス」を向上させる有効なアプローチであるということができよう。
- 「予測コンピテンス」の獲得において，他者とのコミュニケーションと協働は，複数の未来の姿を理解することを可能にし，さまざまな行動，リスク，変化を多角的に捉えることを可能にする。他者とのコミュニケーションと協働は，"VUCA 社会"に適応し，「予測コンピテンス」を向上させる有効なアプローチであるということができよう。
- 「規範コンピテンス」の獲得において，他者とのコミュニケーションと協働は，異なる規範と価値を理解することを可能にし，自身の有する規範と価値を明確にすることも可能にする。このように，他者とのコミュニケーションと協働は，"VUCA 社会"に適応し，「規範コンピテンス」を向上させる有効なアプローチであるということができよう。
- 「戦略コンピテンス」の獲得において，他者とのコミュニケーションと協働は，革新的な行動を集合的に発展，実施することを可能にする。このように，他者とのコミュニケーションと協働は，"VUCA 社会"に適応し，「戦略コンピテンス」を向上させる有効なアプローチであるということができよう。
- 「協働コンピテンス」の獲得において，他者とのコミュニケーションと協働は，"VUCA 社会"に適応し，「協働コンピテンス」を向上させる

有効なアプローチであるということができよう。

・「批判的思考コンピテンス」の獲得において，他者とのコミュニケーションと協働は，自身の価値，認知，行動を省みることを可能にし，自身の立場を明確にさせることを可能にする。このように，他者とのコミュニケーションと協働は，"VUCA 社会"に適応し，「批判的思考コンピテンス」を向上させる有効なアプローチであるということができよう。

・「自己認識コンピテンス」の獲得において，他者とのコミュニケーションと協働は，他者との関係のなかで，自己の認識を高めることを可能にし，また，自身の役割を省みることを可能にする。このように，他者とのコミュニケーションと協働は，"VUCA 社会"に適応し，「自己認識コンピテンス」を向上させる有効なアプローチであるということができよう。

・「統合的問題解決コンピテンス」の獲得において，他者とのコミュニケーションと協働は，複雑な問題群を包括的に捉えることを可能にし，さまざまなコンピテンスをつなげることを可能にする。このように，他者とのコミュニケーションと協働は，"VUCA 社会"に適応し，「統合的問題解決コンピテンス」を向上させる有効なアプローチであるということができよう。

ここでは，持続可能な社会構築に求められる資質・能力について，UNESCO (2017) の提示する「持続可能性キー・コンピテンシー」を例にあげ，"VUCA 社会"に適応したパートナーシップの文脈において考察を深めてきた。上述のとおり，他者とのコミュニケーションと協働は，「持続可能性キー・コンピテンシー」の獲得に貢献し，その資質・能力を高めることにつながるといえる。このように，パートナーシップを行うこと自体（パートナーシップの目的化）が，持続可能な社会の構築に向けた「人類の成長」（資質・能力の獲得の側面において）に貢献するということができよう。

⑵　パートナーシップによる"共同化"のプロセス─暗黙知と形式知のリンク

　"VUCA 社会"においては，パートナーシップを通してお互いの違いを活かすことが基礎となる。私たちは，①同じ状況においても異なる解釈をしている，②めざす方向性が異なる（現状認識，問題認識が異なる），③できること・できないことの判断基準が違う（自己認識，他者認識が異なる），といった人による違いを知ることから視点を更新することが重要になるだろう。野中（1996）は，著書『知識創造企業』において，暗黙知から形式

図 3-1　暗黙知と形式知の連関に求められる共同化のプロセス─SECI モデル

出典：野中，1996，https://www.oricon.co.jp/article/299858/

知，形式知から暗黙知への転換が重要であることを指摘しつつ，最も重要なのは，相互を連関させ共有をしていくという共同化（socialization）であると結論づけている（図 3-1）。このことからも，他者とのコミュニケーションと協働は，暗黙知と形式知，形式知と暗黙知をつなげる共同化（socialization）に貢献するといえ，"VUCA 社会"における課題解決と価値創造に大きな意味合いを有していることが読み取れる。

⑶　パートナーシップを通した"学び合い"─"VUCA 社会"に適応した「社会的学習（第三学派）」

　このような，他者とのコミュニケーションと協働の重要性は，近年の社会的学習の議論においても指摘がなされている。佐藤・Didham（2016）は，共著論文「環境管理と持続可能性な開発のための協働ガバナンス・プロセスへの「社会的学習（第三学派）」の適用に向けた理論的考察」において，社会的学習の歴史的変遷をふまえつつ，今日注目されている「社会的学習（第三派）」の重要性を強調している。Wildemeersch（2009）は，「社会的学習（第三学派）」を「…新しい，予想外の，不確実かつ予測不可能な状況で活動するグループ，共同体，ネットワーク，社会システムで発生する学習」と定義し，「予想外の状況にお

ける問題解決に向けられ，このグループまたは共同体において有効な問題解決能力の最適利用」が進むことだと指摘している。この指摘は，第1節で取り扱った“VUCA社会”という今日の社会像が，色濃く反映されているといえよう。今日の“複雑な問題”に取り組むなかで，互いに学び合うプロセス（社会的学習プロセス）が協働のプロセスに組み込まれていれば，課題の多角的理解，解決策の更新，多様な主体との信頼関係の深化，変化の加速を進めることに貢献するといえよう。パートナーシップを単なる課題解決の“手段”として位置づけるだけではなく，“VUCA社会”において，多様な主体とのコミュニケーションと協働，社会的学習を深めるための“目的”としても位置づけることにより，パートナーシップの“仕組み”と“プロセス”を個人変容と社会変容に向けた強みとして活かすことができる。

3 「社会の存続」に貢献するパートナーシップの意味合い

本節では，「パートナーシップが社会の存続に貢献する」とはどのような意味なのかを考察してみることとしたい。SDGsの本質は，国連の採択文書のタイトルに明記されているように，“我々の世界を変えること”（transforming our world）である。ここでは，SDGsの本質に向き合う「変容を促すアプローチ」（transformative approaches）の議論において，注目されている3つのアプローチを佐藤・Didham（2016）の一部引用を通して紹介し，“VUCA社会”に適応したパートナーシップの文脈において考察を深めていきたい。この3つのアプローチとは，①実践共同体と学習共同体（community of practice, community of learning），②協同的探究（cooperative inquiry），③コミュニケーション的行為（communicative action）である。

　・実践共同体と学習共同体：「実践共同体」（Community of Practice：CoP）とは「社会的学習（第三学派）」の理論であり，1991年にLave と Wenger が構築し（Lave & Wenger, 1991），1998年に Wegner がこれを発展させた。実践共同体とは，「共同の取組に対する専門性と情熱を共有することでインフォーマルに結びついた人々の集まり」と定義されて

いる（Wengerら，2001）。また，HungとChenは，効果的な「学習共同体」の特徴として，①［状況依存性］（充実した社会的文脈に学習が組み込まれるときに，学習者は暗黙知と形式知を得る），②［共通性］（共有の目的意識と参加者グループの共通の関心の重要性を表す），③［相互依存性］（さまざまなメンバーが，固有のスキル，専門知識，異なる要求によってグループ化されるときに確立），④［基盤］（実践共同体の継続に向けて参加を促進，説明責任を確保）を特定している。この研究はインターネット上の共同体において考察をしているものであるが，4つの特徴は広範な適用性を有しているといえるだろう（Hung & Chen 2001：7）。他者とのコミュニケーションと協働は，実践共同体と学習共同体の創出に貢献する。このように，他者とのコミュニケーションと協働は"VUCA社会"に適応し，「実践共同体と学習共同体」を構築させる有効なアプローチであるということができよう。

・協同的探究：「協同的探究」（Cooperative Inquiry；協働的探究，Collaborative Inquiryともいう）は，1970年代にHeronとReasonにより最初に開発された研究方法論に基づいている。協同的探究は，「参加型行動研究」（Participatory Action Research：PAR）と密接につながっており，探究共同体（communities of inquiry）の創出をめざし，全メンバーが学習プロセスに積極的に参画する方法論的アプローチであるといえるだろう（Reason 2001）。他者とのコミュニケーションと協働は，探究共同体の創出に貢献する。このように，他者とのコミュニケーションと協働は"VUCA社会"に適応し，「協同的探究」を深化させる有効なアプローチであるということができよう。

・コミュニケーション的行為：「コミュニケーション的行為」（Communicative Action）は，社会的理解や観点の論理的再構成をめざす相互／グループ協議の理論で，1980年代にHabermasが説いたものであった。「コミュニケーション的行為」は，自身が表明する考えや意思の内容に対して，相手の自由な納得と承認を求める行為であるといわれている。他者とのコミュニケーションと協働は，相互の信頼関係の構築，自由な納得と承

認を可能にする。このように，他者とのコミュニケーションと協働は
"VUCA 社会"に適応し，「コミュニケーション的行為」を拡充させる
有効なアプローチであるということができよう。

ここでは，SDGs の本質に対応をするべく，「変容を促すアプローチ」で注
目されている 3 つのアプローチ（実践共同体と学習共同体，協同的探究，コミュニ
ケーション的行為）に注目し，"VUCA 社会"に適応したパートナーシップの文
脈において考察を深めてきた。上述の考察からも，他者とのコミュニケーショ
ンと協働は，「変容を促すアプローチ」を内在化させ，そのアプローチの構築・
深化・拡充につながるといえる。このように，パートナーシップを行うこと自
体（パートナーシップの目的化）が，実践・学習共同体としての社会の仕組みを
構築し，継続的な探究プロセスを構築し，他者とのコミュニケーションを促し，
「社会の存続」に貢献するということができよう。

環境省「SDGs を活用した地域の環境課題と社会課題を同時解決するための
民間活動支援事業」（令和元年度事業，筆者が事業委員長：写真 3-1）では，多様
な主体が地域の環境課題・社会課題をシステムとして捉え，相互の因果ループ
図の作成することにより，環境課題と社会課題の同時解決にむけた議論を深め
ている。"VUCA 社会"において，直面する環境・社会課題の複雑性を理解し
同時解決を導くには，多様な主体がアイデアを出し合い，協働し，互いに学び
合うといった，協働プロセスと社会的学習プロセスが不可欠である。本事業に
関する取組には，上述するような「変容を促すアプローチ」（社会的学習，実践
共同体と学習共同体の構築，協同的探究の深化，コミュニケーション的行為の拡充）

写真 3-1　SDGs を活用した地域の環境課題と社会課題を同時解決するための民間活動支援
　　　　　事業　全国会合におけるテーマ統合性・同時解決に向けた議論風景（筆者撮影）

を読み取ることができる。

④ "VUCA社会"に適応したパートナーシップの"仕組み"と"プロセス"

(1) 順応的な協働ガバナンス・モデル

"VUCA社会"に適応したパートナーシップの"仕組み"と"プロセス"とは，どのようなものであろうか。"複雑な問題"に向き合う協働を進めるためのガバナンスの研究は，国内外の事例に基づいて多数の研究が行われている。米国の研究者であるAnsellとGashは，協働に関わる米国の137の事例研究を収集し，基礎となる「協働ガバナンス・モデル」を開発している（Ansell & Gash 2008）。AnsellとGashの「協働ガバナンス・モデル」は，コンティンジェンシー・モデル（contingency model；外部環境の変化に応じて，組織の管理方針を適切に変化させるべきというリーダーシップおよび組織の条件適応理論）をめざしており，異なる環境に応じて順応的な対応が求められる点に特徴がある。まさに"VUCA社会"に適応した「協働ガバナンス・モデル」といえるだろう。佐藤・島岡（2014）は，AnsellとGashの「協働ガバナンス・モデル」をもとに，日本の環境省「協働取組の加速化事業」に採択された協働取組（筆者が事業委員長，採択事例は49事例）を分析し[3]，佐藤・広石（2018）は，"VUCA社会"に適応したパートナーシップの"仕組み"と"プロセス"として社会的学習を加味し，活動結果，成果，社会的インパクトを整理した「協働ガバナンス・モデル」を提示している（図3-2）。

さらに，佐藤・広石（2018）は，共著書『ソーシャル・プロジェクトを成功に導く12ステップ』において，コレクティブな協働ガバナンスの考え方・進め方を12ステップとして提示し，そのステップを，①問題解決の前提を整える協働（現状の課題認識，ゴールの明確化，協働のレディネスの構築），②問題解決の運営基盤を整える協働（パートナーの発見と参加の誘発，共有目標と戦略的計画づくり，運営制度の設計），③問題解決の推進力を強化（場づくり，社会的学習，チェンジ・エージェント機能），④成果を生み出し，定着させる協働（資金や人材の確保による継続力向上，活動結果と成果の評価，政策や制度としての定着）の4

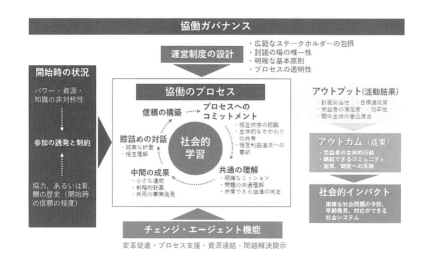

図3-2　VUCA 社会におけるパートナーシップの仕組みとプロセス～協働プロセスと社会的学習プロセスを重視した順応的な協働ガバナンス

出典：佐藤・広石，2018

段階に整理をしている。次項では，パートナーシップの "仕組み" と "プロセス" に主に関連した「②運営基盤を整える協働」（図 3-2 における左部分の参加の誘発，上部分の運営制度の設計）と，「③問題解決の推進力を強化する協働」（図 3-2 の中心部分における協働プロセスと社会的学習プロセス，下部分のチェンジ・エージェント機能）に焦点をおき，"VUCA 社会" に適応したパートナーシップが「社会の存続」に貢献する意味合いについて考察をすることとしたい。

(2)　問題解決の運営基盤の整備

　"VUCA 社会" に適応したパートナーシップを成功させるには，異なる視点・視座を有したパートナーを見いだし，参加の誘発をする必要がある（図 3-2：参加の誘発）。これは，第 2 節でも述べたように，今日の "VUCA 社会" においては，パートナーシップを通してお互いの違いを活かすことが基礎となるからである。しかしながら，多様な主体の巻き込みといっても，これまでの経験や関係性などにパワーバランスの違いがあり，それが効果的な取り組みを阻むことになりうることも事前に把握をしておく必要があるだろう。協働の相手が

決まったら，そのパートナーと一緒に計画を策定していくことが必要となる（写真3-2）。大きな目標に向かうための途中の目標すなわち「中間目標」を立てることで，今現在の進捗状況や，各実施時期における優先事項が明確になるといえる（図3-2の共有目標と戦略的計画づくり）。さらには，協働のプロセスと成果の正当性を高めるためには，包括的で透明性の高

写真 3-2　SDGs を活用した地域の環境課題と社会課題を同時解決するための民間活動支援事業　戦略的計画づくりに向けたブロック横断研修風景（山形県鶴岡市三瀬地区自治会にて筆者撮影）

い運営制度の整備（図3-2の運営制度の設計）が求められているといえよう[4]。このように，"VUCA 社会"に適応したパートナーシップの成功には，"問題解決の運営基盤の整備"が必要とされている。

(3)　問題解決の推進力の強化

　さらに，"問題解決の推進力を強化"するには，協働取組の進捗状況や起こった問題などを共有し，改善する力をつくるための「場づくり」が重要になってくる（図3-2の協働プロセス）。問題の発生をあえてチャンスを捉え，「場」を使って発生した問題を解決・改善していくことで，協働がさらに深まり，さらなる相乗効果を期待することができる。"VUCA 社会"に適応したパートナーシップにおいて，"複雑な問題"への理解が深まったり，よりよい解決策，統合的な問題解決策を生み出していく過程は，「学び合いのプロセス」にほかならない（図3-2の社会的学習）。関係者が学びのイメージを，「協働を通して学び合うプロセス」にシフトしていく必要があるだろう。さらに，日々起きる変化を良い方向への変化に導くチェンジ・エージェント機能（変革促進，プロセス支援，資源連結，問題解決策提示）[5]（図3-2のチェンジ・エージェント機能）もまた重要であるといえる[6]。とりわけ "VUCA 社会" に適応したパートナーシップでは，高度で多様なチェンジ・エージェントとしての機能が求められており，さらには，その各機能の相互連関，相互補完性が求められている（図3-3）。

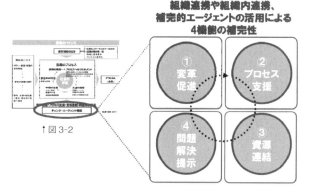

図3-3　協働におけるチェンジ・エージェントの各機能（4機能の連関・補完性）

5 "VUCA社会"における"多義的なパートナーシップ"の構築に向けて

　本章では，「人類の成長」と「社会の存続」に貢献するパートナーシップについて考察を深めてきた。パートナーシップが，課題解決の"手段"として位置づけられることが多い今日，パートナーシップが「人類の成長」に貢献する（第2節），パートナーシップが「社会の存続」に貢献する（第3節）というように，パートナーシップの"仕組み"と"プロセス"を構築し，その取り組みを深め，拡充する価値（パートナーシップの目的性）を理解していただけたかと思う。本章の第1節でも指摘をしたとおり，これからの社会を考える際，"VUCA社会"（変動性，不確実性，複雑性，曖昧性の高い社会）は，配慮すべきとても重要な社会像であることを認識する必要があるだろう。"VUCA社会"では，多様な主体とのコミュニケーションと協働を通して，"複雑な問題"に向き合い（複雑性への対応）[7]，変化の激しい社会において状況的に対応（変動性・不確実性・曖昧性への対応）していくことが必要とされている。今後は，多様な持続可能な社会像（人類生存，人類成長，社会成長，社会存続）と，(2) パートナーシップの多義性（手段，権利，目的）をも関連づけた"VUCA社会"における"多義的なパートナーシップ"の構築が必要とされている。

［佐藤 真久］

注

(1) Wiek *et al.*(2011) の研究と，日本国内における ESD 研究との接点については，佐藤・岡本 (2015) に詳しい。

(2) UNESCO(2017) の提示する「持続可能性キー・コンピテンシー」は，Wiek *et al.*(2011) ほか，de Haan (2010)，Rieckmann (2012) に基づいている。

(3) 本事業の知見については，佐藤・島岡 (2014)，GEOC(2016；2017；2018)，環境省「地域活性化に向けた協働取組の加速化事業・成果とりまとめタスクフォース」(2018) を参照されたい。

(4) 佐藤 (2019) では，まちづくりに関するさまざまな事例に基づいて，「問題解決の運営基盤の整備」について考察を深めている。

(5) チェンジ・エージェント機能については，Havelock ら (1995) を参照されたい。

(6) 佐藤 (2019) では，まちづくりに関するさまざまな事例に基づいて，「問題解決の推進力の強化」について考察を深めている。

(7) 認定 NPO 法人 ETIC. は，全国のパートナー組織と実施している 227 の取り組みから，数回のワークショップの開催を通して，直面している，直面しうるさまざまな日本の複雑な課題・問題を 1 年かけて抽出し，『課題解決中マップ』(https://2020.etic.or.jp/) として発表をしている。日本が直面している課題例として，老朽化する社会インフラ，日本が一歩先行く超高齢化社会，自然災害大国日本，希薄化・孤独化するコミュニティ，創造力を高める教育の機会拡大，持続可能なエネルギーの実現と普及，先進国なのに高い相対的貧困率，延ばしたい健康寿命などがある。SDGs との読み替え機能も有しており，世界の開発目標 (SDGs) と日本の社会課題とを関連づけ，多様な主体による具体的なコミットメントを促している点に特徴がみられる。このような，直面する社会課題を多様な主体と共有することは，パートナーシップの構築において有効であるといわれている。

参考文献

Ansell, C., & Gash, A. (2008), Collaborative Governance in Theory and Practice. *Journal of Public Administration Research and Theory*, 18 (4)：543-571.

GEOC (2016)『協働の現場―地域をつなげる環境課題からのアプローチ』

── (2018)『協働の仕組―環境課題と地域を見直す取組のプロデュース』

── (2017)『協働の設計―環境課題に立ち向かう場のデザイン』

Handley, K., Sturdy, A., Fincham, R., & Clark, T. (2006) "Within and Beyond Communities of Practice: Making sense of learning through participation, identity and practice". *Journal of Management Studies*, 43 (3)：641-653.

Havelock, R. G., & with Zlotolow, S. (1995) *The Change Agent's Guide* (2nd edition), New Jersey: Education Technology Publications, Inc.

Lave, J., & Wenger, E. (1991) *Situated Learning: Legitimate peripheral participation.* Cambridge: Cambridge University Press.

Reason, P. (2001) "The Action Turn: Toward a transformational social science". *In* J. Henry (Ed.), *Creative Management.* London: Sage Publications.

UNESCO (2017) *Education for Sustainable Development Goals, Learning Objectives*, UNESCO, Paris.

Wenger, E. and Snyder, W.M. (2001) Communities of Practice. *Harvard Business Review on Organizational Learning.* Harvard Business School Press, MA 1-20.

Wiek, A., Withycombe, L. and Redman, C. L. 2011. Key Competencies in Sustainability: a Reference Framework for Academic Program Development, *Integrated Research System for Sustainability Science*, United Nations University, Springer.

Wildemeersch, D. (2009) Social learning revisited: lesson learned from North and South. In A. E. J. Wals (Ed.), *Social Learning:Towards a sustainable world* (pp. 99-116). Wageningen: Wageningen Academic Publishers.

環境省 (2018)「地域活性化に向けた協働取組の加速化事業・成果とりまとめタスクフォース」『環境保全からの政策協働ガイド―協働をすすめたい行政職員にむけて』

佐藤真久・Didham Robert (2016)「環境管理と持続可能性な開発のための協働ガバナンス・プロセスへの「社会的学習（第三学派）」の適用に向けた理論的考察」『共生科学』7 巻, 1-19 頁

佐藤真久・岡本弥彦 (2015)「国立教育政策研究所による ESD 枠組の機能と役割―「持続可能性キー・コンピテンシー」の先行研究・分類化研究に基づいて」,『環境教育』25 巻 1 号, 144-151 頁

佐藤真久・広石拓司 (2018)『ソーシャル・プロジェクトを成功に導く 12 ステップ―コレクティブな協働なら解決できる! SDGs 時代の複雑な社会問題』みくに出版

佐藤真久・島岡未来子 (2014)「協働における中間支援機能モデル構築にむけた理論的考察」,『日本環境教育学会関東支部年報』8 巻, 1-6 頁

佐藤真久 (2019)「終章　SDGs 時代のまちづくりとパートナーシップ」田中治彦・枝廣淳子・久保田崇編著『ESD とまちづくり』学文社, 263-278 頁

第 2 部
社会成長と社会存続のための
パートナーシップ

第**4**章
バリューチェーンにおける戦略的パートナーシップ

KeyWords
□SDGs は BDGs □コレクティブ・アクション（共同行動）□多様なステークホルダーの合意形成 □相互変容 □目的と成果の共有 □持続可能なバリューチェーン □競争から共創へ □建設的で緊張感のある連携

　世界中の企業の SDGs への関心は急速に高まっている。SDGs という世界共通言語のなかに，企業はビジネスチャンスをみているからである。同時に企業が対応すべきリスクを知るうえでも SDGs は役立つ。とはいえ，SDGs が示す課題は複雑に絡み合っており，一企業だけで取り組むことはむずかしい。事業上の課題や強み，価値観を共有する企業によるコレクティブ・アクションはもとより，多様な主体との連携・協働が課題解決の速度を速め，効果を最大化することにつながる。とくに，バリューチェーンの川上から川下まで全体にわたっての戦略的な取り組み，システムレベルでの変革が必要である。

　本章では，経団連[(1)]での取り組み，グローバルなネットワークの動き，国際標準化機構（ISO）初のマルチステークホルダーによる国際規格の策定プロセス，バリューチェーンにおける協働事例から，SDGs 達成に向けたパートナーシップのあり方について考察を深めたい。

1 企業が SDGs に取り組む意義

(1) SDGs が示すチャンスとリスク

　不確実性の高い時代にあって，SDGs は，企業が中長期的成長に必要な経営課題を把握するのに役立つ世界共通言語となっている。世界中の組織や人々が英知を結集し，持続可能な社会を実現するために克服すべき課題を 17 の目標に整理して提示したことで，これまで「サステナビリティ（持続可能性）」という抽象的な言葉で表現されていた概念が実体を伴うものとして人々に意識されるようになってきた。

図4-1　経団連による SDGs の区分

　「開発」の課題は，ともすると政府や国連機関，ときに NGO が活動する領域と捉えられ，多くの企業にとっては他人事だった。それが，身近に感じられるようになったのには，国連文書「我々の世界を変革する：持続可能な開発のための 2030 アジェンダ（以下，2030 アジェンダ）」で提示された SDGs の構造そのものと，アジェンダに明記された企業への期待にある。

　SDGs の 17 目標には，経済成長を促す目標が含まれている。アミーナ・J・モハメッド国連副事務総長は，2017 年 10 月の来日時に経団連幹部と懇談した際に，図 4-1 のような SDGs の区分を示した。そして「環境に関する 3 つの目標を考慮しつつ，経済成長を促す目標に集中的に投資することが重要であり，その結果，社会的な目標に投入できる収益を得ることができる」と説明した[(2)]。

　モハメッド副事務総長の発言にもあらわれている民間企業への期待は，2030 アジェンダでは，次のように記載されている[(3)]。

　6.7（民間企業活動）民間企業の活動・投資・イノベーションは，生産性及び包摂的な経済成長と雇用創出を生み出していく上での重要な鍵である。我々は，小企業から協同組合，多国籍企業までを包含する民間セクターの多様性を認める。我々は，こうした民間セクターに対し，持続可能な開発における課題解決のための創造性とイノベーションを発揮することを求め

る。「ビジネスと人権に関する指導原則と国際労働機関の労働基準」，「児童の権利条約」及び主要な多国間環境関連協定等の締約国において，これらの取り決めに従い労働者の権利や環境，保健基準を遵守しつつ，ダイナミックかつ十分に機能する民間セクターの活動を促進する。

　国内外の企業経営者がSDGsへの取り組みが自社の成長にもつながると捉えるに至った2つの動きについて，簡単に言及しておく。

　1つ目は，2017年のダボス会議に向けて発表されたレポート[4]において，SDGsは2030年まで毎年，年間12兆ドルのビジネスチャンス，3億8000万件以上の雇用を創出すると試算されたことである。これが，企業が「SDGs=BDGs（ビジネス開発目標）」[5]であることを意識するきっかけとなった。

　もう1つは，ESG投資の主流化にある。ESG投資とは，環境・社会・ガバナンスの観点を投資に組み込むことであり，2006年には国連でESG投資に関する責任投資原則（PRI）が策定された。PRIに署名する投資機関は年々増えており，2019年現在で2372機関，署名機関運用総資産額は約86.3兆ドルに達している。ESG投資との関連で，年金基金などの機関投資家は企業のSDGsへの取り組みパフォーマンスやインパクトに関する情報開示を強く求めるようになってきている。同様の動きは，保険業界や銀行業界にもみられ，投資家主導の動きが企業のSDGsへの取り組みをさらに後押ししている。

⑵　企業行動憲章の改定

　経団連では，持続可能な社会の実現に向けた企業の取り組みをさらに推進していくため，会員企業の行動原則である「企業行動憲章」を，Society 5.0の実現を通じたSDGsの達成を柱として2017年11月に改定した。

　Society 5.0とは，図4-2が示すように，デジタル革新をきっかけに訪れる人類社会発展の歴史における5番目の新しい社会である。IoT（Internet of Things）やAI，ロボットなどの革新技術を最大限活用して，多様な人々の想像と創造の2つの「ソウゾウ」によって社会的課題の解決と，価値創造や経済成長を同時に達成しようというものである。このSociety 5.0はSDGsの理念とも軌を一にするものであり，企業が最もイノベーションの力を発揮できるコンセプト

として，経団連はSociety
5.0 for SDGsを導きだし
た。

改定した憲章は，その
理念を「持続可能な社会
の実現のために」とし，
前文で，企業が企業倫理
や社会的責任をふまえつ
つ，さらに持続可能な社
会の実現を牽引する役割
を担うことを打ち出した。

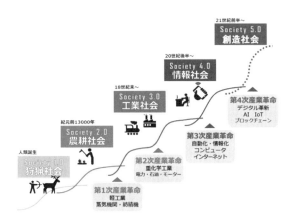

図4-2　Society 5.0 とは

Society 5.0 for SDGsの考え方が最も反映されているのは第1条の持続可能な
経済成長と社会的課題の解決であり，あわせて，企業における人権尊重の重要
性をふまえて，新たに第4条として「すべての人々の人権を尊重する経営を行
う」という条文を設けた（図4-3参照）。

このような企業行動憲章の精神を自主的に実践するうえで必要と思われる事
項や，役立ち参考になると思われる項目を提示した「企業行動憲章　実行の手

図4-3　「企業行動憲章―持続可能な社会の実現を目指して」の構成

引き」やSDGsに資するイノベーション事例集「Innovation for SDGs」などを通じて，具体的な行動のヒントを提供している。

「Society 5.0 for SDGs」は，国連機関やグローバルな民間SDGs推進機関との対話，Business 20（B20）東京サミットなどを通じて，世界にも発信し，理解と賛同を得ている。

(3)　SDGsに取り組むうえで重要なパートナーシップ

SDGsに取り組むうえで，多様な組織とのパートナーシップが必要であることは，SDGsの目標17「パートナーシップで目標を達成しよう」にも示されているとおりである。

企業にとってのパートナーシップを考える際に，サプライヤーとの協働・連携が欠かせない。企業行動憲章の第10条「経営トップの役割と憲章の徹底」では，憲章の精神についてグループ企業への周知徹底だけでなく，サプライチェーン[7]にも行動を促していくことを求めている。取引先での働き方，人権に関する慣行，環境への対応，災害への備えなどが，自社の事業活動にも大きな影響を与えるからである。とはいえ，個々の企業だけで解決できないほど課題は大きい。そのため，業界としての共通課題への対応などにおいて，企業間連携が強化されるようになってきている。

さらに，経済界だけでは対応できない，もしくは対応しにくい課題もある。たとえば，人権侵害や環境問題が発生している現場についての知見が少なかったり，進出先政府との関係から対処がむずかしかったり，課題解決に力になってくれる人脈がなかったりするケースは多々ある。日本政府や国連機関などとの連携に加えて，課題発生現場もしくはその住民に近いNPOなどと連携することが，課題解決の速度と規模の拡大につながる可能性は大きい。さらには，企業の商品やサービスを利用する消費者との連携なくして達成できない課題もある。そこで次節では，これまでの企業とNPO／NGO[8]との関係を振り返り，バリューチェーンにおける多様なステークホルダーとのパートナーシップのあり方を考えてみたい。

２ 企業とNPOとのパートナーシップの進展

　企業がNPOとの関係をパートナーシップとして捉えるようになったのは，1980年代後半〜90年代にかけてであり，主に３つの領域（社会貢献，環境，CSR）で大きく進展した。この変化を経団連の活動を中心に企業の視点から述べたい。

(1)　社会貢献活動における協働

　経団連では，1989年に企業や企業に勤める人々の社会貢献活動を推進するため，1％（ワンパーセント）クラブを設立した。あわせて，企業が社会貢献活動を行ううえでの環境整備や政策提言などを行う社会貢献委員会[9]を1990年に設けた。当時，経団連の社会貢献課長は，協働について「異種・異質の組織が，共通の社会的な目的を果たすために，それぞれのリソース（資源や特性）を持ち寄り，対等の立場で協力して共に働く」という日本NPOセンターの定義に共感し，企業とは行動原理も異なり遠い存在だったNPOと，企業の社会貢献活動担当者が対話する機会を積極的に設けた。

　企業の担当者がNPOとの協働の重要性を痛感した出来事が，1995年1月17日に発生した阪神・淡路大震災である。被災地支援活動において，公平・平等を重んじる行政，効率性を重んじる企業と異なり，使命感に突き動かされ，こだわりをもって当事者性を重視して活動するNPOの柔軟な活動が現場で多様な活動を生み出す姿を，企業に勤める人々も目撃した。

　大震災の経験を経て出てきた特定非営利活動促進法（NPO法）制定の動きを，経団連が側面支援した背景には，「政府と企業だけでこの社会を運営していくことは，もはやできない。個人の多様な意思を結集して，専門性を発揮しつつ活動していくNPOが不可欠である」[10]という，社会貢献活動に力を入れている経営者と担当者の共通認識があった。

　社会貢献活動における企業とNPOの関係の実態を知るうえで参考になるのは，経団連が1990年から毎年実施してきた，社会貢献活動実績調査である。企業とNPOなどの非営利組織との接点は着実に増加してきた（図4-4参照）[11]。

連携の際に重視する点としては，自社の基本方針や重点分野との一致，ミッションへの共感といった，企業方針との整合に関わる項目をあげる企業が年々増加しており，ニーズの把握と新規事業の開発，賛同者の巻き込み，

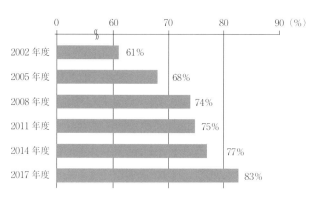

図4-4　NPOとの接点をもつ企業の割合

取り組みの発信という社会に働きかける一連のプロセスにおいて，NPOがさらに力をつけることに期待が高まっている（図4-5参照）。

社会貢献活動を通じてNPOと連携・協働しつつ社員が社会的課題にふれる機会も設け，NPOが提示する課題に真摯に向き合ってきた企業は，パートナーシップのむずかしさも，多様な価値を生み出す充実感と楽しさも経験してい

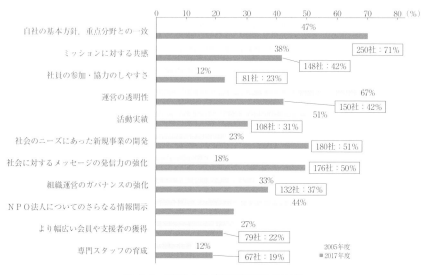

図4-5　NPOとの連携に関する考え方

る。それが，SDGs への取り組みを進めるうえでのよき土壌となっていると考えられる。

(2) 環境活動における対話と相互理解

　経団連では，1991 年 4 月 23 日に「経団連地球環境憲章」を制定し，国内のみならず地球規模の環境問題についても取り組みを推進してきた。憲章では，「環境問題に対して社会の構成員すべてが連携し，地球的規模で持続的発展が可能な社会，企業と地域住民・消費者とが相互信頼のもとに共生する社会，環境保全を図りながら自由で活力ある企業活動が展開される社会の実現を目指す」を基本理念に行動指針を提示している。

　環境活動において，NGO との連携の重要性を企業人が強く意識した出来事が，1992 年 6 月にブラジルのリオデジャネイロで開催された「国連環境開発会議（地球サミット）」だった。そのような背景のもと経団連では，「経団連地球環境憲章」の考えを自然保護分野で実践する組織として「経団連自然保護協議会」[11]を地球環境サミットが開催された 1992 年に設立した。以後約四半世紀にわたって，「経団連自然保護基金」を通じた NGO による自然保護活動への支援，企業と NGO との交流の促進，企業への啓発・情報提供などを行ってきている。基金がこれまでに支援した自然保護・生物多様性保全プロジェクトは，累計で1400 件以上，約 43 億円にのぼっている。

　協議会の設立に関わった企業の役員・担当者や経団連事務局員は，のちに「企業がグローバルな地球環境課題に取り組む上で，NGO から学ぶことが重要と考えたから，協議会と基金を設けた」と語っていた。そのため，1996 年には世界最大の自然保護 NGO である国際自然保護連合（IUCN）に経済団体として世界で初めて加盟し，その後も，環境保護や気候変動に取り組む組織とのネットワークを構築し，情報収集や日本企業の取り組みの発信に努めている。

　経団連では，1997 年以降，低炭素社会実行計画[12]や循環型社会形成自主行動計画[13]を通じて，企業が自主的・主体的に地球温暖化問題や資源循環問題に取り組むことを促進している。また，2009 年には「経団連生物多様性宣言・行動指針」を策定するなど「生物多様性の主流化」に向けた自主的な取り組み

も進めている。経団連自然保護協議会という場も含め，企業と環境 NGO が直接対話し情報交換することは，企業が環境への取り組みを一層深化させるうえで意義があるとともに，NGO の企業の取り組みへの理解を促進することにもつながる。このように学びと相互理解を深めることは，協働には不可欠である。

⑶　企業の社会的責任（CSR）における建設的で緊張感のある連携

1990 年代後半になると，グローバル化する企業活動を CSR の視点から律する動きがでてきた。CSR に対する国際的な動きを加速したのが，2001 年 4 月の ISO（国際標準化機構）による社会的責任に関する規格策定の検討開始である。経団連はこの ISO26000 社会的責任規格の策定に積極的に関与するとともに，そこで得られた知見を活かして 2010 年に会員企業の行動規範である「企業行動憲章」を改定した。

CSR への関心の高まりと並行して，NPO の企業や政府を監視して警告するという機能が発揮される場面が増え，企業側がそれに耳を傾け対応するという，緊張関係がみられるようになってきた。最も有名な事例は，国際環境保護団体グリーンピースがフロン冷蔵庫の生産中止を求めるキャンペーンを行い，松下電器産業（当時）に働きかけた結果，ノンフロン冷蔵庫の開発が実現したことである。

他方，東南アジアの原材料調達先において環境的，人権的な問題が発生していると NGO から再三にわたる忠告を受けたにもかかわらず，対話を受け入れなかったために，ウェブサイト上で情報開示された結果，製品にネガティブなイメージがついてしまった企業もある。

企業にとって耳の痛いことを指摘する団体ときちんと向き合って対話し，自社のミッションと照らし合わせてなすべきことを真摯に考えるか，自己防衛のために壁をつくり敵対的に対応してしまうか，という企業や担当者の姿勢が企業価値や製品の売り上げにも直接的な影響を与えかねない。

その後は CSR の考え方が浸透するにしたがって，多様なステークホルダーとの対話の必要性が広く認識されるようになり，企業はさまざまなかたちで NPO と対話，協働し，また企業側からも積極的に社会へメッセージを発信す

るようになってきた。

③ 多様な組織と連携した持続可能なバリューチェーン

(1) 業界に共通する課題解決に向けた共創

SDGs の 17 目標が示すように，世界がかかえる持続可能性に関わる課題は，複雑に絡み合っており，多様なステークホルダーの参画なしには解決がむずかしい。各業界固有の課題も，また，1 社だけでは解決がむずかしく，業界内の連携が重要になっている。

持続可能性に関するグローバルな企業間ネットワークの組織の 1 つが「持続可能な開発のための世界経済人会議（WBCSD）」[14] である。WBCSD は，2050年には世界中の人々の幸せな人生を限られた地球資源の枠内で実現する」というビジョンを掲げ，現在，①循環型経済，②都市とモビリティ，③気候変動とエネルギー，④食料と自然，⑤人間，⑥企業価値の再定義の 6 つの分野でシステムレベルの変革をめざすプログラムを展開している。WBCSD では，これまでも，セメント，タイヤ，化学，食品，林業など，各業界に共通する課題解決のプラットフォームを設けており，うちいくつかは独立して継続的に活動している。

最近 WBCSD から派生した組織に，海洋におけるプラスチック廃棄物問題の解決を目的として世界各国の企業によって 2019 年 1 月に設立された「Alliance to End Plastic Waste（AEPW）」がある。AEPW は，化学品，プラスチックを含む消費財メーカー，小売業者，加工業者，廃棄物管理会社など，バリューチェーン全般にわたる企業約 30 社で構成されている。当初の 5 年間で 15 億ドルを投資して，プラスチック廃棄物の削減，抑制，管理，使用後のソリューションを推進する施策を展開する[15]。

筆者が個人的に理事として運営に関わっている日本国内における事例も紹介しておく。羽毛製品の適正処理・再資源化のシステムづくりを目的として，2015 年に一般社団法人 Green Down Project が設立された（スキームについては，図 4-6 参照）。アパレルや布団の会社，羽毛洗浄・製造会社，商社など多様な

企業約40社が参画し，地域社会，そして生活者一人ひとりの理解と協力を得ながら，羽毛の安定供給や技術開発などを通じて産業基盤を強化しながら，二酸化炭素排出量の低減や障害者雇用の創出にも取り組んでいる。

紹介した2つの事例が示すように，バリューチェーンを持続可能なものにしていくには，「競業から共業へ」「競争から共創へ」に向かう動きが必要になってきている。

図4-6　Green Down Project がめざす羽毛循環サイクル社会

⑵　多様な組織による共有価値の創造

さらに，業界を超えて多様な組織が連携する動きも活発化している。経団連では，Society 5.0 for SDGs に向けた会員企業のイノベーションが掲載された事例集「Innovation for SDGs」[16]を作成している。その事例のなかから，多様な組織による連携について紹介する。なお，事例集は，単なる事例の紹介を超えて，さらなる連携や協働を生み出すプラットフォームとなることを企図しており，実際に企業間の協働や国際機関との対話・連携につながっている。

①スマートシティの実現

Society 5.0 が実現した社会像を垣間見ることができるのが，スマートシティといえる。スマートシティとは，「都市の抱える諸課題に対して，ICT 等の新技術を活用しつつ，マネジメント（計画，整備，管理・運営等）が行われ，全体最適化が図られる持続可能な都市または地区」と定義されている[17]。

事例集には，三井不動産から「柏の葉スマートシティ」，パナソニックから「Fujisawa サスティナブル・スマートタウン」が寄せられている。柏の葉スマートシティでは，再生エネルギーの地産地消をはじめとする「環境共生」，ベンチャー支援などを通じた「新産業創造」，IT 機器による健康データの収集・

分析などによる「健康長寿」を柱に課題解決型まちづくりに取り組んでいる。Fujisawa サスティナブル・スマートタウンでは，「エコで快適」「安心・安全」が持続するまちづくりをめざして，エネルギーの創蓄連携システムやホームセキュリティが全戸に完備されており，電気自動車や電動アシスト自転車のシェアサービスの提供，包括的ケアや多世代交流を実現する健康・福祉・教育の拠点の整備，掲示板や防災災害情報の配信を行う住民向けポータルの提供なども行っている。

どちらの事例においても，異業種の多様な企業，自治体，大学をはじめとする教育機関，病院・クリニック，そして住民が協働することで包摂的で持続可能な街を実現しようとしている。

②水素サプライチェーンの構築

事例集には，脱炭素化に向けて大きなポテンシャルを有する「水素社会」の実現に向けた取り組みが多数寄せられた。水素を燃料とするガスタービンの開発（三菱日立パワーシステムズ），水電解により水素を製造する際の電極触媒の供給（TANAKA ホールディングス），水素100％による熱電供給の実現（川崎重工業），移動可能な水素製造設備の開発（太陽日酸），水素の安全な大量輸送を可能にする触媒の開発（千代田化工建設）など多岐にわたっている。各事例でも多様な組織が連携しているが，水素サプライチェーンというシステムレベルでの変革に向けてさらなる連携も期待できる。そのため，世界銀行をはじめとする国連機関などもこれらの事例に注目している。

③持続可能な食料生産

2019 年の SDGs の進捗状況に関する国連事務総長の報告書[18] では，いくつかの分野で前進がみられることを指摘しつつも，最も弱い立場におかれた人々や国に最も大きな被害が及んでいると警告している。食料に関係する問題としては，南アジアとサハラ以南アフリカにおける子どもたちの発育不良，全世界の飢餓の増加傾向などがあげられている。飢餓という世界的な課題を解決するためには，現在の食料の生産や供給のシステムを根本的に変革していかねばならない。

経団連の事例集に掲載されている関連事例には，IoT を活用した農場管理シ

ステムの提供（セラク），データ活用による精密農業や農業機械の自動運転化（クボタ），酪農・畜産農家向けのクラウド型牛群管理システム（住友商事），完全自律型ドローンによる野生鳥獣による農作物被害軽減（セコム），地球観測衛星データを活用した小規模農家への保険の提供（損害保険ジャパン日本興亜）などがある。また，土地の風土や気候に合わせた植物の栽培に役立つビッグデータの解析技術，農園管理に役立つ小型で高精度なセンサー技術を活用することで，砂漠化して自然回復が困難だった土地で，食料生産と生物多様性の回復・増進を両立させた事例（ソニーコンピュータサイエンス研究所）には，大きな期待が寄せられている。

　また，SDG12「つくる責任つかう責任」に関しても，さまざまな取り組みが寄せられており，フードロス問題の解決に向けた連携も生まれ始めている。

⑶　より社会的責任ある行動のために

　①ビジネスと人権への取り組み

　これまでみてきた事例は，社会的課題解決に向けたイノベーションに関わるものが中心だったが，持続可能な社会の実現に向けて，企業は事業活動がもたらす負の影響やリスクについて把握し，適切に対処する必要がある。

　なかでも，人権を尊重した経営の重要性が高まっている。2011年に国連人権理事会において「ビジネスと人権に関する指導原則」[19] が採択され，ビジネスと人権への世界的な関心は一層高まり，企業価値や競争力にも影響を与えるようになった。指導原則は，企業に人権を尊重する責任として，事業活動のすべてにわたって，人権に負の影響を与える可能性（人権リスク）がないかを分析・評価し，もし可能性があれば，その影響を防止，または軽減するための仕組みをつくって運用すること（人権デューデリジェンス）などの対応を求めている。

　たとえば，国際NGO「アムネスティ・インターナショナル」は，コンゴ共和国のリチウム電池に使われるコバルト採掘現場において児童労働が発生していると指摘し，完成した電池を使っている電子機器や自動車の世界的なメーカーの責任を問うキャンペーンを展開している。関係各社ではサプライチェーンの調査やデューデリジェンスの実施とあわせて，業界横断的なアライアンスで

の取り組みなども通じて，人権リスクの削減に努めている。また，日本政府も企業が共同でコバルトを調達，備蓄する仕組みを後押しすることを発表している。

　また，バングラデシュの紡績工場が入ったラナ・プラザの倒壊事故，東南アジアの水産業における人身売買・強制労働などを契機に，世界中で労働者の過重労働や劣悪な労働環境への関心が高まっている。しかし，人権問題は複雑であり，根本的原因にまでさかのぼって解決するためには，政府，企業や業界団体，NGO の連携も必要である。

②汚職・贈賄への対応

　持続可能な社会の実現に向けた努力を無にするような要因として指摘されているのが，汚職や贈賄である。外国公務員への贈賄をめぐっては，経済協力開発機構（OECD）が防止条約を制定するなど国際社会の目が厳しくなっている。とくに厳格なのが米国の海外腐敗行為防止法であり，米国外の事件にも適用されるため，日本企業が巨額の罰金を科されることも生じている。

　多様なステークホルダーが連携して汚職に立ち向かうという事例の１つが，Maritime Anti-Corruption Network（MACN）[20] である。MACN は海運業界における腐敗の根本的な原因を特定し，その軽減に向けて政府関係者や国際機関などと協力してコレクティブ・アクションを展開している。

　日本国内でも，グローバルコンパクト・ネットワーク・ジャパン，弁護士による海外贈賄防止委員会（ABCJ），日本貿易会（JETRO）などが連携し，腐敗防止のためのコレクティブ・アクションの輪を広げている。

　経団連が 2017 年に改定した企業行動憲章（図4-3）では，企業が「持続可能な社会の実現を牽引する役割」を担うことを強調したが，「高い倫理観をもって社会的責任を果たしていく」ことを前提とし，「自社のみならず，グループ企業，サプライチェーンに対しても行動変革を促すとともに，多様な組織との協働を通じて，Society 5.0 の実現，SDGs の達成に向けて行動する」ことを求めている。企業が社会的責任を果たすうえで，実質的な課題解決に向けたマルチステークホルダーによるパートナーシップが必要になっている。

5 SDGs と戦略的パートナーシップ―その課題と展望

⑴ ISO26000 の策定プロセスに学ぶ

ISO26000 は，ISO が 2010 年 11 月に発行した，あらゆる組織の社会的責任に関する国際規格である。その開発にあたっては，政府・企業・労働・消費者・NGO・その他有識者が対等の立場で参画する，ISO 初のマルチステークホルダープロセスが採用された。ISO の国際規格は通常，3 年以内に最終案をまとめるのがルールだが，ISO26000 は 6 年の歳月を費やした。マルチステークホルダーによる合意形成がいかに困難だったかを示している。ブラジルのサルバドールで開催された第 1 回作業部会は大混乱し，それぞれが言いたい放題で，カオスとしかいいようがない状態だった。それでも，持続可能な社会の実現のためにあらゆる組織が社会的責任を果たすことを促す規格をつくる，という大義を成すため，各ステークホルダー・グループ内での合意形成，ステークホルダー間の粘り強い交渉，建設的な提案，献身的なリーダーシップなどにより，規格策定にこぎつけることができた。

できあがった規格もさることながら，この策定プロセスを通じて得られたものは大きい。多様な立場の組織が対立を超えて合意形成をするには，対話を通じて互いを理解しあうだけではなく，それぞれに自己変容が必要であることも学んだ。

SDGs に関するパートナーシップにおいても，座礁に乗り上げたときは，常に大義やミッションに戻って各々が果たすべき役割を考えることが必要である。

⑵ 建設的で緊張感のある協働関係

SDGs 達成に向けた各主体の取り組みが進展するにつれ，単に課題解決のために何らかの協働を行うだけで満足するのではなく，より大きな成果を生みだし SDGs の達成を近づけることの重要性が認識されてきた。

本章で述べてきたように，企業は SDGs 達成に重要な役割を期待されている。産業団体としての経団連も，SDGs に関して会員企業がリーダーシップを発揮することを強く促している。そして実際にバリューチェーンを通じて，サプラ

イヤーや消費者，投資家を巻き込んで大きな成果につなげようとする企業の取り組みが広がりをみせつつある。

この流れを加速するためには，何よりも企業とステークホルダーが互いに建設的で緊張感のある関係をもち続けることであろう。それぞれの行動に対する相互チェックを行い，成果の確認や評価などについても忌憚なく意見を交換する，そして批判的な姿勢で相手を糾弾するのではなくデータや事実に基づいて建設的な対話をし，ともに解決策を見いだし行動するための努力を重ねていくことがますます重要になってくるだろう。

［長澤 恵美子］

本章を深めるための課題

1．関心のある企業の SDGs への取り組みについて，その会社のホームページで調べてみよう。
2．その企業が，SDGs の達成にもっと貢献するためには，どんな組織と，どんな連携をすればいいか，考えてみよう。
3．その企業が，持続可能なバリューチェーンを構築するために，どんな組織と，どんな連携をすればいいか，考えてみよう。

注

(1) 日本経済団体連合会（経団連）は，日本の代表的な企業 1412 社，製造業やサービス業等の主要な業種別全国団体 109 団体，地方別経済団体 47 団体などから構成される総合経済団体（会員数は 2019 年 4 月 1 日現在）。
(2) 詳細は，月刊経団連 2017 年 12 月号　アミーナ・J・モハメッド国連副事務総長寄稿「持続可能な開発目標の達成に向けての日本産業界への期待」参照。
(3) 「我々の世界を変革する：持続可能な開発のための 2030 アジェンダ」（外務省仮訳）より抜粋。
(4) "Better Business, Better World" Business & Sustainable Development Commission, January 2017.
(5) 2017 年 7 月の HLPF のサイドイベントとして開催された「SDG ビジネスフォーラム」におけるジョン・ダニロビッチ国際商業会議所（ICC）事務総長（当時）の発言。
(6) サプライチェーンとは，原材料調達から生産加工，製造してつくった製品が顧客の手に渡るまでの供給の一連の流れで，経団連では上流だけでなく，下流（含 アフターサービスや製品回収）までを含めてサプライチェーンという言葉を使っている。他方で，バリューチェーンは一連の流れのなかで生み出された「価値」の連鎖を表す言葉。本章では，供給に焦点を当てる場合はサプライチェーンを使い，そのほかはバリューチ

ェーンを使う。

(7) NPO（Non-Profit Organization）は直訳すると非営利組織を意味し，社会のニーズに積極的に関わり公益活動を行う民間団体。NGO（Non-Governmental Organization）は直訳すると非政府組織を意味し，開発援助，環境，平和など幅広い分野で国境を越えて活動を展開している民間組織。本章では両者を明確に区別しないときは NPO，主に国境を越えて活動する組織をさすときは NGO を用いる。

(8) 社会貢献委員会は，現在，企業行動・SDGs 委員会として，1%クラブは同委員会のド部組織「経団連 1%クラブ」として組織再編

(9) 経団連社会貢献担当者懇談会編「この発想が会社を変える：新しい企業価値の創造」産経新聞ニュースサービス，2001 年 7 月 21 日。

(10)「2017 年度社会貢献活動実績調査結果」経団連（https://www.keidanren.or.jp/policy/2018/097.html）。

(11) 経団連自然保護協議会／経団連自然保護基金（http://www.keidanren.or.jp/kncf/）。

(12) 経団連は，1997 年に「経団連環境自主行動計画」を策定して以来，各業種・企業における，主体的かつ積極的な温暖化対策を推進。2013 年から，自主行動計画をさらに進化させ，「低炭素社会実行計画」に取り組んでいる。実行計画は，第 1 の柱：国内の事業活動における排出削減，第 2 の柱：製品による削減等を含めた「主体間連携の強化」，第 3 の柱：途上国への技術移転などの国際貢献の推進，第 4 の柱：革新的技術の開発の 4 つの柱を掲げ，毎年度 PDCA サイクルを回し，国内外の温室効果ガス排出削減に取り組むもの（http://www.keidanren.or.jp/policy/vape.html）。

(13) 経団連は，産業廃棄物最終処分量の削減を中心に，3R（リデュース，リユース，リサイクル）の推進など，業種ごとの特性や事情などをふまえた自主的な対策を推進している。

(14) WBCSD は，持続可能な開発を目指す企業約 200 社の CEO 連合体。参加企業は，政府や NGO，国際機関と協力し，持続可能な発展に関する課題への取り組みや経験を共有。本部はスイス・ジュネーブ（https://www.wbcsd.org/）。

(15) AEPW の 4 つの具体的取り組み：①廃棄物の管理やリサイクルを促進するためのインフラ開発，②使用済みプラスチックのリサイクル・回収を容易にし，使用済みプラスチックから価値を創造する新しい技術を開発するためのイノベーション，③政府，地域社会，企業，個人にいたるあらゆるレベルで本問題に取り組むための教育，④プラスチック廃棄物が集中する地域，とくに河川など陸上の廃棄物を海に運ぶ主要なルートのクリーンアップ（https://endplasticwaste.org/）。

(16) 事例集は，経団連 SDGs 特設サイト「KeidanrenSDGs.com」にも掲載。企業名，SDGs の 17 目標，169 ターゲットで検索可能。事例は随時更新（https://www.keidan-rensdgs.com/）。

(17) 国土交通省都市局「スマートシティの実現に向けて（中間とりまとめ）」（平成 30 年 8 月）。

(18) "The Sustainable Development Goals 2019" https://unstats.un.org/sdgs/report/2019/.

(19)「ビジネスと人権に関する指導原則」は 3 つの柱から成る。第 1 の柱：企業を含む第三者による人権侵害から保護する国家の義務，第 2 の柱：人権を尊重する企業の責任，第 3 の柱：救済へのアクセスである。各国には指導原則をどのように運用・実施して

いくかを定めた政府文書「国別行動計画（NAP）」の策定が推奨されており，日本政府も2020年夏の公表をめざして作業中。

(20) Maritime Anti-Corruption Network（MACN）は2012年の設立時は，会員は18社だったが，現在100社を超える企業が参加。日本からは日本郵船，商船三井，川崎汽船が参加。

第5章
ステークホルダー起点の政策・規範・ルールメイキング

KeyWords
□アクセシブルデザイン　□共用品推進　□ISO/IEC ガイド 71　□本業を通じた CSR
□横浜 JC マニフェスト　□横浜型地域貢献企業認定制度　□東京オリンピック・パラリンピック持続可能性報告書　□公共調達基準　□パーム油円卓会議（RSPO）

　SDGs を達成するためには，さまざまなセクターが特徴や強みを発揮しつつも同じベクトルで行動しなければならない。しかし，個々のセクターからみれば，抽象的な目標をどう自身の具体的行動目標にまで翻訳したらよいかは，なかなかむずかしい問題である。

　そこで具体的方向を示して行動を導く存在の 1 つが，共通ルールや行動規範である。実定法として体系化されたいわゆるハード・ローだけでなく，法的拘束力をもたないにもかかわらず実質的影響力をもち個々の主体の行動を方向づける，ソフト・ローの存在も重要である。また，ルールは与えられるだけでなく，自らルールづくりに参加することでさらにルールの正統性が増し，遵守への動機がもたらされるという側面も重要だ。

　本章では，その観点で，とくにステークホルダー起点で形成・制定されるソフト・ローとしての規範が，どのように SDGs の達成に貢献しうるのか，具体的なケースを紹介しながら検討していきたい。

　まず，包摂的でバリアフリーな社会をつくるために大きな力となる，アクセシブルデザインの国際標準化について，とりわけ日本の果たした役割に焦点を当てながら紹介する。つぎに，地域企業が提言し行政に働きかけて実現した神奈川県横浜市における横浜型地域貢献企業認定制度を，企業のリーダーシップに焦点を当てて紹介する。最後に，国際的な規範が国内規範化される具体例として，東京オリンピック・パラリンピックの調達基準の事例を取り上げる。

1 標準化によるインクルーシブ（アクセシブル）デザインの普及

■ アクセシブルデザインとは

本節では，SDGs の目標の達成なかで，とくに「3. 健康と福祉」「4. 教育」「10. 不平等をなくす」「11. 安全」「12. 消費と生活」と密接にかかわるアクセシブルデザインに関して紹介していく。

①定義

2001 年に国際標準化機構（ISO）より発行された ISO/IEC ガイド 71「規格作成者のための高齢者及び障害のある人々への配慮設計指針」において，アクセシブルデザインは「多様な状況において，システムを容易に使用できるユーザーを最大限まで増やすために，多様なユーザーに焦点を当てた設計」とあり，注記として「アクセシブルデザインは，次によって達成される」と示されている。

①修正・改造することなく，ほとんどの人が利用できるようにシステムを設計する。

②システムをユーザーに合わせて改造できるように設計する（改造可能な操作部などの提供）。

③インターフェースを標準化し，福祉機器及び支援機器との互換性をもたせる。

さらに，「ユニバーサルデザイン，アクセシブルデザイン，デザイン・フォー・オール，バリアフリーデザイン，インクルーシブデザイン，トランスジェネレーショナルデザインなどの用語は，同じ意味で互換的に使用される場合が多い」と補足で書かれている。

②背景

アクセシブルデザインを目標とした国際ガイドは 1998 年の ISO の消費者政策委員会（COPLCO）の総会において日本から提案し，参加国すべての賛成を得て 3 年間，日本が議長国を務めて作成したものである。ISO におけるガイドとは，国内外の規格を作成する際の参考書（指針）の位置づけで，日本提案で作成された。このガイドは「規格作成者のための高齢者及び障害のある人々へ

の配慮設計指針」との題名が付き ISO として 71 番目に制定されたものである。

　日本提案が各国に受け入れられた背景には，日本が他国に先駆けて障害のある人々ならびに高齢者への日常生活における不便さ調査（表 5-1）をもとに，障害者・高齢者等配慮設計指針（アクセシブルデザイン）のシリーズ名で，日本工業規格（2019 年 7 月より日本産業規格：JIS）をつくってきた実績が評価されたからと推測される。

　これらの調査を 1991 年から行っている E&C（エンジョイメント・クリエーション）プロジェクトは，さまざまな分野からのメンバー 20 名が集まり，障害の有無，年齢の高低などにかかわりなく，ともに使える製品・サービスを，共用品・共用サービスと名付け，その普及をめざして発足した市民団体であった。同プロジェクトは，各当事者団体と連携し，それぞれの障害に関して 300 名以上への調査をもとに課題の抽出を行った。各調査は報告書にまとめられ，多様な企業，機関に配布された。その結果，個々の企業や機関が独自の工夫を行いはじめたのである。しかしどんなに使いやすくなる工夫でも，各社バラバラの工夫では，使用者はさらに不便が増す可能性がある。そのため，E&C は自ら

表 5-1　障害のある人，高齢者の日常生活における不便さ調査

調査名	報告書刊行
朝起きてから夜寝るまでの不便さ調査（視覚障害者）	1993 年 10 月
飲み物容器に関する不便さ調査	1995 年 4 月
耳の不自由な人たちが感じている朝起きてから夜寝るまでの不便さ調査	1995 年 9 月
妊産婦の日常生活年職場における不便さに関する調査研究	1995 年 10 月
高齢者の家庭内での不便さ調査報告書	1996 年 6 月
高齢者の交通機関とその周辺での不便さ調査報告書	1997 年 4 月
車いす不便さ調査報告書	1998 年 7 月
弱視者不便さ調査報告書	2000 年 2 月
障害者・高齢者等の不便さリスト	2000 年 3 月
子どもの不便さ調査	2001 年 3 月
知的障害者の不便さ調査	2001 年 3 月
聴覚障害者が必要としている音情報	2001 年 11 月
高齢者の余暇生活の実態とニーズ調査報告書	2002 年 12 月

出典：公益財団法人共用品推進機構 http://www.kyoyohin.org/ja/research/report_fubensa.php

を「共用品推進機構」という名称の財団法人に発展させ，工夫点を標準化する作業を本格的に始めたのである。

より多くの人が使える製品・サービスを表す的確な言葉がなかったため「共用品・共用サービス」と名付けた。その共用品が，ISO でガイドをつくる際，各国からの意見で，アクセシブルデザインと英訳されたのである。

③現状―シャンプー容器，上部と側面のギザギザ

現在国内で市販されているほぼすべてのシャンプー容器の側面と上部には，ギザギザがついている。これは，目の不自由な人たちからの「同じ形のリンス容器と触って区別がつかず，最初にリンスをしてしまう」との声が，メーカーである花王に届き，同社が研究を重ねた結果が「ギザギザ」をシャンプー容器の上部と側面に付けたことで始まった。しかし同社は，他社がリンス側にギザギザを付けてしまったら，工夫したことがさらなる混乱を招くことになると考え，実用新案を取得した。通常，実用新案は他社が使うことを防ぐために取得する場合が多いが，このシャンプーのギザギザは，多くの同業他社が採用してくれることで，視覚に障害のある人たちの利便性につながると考え，同社は実用新案の権利を無料で開放したのである。その結果，1992 年に第 1 号が同社から発売されると，日本リーバ，牛乳石鹸がすぐに賛同し追従し，27 年たった現在は，市販のシャンプーのほとんどに「ギザギザ」が付くに至っている。

じつはこの工夫は，目の不自由な人ばかりでなく，目が見える人でも多くの人は，髪の毛を洗うときには目をつぶるため，シャンプーとリンスが触って識別できることで，目の見える人も見えない人と同様に便利になっているのである。

さらに，2015 年 2 月より，側面と上部に一本の凸線が表示されたボディソープ容器が，店に並びはじめている。

④玩具のアクセシブルデザイン

1990 年 4 月，玩具業界のまとめ役である日本玩具協会内に目や耳の不自由な子ど

図 5-1 触って識別できる容器

もたちもともに遊べる玩具（共遊玩具）を普及・促進するための委員会が発足した。委員会の名前は「小さな凸」実行委員会。小さな凸とは，ON・OFFスイッチのONの部分や，プッシュホン電話の5番に，小さな凸の突起を付けることにより目の不自由な人が，ス

図5-2　盲導犬マーク／うさぎマーク

イッチのONとOFFを，プッシュホンの5番と5番以外の数字を確認できる，小さいながらも大きな役目を果たす凸点からとられた名称である。

　同委員会では，目や耳の不自由な子どもも一緒に遊べるおもちゃには「盲導犬」と「うさぎ」をデザイン化したマークを，該当するおもちゃのパッケージやカタログに表示することを推奨している。

　目の不自由な人もともに遊べる盲導犬マークが表示されている玩具には，黒と白の石が触って識別できる「オセロゲーム」や，手で触って全体象が理解できる車や動物のミニチュアがある。また，耳の不自由な人もともに遊べるうさぎマークが表示された玩具には，字や絵を書いてまた消せるボードなどがある。メーカーがこれらのマークをパッケージに表示するためには，同協会が作成したガイドラインに適合しているかのチェックを同協会に依頼して行い，合格したものがマークを表示できる仕組みになっている。

　審査に合格した玩具は，共遊玩具と呼ばれ，毎年6月に行われる東京おもちゃショーに合わせて，協会が作成する共遊玩具のカタログに掲載され，各地の視覚障害，聴覚障害関連機関，玩具店，メーカーにも配布されている。この活動が始まった当初，目の不自由なお子さんをもつお母さんから，「普段，おもちゃは特注でしか購入できなかったのですが，盲導犬のマークが付いているおもちゃがあること，そしてそれが普通のおもちゃ屋さんで購入できることを知り，とても嬉しかったです」と同協会に手紙が届いている。発足から26年たった協会の活動は委員会の名称は「共遊玩具推進部会」と改め，さらなる目標に向かっている。

　⑤国内基準の制定（日本工業規格）

現在，日本ではアクセシブルデザイン関連の規格が40種類つくられ，多くの分野で活用されている。その40種類の規格は3段構造（図5-3）になっており，ISOで制定されたガイドの日本語版JISZ8071などの基本規格と，個別の製品規

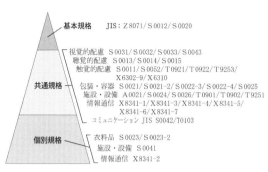

図5-3　アクセシブルデザイン関連のJIS（日本産業規格）

格，そしてその中間にある共通規格である。共通規格とは，年代において読みやすい文字の大きさ，多くの人が聞きやすい音の周波数，スイッチの種別を触ってわかる凸表示などで，同じ業界だけでなく，製品種の異なる多くの業界でも共通に利用できる工夫が示されている。

　また，アクセシブルデザイン関連の規格が採用されている製品は国内において2017年度現在で約3兆円近い市場規模になっている。この数字は22年前に比べると約6倍にも伸びており，すでに特別なものとしてではなく，一般製品として広がっているものも増えている。これは，アクセシブルデザインのアクセシブルという形容詞がとれ，本来のデザインの意味に戻っていくことを意味しているのである。

⑥アクセシブルデザインとSDGs

　アクセシブルデザインは，ほかの国に先駆けて高齢社会に直面している日本で，製品やサービスに関する課題に向き合うプロセスで模索して出してきた解決方法である。それは，製品・サービス，言葉を変えると「モノ・コト」「ハード・ソフト」を，より多くの人が使えるように，多種多様なステークホルダーで見つけ出してきたのである。多様なステークホルダーは，ISOでアクセシブルデザインのガイド（指針）が制定されてからは，日本国内だけでなく，各国のステークホルダーに広がり検討がなされ，共通規格，個別規格が国際規格になっている。本章の冒頭に示したアクセシブルデザインが関係する5つのSDGsの目標は，主だったものであるが，17番目の目標に示されているように，

すべての目標はグローバルなパートナーシップがあってはじめて達成される。

　SDGs の達成に向けて，アクセシブルデザインの多様な工夫が多様な目標と連動して，誰一人取り残さないという SDGs の基本理念の実現に貢献することを期待したい。

2 横浜型地域貢献企業認定制度／横浜スタンダード推進協議会

(1) パートナーシップの必然性―パートナーシップが必要となっていった背景

　1986 年，大学入学直後に医療事故で大川印刷社長である父を失った筆者は，先輩経営者に青年会議所への入会を勧められ，1996 年に社団法人横浜青年会議所（以下，横浜 JC）に入会した。横浜 JC は 20～40 歳までの若手経営者ないしそれに準ずる立場の者が明るい豊かなまちづくりをめざして活動している団体であるが，右も左もわからない当時の筆者にとって，さまざまなパートナーシップを学ぶ場でもあり，また広げていく場でもあった。

(2) ステークホルダー起点の政策・規範としての「横浜型地域貢献企業認定」

　バブルが崩壊したあとも経営に苦しんでいた 2002 年当時，横浜 JC で社会起業家の調査研究を担当していた筆者は，経済社会のグローバル化が進むなかで中小企業がおかれた状況について問題視していた。

　当時，企業は「グローバル化」を盾に，コスト削減のため徹底的な価格競争を行っていた。長年の信頼の積み重ねで成り立っていたかに思えた得意先も，徹底した相見積による価格競争が行われ，多くの仕事を失うといったことが起きていた。このままでは状況はどんどん悪くなっていく一方だと考え，横浜 JC のメンバーの多くも同様の考えをもっていた。厳しい価格競争を強いられながら，自社の競争優位性を上げていかなければ生き残れない状況下にあった筆者は，自分の関心がある「環境経営」に着目しシフトして，2002 年に「社会起業家の調査研究」，そして 2004 年には「企業の社会貢献・CSR の調査研究」を横浜 JC で担当した。2011 年マイケル・ポーター教授が提唱した CSV（Creating Shared Value）を待つことなく，CSR を「本業を通じた社会課題解決」

と定義し，「本業を通じた CSR こそが王道である」との結論に至ったことが，その後のパートナーシップと SDGs の活動へとつながっていった重要なポイントであるといえる。

　横浜 JC は，2005 年に「しあわせの選択」をテーマに活動した。グローバル経済社会のなかで，「本当のしあわせとは何か？　私たちにとって本当に必要なことは何か？」について 1 年間活動した。横浜 JC メンバーの多くは地域の中小企業経営者である。筆者同様，グローバル化の波についていくことに違和感をもっていた地域の中小企業は少なくなかったのではないかと推察する。まちづくり室という部署の下に，横浜経済人会議企画運営委員会，輝きのある横浜経済創造委員会，魅力ある横浜文化創造委員会の 3 委員会が集まり，「横浜 JC マニフェスト」なるものをつくり，政策提言を行うことになった。いわば自治体のステークホルダーとしての経済団体，それを構成する地域企業が政策・規範の提言を行うというものである。

　横浜 JC マニフェストの核となるものの 1 つが「民間経済人で組織する地域政策シンクタンクを設立します」というもの。これはのちの NPO 法人横浜スタンダード推進協議会設立へとつながる。そしてもう 1 つが以下の政策提言である。

> 「横浜スタンダード型企業認定」を規範とする信頼性の高い証券市場を創設します。目標　財務指標の厳格な審査はもちろんのこと，「横浜スタンダード型企業認定」を規範とする企業倫理を上場基準に採用し，世界でも有数の信頼性を誇る証券市場を横浜に創設します。

「横浜スタンダード」は，グローバルスタンダードに疑問をもっていた筆者が「これからは『グローバルスタンダード』でなくて『横浜スタンダード』でもよいのではないか」と半ば開き直りで言ったのがきっかけだった。「横浜ならではのスタンダードをつくろう」との想いからきたものである。横浜の地域や環境に貢献すること，経済的側面だけでなく，人・従業員や環境や社会にも配慮した横浜ならではの CSR 企業認定にしようとの想いがあった。この政策提言を準備するにあたり，横浜市経済局とも交流しながら相談したところ，横浜市でも独自の CSR 企業認定の構想があるとのことで，互いに協力して進め

ていこうという話になった。それが現在の「横浜型地域貢献企業認定」につながっていった。

2007年、横浜市経済局と横浜企業経営支援財団（IDEC）によって創設された「横浜型地域貢献企業認定」は以下のように解説がある。

> 横浜市民を積極的に雇用している、市内企業との取引を重視しているなど、地域を意識した経営を行うとともに、本業及びその他の活動を通じて、環境保全活動、地域ボランティア活動などの社会的事業に取り組んでいる企業等を、一定の基準の下に「横浜型地域貢献企業」として認定し、その成長・発展を支援する制度です。
>
> （出典：公益社団法人横浜企業経営支援財団ウェブサイト）

認定を受けた企業の受ける主なメリットは、「認定証・認定マークの付与」「横浜市中小企業製造業設備投資等助成制度の資格要件緩和」「低利融資の認定」「公共調達の受注機会の優遇」などがあげられるが、「公共調達の受注機会の優遇」は今のところ一部の業界に限られている（2019年4月1日現在、471社が「横浜型地域貢献企業」として認定）。

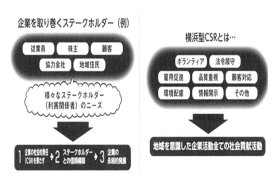

図5-4　横浜型地域貢献企業認定

(3)　さまざまなパートナーシップ

前述のとおり、横浜JCとNPO法人横浜スタンダード推進協議会、そして横浜市とが協力するかたちででき上っていった横浜型地域貢献企業認定は、現在もNPO法人横浜スタンダード推進協議会が認定企業の交流会の企画・運営をお手伝いするかたちでパートナーシップが継続しているほか、認定企業が新たなパートナーシップで新たな取り組みを展開している例も複数存在する。ここではさまざまなパートナーシップの事例のいくつかを紹介する。

①横浜市とNPO法人横浜スタンダード推進協議会の取り組み

2007 年，NPO 法人横浜スタンダード推進協議会が発足されて以来，横浜型地域貢献企業の認定企業交流会を，年 1 ～ 2 回の割合で NPO 法人横浜スタンダード推進協議会が企画・運営している。なかでも複数回にわたって開催されている「課題解決ダイアログ」では，横浜市の複数の部局から担当者が参加し，その部局が担当している分野での市内の課題を発表してもらい，その課題に対し認定企業の参加者たちが課題解決案を出すため，グループディスカッションするもの。「女性の雇用」「まちづくり」「教育」「障がい者（雇用・活用）」「防災（地域連携）」「国際交流（観光）」など毎回さまざまなテーマでアイデアを出し合う対話を継続している。

②横浜型地域貢献認定企業の取り組み

2017 年，横浜型地域貢献企業認定が 10 周年を迎えたことを記念して，「プレミアム表彰」がスタートした。「プレミアム表彰」は，自社の CSR 活動がそれぞれのステークホルダー（顧客・従業員・仕入先・地域・株主など）の期待やニーズに沿っており，かつ経営の持続可能性や成長性を生み出す経営戦略的観点をもった取り組みを実践する企業を表彰するもので，2017 年は㈱スリーハイと㈱大川印刷の 2 社が選ばれた。

スリーハイは，住宅と約 80 の会社や工場が混在する「準工業地域」に立地し，地域住民に各企業への理解を深めてもらい，共生したいという想いと，子どもたちに“ものづくり”である製造業を知ってほしいと考え，近隣の小学 3 年生を対象に，2013 年から社会科見学『まち探検』を開始した。さらに工場に併設するかたちでカフェやコミュニティースペースをつくり，ショールーム，ワーキングスペース，親子工作やヨガなどのワークショップや撮影スタジオとしての貸し出しなどさまざまな用途で活用して，ステークホルダーとの親交を深める活動を展開している。工業地域では，とかく日々決まったビジネスの動きしか生まれてこないのが通常だが，そこにカフェやコミュニティースペースを設置し，さらに交流の仕組みづくりを加えることで，新たなステークホルダーとの関係やパートナーシップが生まれる仕組みづくりができている好事例といえよう。また，このような活動を通じて，従業員の成長や雇用の獲得にもつながっているという。

いっぽう，大川印刷ではCO_2ゼロ印刷（現在は「ゼロカーボンプリント」と改名），環境印刷の推進が評価を受けた。CO_2ゼロ印刷は，自社印刷事業において年間に使用される電気・水道・ガス・車両燃料をCO_2換算し，その全量およそ180tを政府のJ−クレジットといういわゆるカーボンオフセットの仕組みを活用しゼロ化したうえで事業を行うというものだ。そのほか，違法伐採による材料を使用していないことを第三者機関が認証しているFSC®森林認証紙，石油系溶剤をまったく使用しないインキを使用しての環境印刷の推進が評価された。さらにその後2018年12月，政府のSDGs推進本部より第2回ジャパンSDGsアワード「SDGsパートナーシップ賞（特別賞）」を受賞した。選出のポイントとしては「地域の中小企業が，全社員へのSDGs教育を実施し，ボトムアップ型でSDGs経営戦略を策定」している点があげられている。

　具体的にはパートを含む従業員全員参加で社内ワークショップを実施，そこでの議論を通じてSDGs経営計画を策定していく。ワークショップのテーマは以下の4つである。

①うまくいっていることは何か
②うまくいっていないことは何か
③やってみたいことは何か
④その障害となっていることは何か

　多くの企業が自社のSDGsの取り組みを，過去行ってきた事業に対するSDGsの各ゴールの紐づけにとどまり，未来へ向けた行動を示せていないと耳にするが，「③やってみたいことは何か」というテーマがあることによって2つの効果が出せているといえる。1つは「未来への目標を掲げることができる」ということ。全従業員でこれから将来に向けてやりたいことを話し合うことで，未来への目標の設定に目を向けることができる。もう1つは，「やらされ感の排除」ということ。企業において何か新しい取り組みをしようとする際，必ずといってよいほど問題となるのが，「やらされ感」ではないだろうか。自分たちのやりたいことが1つでも多く取り上げられることで，またそれを推進するプロジェクトチームが設置され動くことで，一人でできないことも周囲の従業員とともに協力しあって実現させていくことができるようになる。これは全社

的にSDGsを推進していくうえできわめて重要なことであるといえる。

　なお，現時点で国内唯一といわれる「ゼロカーボンプリント」は自社印刷事業におけるCO2排出を対象としているため，現在のところ原材料である紙，インキの製造時に排出されるCO2についてはまだゼロ化はできていない。2030年に向けてこれらCO2のゼロ化をめざしていくが，その際に重要となるのが，ステークホルダーとしての製紙メーカーやインキメーカーとのパートナーシップや協力が不可欠であることも付け加えておく。

　③「戸塚リビングラボ」の取り組み

　リビングラボは，地域のNPO，中小企業，自治体や市民，そして大企業も加わり，地域の課題解決に向けた新たな取り組みやビジネスを創発するプラットフォームである。戸塚リビングラボでは上記に加えて，社会福祉法人や大学ら教育機関なども加わって，主に高齢化社会と介護の問題について議論し，新たな課題解決策を検討，実行しようと活動している。

　2018年には「とつか未来会議」を開催。少子高齢化時代の介護や医療，育児分野などでさまざまな取り組みをしている医師や社会福祉団体担当者，地元介護施設経営者，そして介護大手企業を集め，地域で暮らし，地域で働くみんなで，地域のこれからの未来を考えるシンポジウムを行った。

　これら認定企業のパートナーシップの事例をみると，「SDGsはESG時代の競争戦略」といった表現に違和感を覚えるのは筆者だけであろうか。「競争に勝つこと」がSDGsの真の目的なのであろうか。いうまでもなく，本来の目的はSDGsのゴールの達成である。そのゴールの達成のためには競合他社と協働して行動することも辞さない。そんな姿勢が求められるのだと思う。「誰のため，何のためのSDGsなのか」。それをしっかりと理解した行動が，社会や世界を変えていくに違いない。

3 東京オリンピック・パラリンピックにおける調達基準

　2020 年の東京オリンピック・パラリンピック大会に関しては,「大会開催を機にレガシーを残そう」という考え方が強調されている。国内外で大きな注目を集め, 巨額の資金を投入して実施されるメガスポーツイベントを, 単に一過性のイベントで終わらせるのではなく, 将来に引き継がれ活用される有形・無形のレガシー（遺産）をいくつも残すことで, より開催の意義を高めようという考え方だ。その観点から, サステナビリティは残すべきレガシーとして重要視されてきており, 事実, 東京大会においても相当力を入れて実施されている。本節では, とくにサステナビリティの諸要素のなかでも日本国内ではまだ関心が薄い, グローバルな人権・労働問題への関心を高めるきっかけとなり得る点に注目して紹介したい。

　メガスポーツイベントとサステナビリティとの関係は近年大きく注目されており, 2012 年にはイベントサステナビリティの国際規格 ISO20121 が発行されている。この規格の原型は英国の規格 BS8901（2007 年）であり, その英国で開催された 2012 年のロンドンオリンピックではこれら規格に則って開催された。大会運営のあらゆる面で持続可能性に配慮しており, たとえばリサイクル材の活用などで環境負荷を最小化するとともに, 大会会場建設においてあえて荒廃したロンドン東部の地域を建設地に選んで, 見事なまでにコミュニティ再生を実現し, 大きな社会的インパクトも生んだ。ロンドン大会は, 史上最も環境・社会に配慮した大会とされている。

　東京大会も, ロンドン大会に学びながらより持続可能な大会運営をさらにめざし, さまざまなステークホルダーの意見やパブリックコメントでの意見を聞きながら, 委員会・作業部会で長く検討してきた。そして 2018 年 6 月に, 組織委員会としての基本方針を「東京 2020 オリンピック・パラリンピック競技大会　持続可能性に配慮した運営計画 第二版」として発表した[1]。また, 2019 年 3 月に, 組織委員会は「持続可能性進捗状況報告書（Sustainability Progress Report）」を発行した。大会開催に備えたサステナビリティに関する取り組みの進捗状況をつぶさに開示した, 約 160 ページにおよぶ報告書だ。こ

の報告書を含め，組織委では開催の前後を通じて計3回の報告書の発行を計画している。

組織委員会では，運営計画策定のねらいとして，運営に関わる人々のラーニングレガシーとして蓄積され将来活用されること，また世界中の注目を集めるオリンピック・パラリンピック大会を通じて，一人でも多くの人がサステナビリティにどのように取り組んでいくべきか，関心をもって具体的に学ぶ機会とする点をあげている[2]。

組織委員会では持続可能性に関するワーキング・グループなどを設けてさまざまな検

メッセージ
組織委員会 会長
組織委員会 事務総長
街づくり・持続可能性委員会 委員長
1. 基本理念及び本報告書の概要
　　1.1 持続可能性に配慮した大会に向けての基本理念
　　1.2 組織委員会及び大会関係者
　　1.3 本報告書について
2. 東京2020大会 持続可能性の主要テーマ
3. 組織体制
　　3.1 組織委員会：組織体制の変化
　　3.2 持続可能性マネジメントシステム
4. 主要テーマの進捗状況
　　4.1 気候変動
　　4.2 資源管理
　　4.3 大気・水・緑・生物多様性等
　　4.4 人権・労働，公正な事業慣行等
　　4.5 参加・協働，情報発信（エンゲージメント）
5. 持続可能性に配慮した調達
6. 会場整備
7. 大会開催運営の準備
8. レガシー継承
付録

図5-5　組織委員会の「持続可能性進捗状況報告書」の目次

討を重ねてきた。その結果，図5-6に示すような運営計画の柱ができたわけである。このなかでとくに注目したいのが，人権・労働に関する配慮である。

東京大会は国連「ビジネスと人権に関する指導原則」に則った世界初のオリンピック・パラリンピック大会である。2024年パリ大会からは，「ビジネスと人権に関する指導原則」に則って運営することが開催国の義務とされ，IOCとの契約の必須要件となる。2020年の東京大会ではまだ義務づけられていないわけだが，自主的に指導原則に則って開催することを宣言した。

「ビジネスと人権に関する指導原則」とは，2011年に国連人権理事会で採択された国連文書であり，企業にとっては環境に比べ新しい取り組み課題である人権に，どう取り組んだらよいかを示した基準文書である。「人権を保護する国家の義務」「人権を尊重する企業の責任」「人権侵害救済手段の実効性向上」

の３本の柱からなり，具体
的なアクションとして，「人
権デューディリジェンス」，
すなわち人権侵害を未然に
防ぐための PDCA サイク
ル確立と実施を求めている。

　注目すべきは，組織委員
会が東京大会で使用する木
材・農産物・畜産物・水
産物・紙・パーム油の調達

図 5-6　持続可能性に配慮した運営計画

基準を策定したことである。持続可能性への配慮を社会に広げていく方法とし
て，公共調達の基準に環境や人権・労働などへの配慮を組み込むことは有効な
政策手段とされ，欧州などにおいて広く行われつつある。東京大会を機に策定
されたこれらの調達基準は，まだほとんど普及していない日本国内での公共調
達における持続可能性配慮に関して，先行事例として参照されるであろう。と
くにグローバル・サプライチェーンにおける人権・労働への配慮というにおい
て，残すべき大会の重要なレガシーの１つだ。

　持続可能性進捗状況報告書では，調達基準を検討する作業部会での議論の経
過についても紹介している。グローバル・サプライチェーン，とくにパーム油
がはらんでいる環境・人権・労働問題に関する国内での問題意識は決して高く
なく，国際的な関心の高さとはギャップが大きい。そうした国内事情を前提に
一体どんな調達基準にするべきか。多様なセクターが参加する人権・労働ワー
キング・グループでのパーム油に関する議論では，基準をどれくらい厳しいも
のにすべきかで意見が分かれた。貴重な熱帯雨林をパーム油のプランテーショ
ン開発から保護し，先住民の強制移転などが起きないよう権利を守り，児童労
働や強制労働，人身売買などは排除しなくてはならない。妥協せずに目標は高
く掲げるべきであり，現状で最も厳しい基準の「持続可能なパーム油のための
円卓会議（RSPO）」の認証取得を調達条件とすべきとの強い意見もあった。し
かし調達基準を満たすパーム油の流通がまだ少ないこと，日本国内でのこの問

題の認識度がきわめて低いことを考えると，まずは仕組みとしてスタートさせることが最も重要であり，調達基準も現実をふまえたものにすべきであるとの意見が出された。

　結局，パーム油の調達基準は，現時点で最も厳しい基準である RSPO だけに限定せず，インドネシア，マレーシアでそれぞれ使われている ISPO と MSPO の 2 つの認証基準を加えた 3 基準のいずれかを満たしていればよいという，現実的な結論に落ち着いた。理想からは遠いかもしれないが，まずは現状から一歩前に踏み出すことが重要だ。しかし同時にそこで満足はせずに，絶えずより高い基準をクリアできるようになるよう，国も，企業も，消費者も，関心をもち続けて関与することだ。高い基準に満たない製品を排除することはある意味でやさしい。しかし，それは小規模生産者などの当事者の改善の機会を奪うことにもなる[3]。

　今の日本に何よりも必要なのは，まず調達基準の背景にある問題の所在を多くの人が知り，課題解決に寄与する調達基準への意識を高めることだ。東京オリンピック・パラリンピックを，サステナビリティに関する課題や国内外のギャップを知り，自分で考えて行動を始める絶好のチャンスと捉え，さまざまな機会を捉えて啓発普及に力を入れることが必要だ。その意味で，持続可能性進捗状況報告書が囲み記事としてこの議論の経過を紹介したことには，大きな意味があると考えている。

　残念ながら，この運営計画発表や持続可能性進捗状況報告書発行に対する国内メディアの反応は鈍かった。たとえば運営計画を取り上げるマスコミは少なく，扱い方もせいぜい「エコの大会に」といった環境配慮に言及するのみであった。海外ではメガスポーツの持続可能性は大きな関心事になっているし，運営計画発表も人権・労働配慮への言及も含めてバランスよく取り上げられたが，日本ではやはり観戦チケット販売や金メダル候補の活躍への期待などの報道の陰に隠れてしまう。国内外での意識の違いが鮮明だ。

　もちろん，実施計画における徹底した環境配慮，つまり暑さ対策，リサイクル，再生可能エネルギーの活用，自然との共生などもきわめて重要だし，国内外に向けておおいに発信すべきだ。しかし，注目を浴びることの少ない人権・

労働問題に関して，レガシーとなる調達基準が策定されたことなどは，その重要性に鑑みてもっと広く知られるべきであろう。史上初の「SDGs オリンピック・パラリンピック」を標榜する東京大会がどのような理念をもって運営され，具体的にどのような人権・労働に関する配慮が盛り込まれているのか，メディアも広く紹介して関心層を拡大し，国民の間での認識を広める努力をするべきである。

　いずれにせよ，東京大会の調達基準は，ルールメイキングの影響力とその活かし方を考えるよい機会を提供してくれる。今後政府・自治体による公共調達の基準に取り入れられることによって，とりわけ人権・労働に関する取り組みの推進に大きく役立つことが期待される。

4 パートナーシップを育くむルールメイキング─その課題と展望

　本章で紹介した３つのルールメイキングの事例は，それぞれ示唆に富んでいるが，共通していえるのは，ソフト・ローがどのように作用しうるか，その可能性を示していることである。ルールにはあるべき新たな未来社会の理念が盛り込まれ，それが行動規範として浸透することによって，組織の行動変容を促す。

　とりわけ，SDGs が必要としているこれまでにない大きな社会変化を起こすためには，トップダウンの強制力を伴った法律・規則の制定だけではなく，ステークホルダー起点（主体）のルール形成とその影響力にはもっと着目していく必要がある。

　そしてこのルールづくりのプロセスも重要であり，ISO26000 が挑戦して効果をあげたように，より多くのステークホルダーの価値観を盛り込んだ，マルチステークホルダー・プロセスで策定するかたちが主流になりつつある。こうした国際ルールを受け入れるだけではなく日本としてルールメイキングをリードする，あるいはプロセスに積極的に関わることも重要である。その意味で，アクセシブルデザインは大きな成功事例として参考にし，学ぶべきであろう。

　また，国内でも横浜型地域貢献企業認定は，地域企業自らが起点となり行政

に働きかけて創設したという点でユニークな事例である。自らのイニシアチブで策定したルールの影響力とそのことによる効果は，与えられたルールに受動的に従う場合に比べてはるかに大きいであろう。

　ルールメイキングに積極的に関わるには，経験と能力を備えた人材育成が大きな課題である。ISO の国際基準策定で議長を務めるなどリーダーシップをとることのできる経験・ノウハウを備えた専門人材を育てることに加えて，それぞれのステークホルダーにおいても，本章の事例にみられるように，共通ルールの重要性を理解しルール策定に能動的に関わってリーダーシップを発揮できる人材の育成が必要である。当事者としてその声を代弁しつつ建設的な貢献ができ，ルール形成後はその改善や浸透に力を発揮しつつ継続的にルールに関わることのできるような人材の層を厚くすることが，今後の大きな課題といえよう。

［第1節：星川 安之／第2節：大川 哲郎／第3・4節：関　正雄］

本章を深めるための課題

1．アクセシブルデザインとは何か，そしてその国際標準に，日本が果たした役割について確認してみよう。
2．横浜型地域貢献企業認定制度とは何か，そしてその策定プロセスに企業自身がどのように関わったかを捉えよう。
3．東京オリンピック・パラリンピックの公共調達基準の意義とその果たす役割は何かを捉えよう。そして，本章を通じて，ルールメイキングが SDGs にどんな役割を果たすのか，考えてみよう。

注
(1) 出典は，公益財団法人東京オリンピック・パラリンピック競技大会組織委員会 (2019)『持続可能性進捗状況報告書』図 5-5：2-5 頁，図 5-6：20 頁。
https://tokyo2020.org/jp/games/sustainability/report/data/tokyo2020-games-sus-report_JP.pdf (2019 年 10 月 30 日最終閲覧)。
(2) 運営計画のねらいに関しては，次のような記述がある。「今後のオリンピック・パラリンピック競技大会の関係者が持続可能性に配慮した競技大会の計画・運営を行うためのラーニング・レガシーとなるものであり，さらに，日本，世界の人々が持続可能な開発への取組を行うに当たり，参照され活用されることを意図する」(運用計画第 2 版の 2 ページ)。

(3) 組織委員会の持続可能性進捗報告書にも，その間の経緯が次のように記されている。「パーム油の調達基準の策定に当たっては，調達ワーキンググループにおいて，事業者団体や消費者団体などの重要なステークホルダーの参加を得て検討を進めました。また，環境 NGO や認証制度のスキームオーナー等からのヒアリングも行っています。2018年 3 月に実施したパブリックコメントでは，国内外から 330 件以上の意見がありました。WG においては，特に，認証スキームについて活発な議論がありました。意見の一部を以下に示します。• ISPO*1 や MSPO*2 はまだ新しい制度であり，実効性に懸念が残る。• RSPO*3 にも課題があり，認証間で扱いに差をつけることは困難。• 生産国が義務化する ISPO や MSPO を認めることで，小規模農家を含む幅広い生産者の取り組みを後押しできる。結論としては，小規模農家も念頭に置いた取り組み推進の側面を重視し，ISPO，MSPO，RSPO の 3 つの認証制度を活用可能としました。」Sustainability Progress Report，99 頁「事例」

第6章
地域における戦略的・政策的パートナーシップ

KeyWords
□右肩下がり経済の時代 □公の担い手 □高度化する中間支援組織 □自治体職員
の意識変容 □バディ制度 □エコシステム □広域連携 □実践と学び合い

　新たな変革の兆しは社会の周縁部で起こる。いち早く高齢化や人口減少が進ん
だ地方では，持続可能な地域のあり方に向けて，危機感から戦略的な取り組みが
進んでいる。同じことは，東日本大震災によって壊滅的な被害を受けた東北の沿
岸部でもいえる。それらの地域に共通していえることは，「公」の担い手が変わっ
てきていることだ。その地で暮らしつづけてきた住民による自治はもちろん，地
域おこし協力隊制度などを活用しながら新たに移住してきた若者たち，地域の産
業を支える事業者たち，さらにはほかの都市部から二地域居住や関係人口として
地域に関わる人まで，じつに多様な担い手が増えてきている。

　戦略的パートナーシップを進める地域は，地域内外の多様な担い手の挑戦を支
える「エコシステム」を，地域として育てている。本章では，このようにまちの
担い手や挑戦する人を増やしつづける地域が，どのような考え方やプロセスでパ
ートナーシップを進めてきているのかについて述べたい。

1 なぜ今，地域での戦略的・政策的パートナーシップが必要なのか
　　―右肩下がり経済の時代に求められる戦略

　2018年10月に行われた共同通信加盟社編集局長会議の場にて，安倍総理か
らローカルベンチャー先進地として岡山県西粟倉村の取り組みが紹介された。
人口1500人足らずのこの村は，平成の大合併において近隣市町村との合併を
選ばず，村単独での未来を選択。それから10年，林業関連産業だけで新たに
年間10億円の収入を稼ぐようになり，移住する若者たちによる新規創業も盛
んになっている。子育て世代が移住したことにより，村の児童数は増加（図

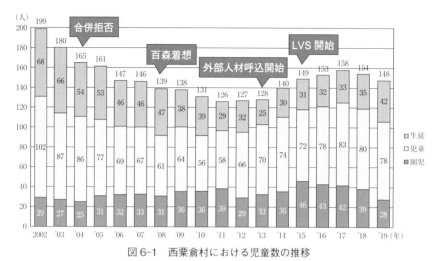

図6-1　西粟倉村における児童数の推移

出典：「ローカルベンチャーサミット2018」西粟倉村講演資料

6-1）し，2018年には村立保育園が新設された。2008年に「百年の森林構想」を掲げ歩みはじめた村は，基幹産業である林業の六次産業化に官民あげて取り組み，その成果を梃子にしながら，暮らしや担い手の持続可能性へのチャレンジにも発展してきている。

　西粟倉村役場の上山隆浩氏（地方創生特任参事）は，「すべてはまちの持続可能性を高めるためにやっている」と語る。村役場の職員はわずか30名。その限られた人員で，林業を中心とした産業への取り組みから，医療・福祉，教育，防災，エネルギー，インフラ整備など，多岐にわたる取り組みが求められる。まちのサイズが小さくとも，そこで暮らす人々の生活の安心や持続可能性のために求められることの幅は変わらない。むしろ，超高齢化が進むなかでの医療・福祉負担増，気候変動による自然災害への対応，さらには人口減による地域内経済の縮小というトレンドにより，対応する自治体の負担も増している。これは，西粟倉村のような小規模自治体に限った話ではない。

　わが国は人口減少・縮小経済・超高齢社会に入っている。そのことを前提にしながら，SDGsが掲げている「環境・社会・経済」の三側面における持続可能な開発を地域社会において推進していくためには，戦略的パートナーシップ

は必須の要件となる。地域の「起動力」を高めていくこと，すなわち，意志を
もって挑戦するプレイヤーを増やし，その活躍を生かし支えていくこと，それ
こそが持続可能な地域づくりの土台になる。そのために，行政の役割はどう進
化しなければならないのか。民間セクターにはどのような役割が期待されるの
か。両者の関係性はどうなっていくのか。このようなことを紐解くことが本章
のねらいである。

② 戦略的・政策的パートナーシップ事例からみるプロセス

　人口減少・縮小経済の時代において，「環境・社会・経済」の三側面から地
域の持続可能性を高めるためには，戦略的パートナーシップが重要になる。意
志ある多様な担い手が多くなるほど，パートナーシップは有機的なものになる
が，一方で相互理解に基づく協働のハードルは高くなる。この複雑性への理解
を深めるために，本節では地域社会におけるパートナーシップの姿をいくつか
の断面で切り取って紹介しながら，重要なポイントについて述べていきたい。

⑴　地域の課題解決をともに担う民間プレイヤー

　2016年9月に，西粟倉村と特定非営利活動法人ETIC.（エティック）が呼びかけ役となり，
全国8自治体が参画する「ローカルベンチャー協議会」が発足した。「まちの
持続可能性を高めるために，挑戦する人材への投資を行う」ことを共通の目的
に掲げ，それぞれの地域でローカルベンチャーの担い手育成に取り組んでいる。
本協議会では，ローカルベンチャーを「地域の資源を活用し，新たな経済や安
心豊かな暮らしを支える事業を創出する担い手」と考えている。なぜ自治体が
ローカルベンチャーの育成支援に取り組むのか。そこには，新たな経済の担い
手とともに，地域の課題解決を担うパートナーとしての期待がある。

　西粟倉村では，2008年より林業の六次産業化に着手した。放置山林の活用
を進めるために，個人所有である私有林の管理を役場が集約し，それによって
間伐の効率を高めるところから始めた。山から切り出される木材が増えると，
それまで丸太のまま村外の市場に卸していた木材を，地域内で製材・加工し，

最終商品まで手掛ける高付加価値化への改革を進めてきた。これらを役場とともに推進してきたのが，㈱西粟倉・森の学校だ。地域に製材所ができたことで，家具を製造するベンチャーや，低質材を薪として活用した熱利用事業に取り組むベンチャーなどがその後に続いていった。2018 年には，これまで役場が担ってきた川上での森林集約化の機能自体を，新たに地域おこし協力隊として移住してきた 2 名の若者によるベンチャー㈱百森へと機能移転も行っている。森林環境税・同譲与税の導入も始まり，今後ますます森林経営のノウハウが全国的に求められるなかで，百森には，西粟倉村内の森林資源管理だけでなく，全国の自治体へのコンサルティング事業の展開も期待されている。こうした取り組みを通じて，それまで 1 億円程度の売上規模だった林業の領域において，この 10 年間に 10 億円を超える新たな経済が生まれている。西粟倉・森の学校が担ってきたのは林業分野における改革だけではない。地元の女性への新たな雇用機会として，周辺地域では最も給与水準も高く，かつ働き手の視点に立った働きやすい工場のライン整備，さらにそれぞれの事情に応じた柔軟な就労時間の設定なども行っている。またこれらの取り組みに刺激を受けた村役場の OB により，障がい者雇用を担う NPO も設立され，いまでは地域の担い手として不可欠な存在にもなっている。西粟倉村にとってローカルベンチャーの存在は，村の経済を支えるだけでなく，子育て中の女性や障がい者など，これまで出番が限られていた地域の人たちにとっての活躍の機会も生み出している。

　地域に多様性ある雇用の機会をつくる，という意味では，宮崎県日南市の取り組みも興味深い。日南市では，当時 33 歳で市長に就任した﨑田恭平氏による「日本一組みやすい自治体」「日本の前例は日南が創る」というメッセージのもと，民間企業とのパートナーシップを積極的に推進している。IT 企業誘致にも力を注ぎ，これまでに 15 社のサテライトオフィス誘致に成功してきた。

　日南市が IT 企業誘致にこだわるのには理由がある。全国的にも有効求人倍率は高い傾向にあるが，職種別でみると日南市の製造職の有効求人倍率は 1.8 倍と人手不足となっているが，事務職のそれははわずか 0.2 倍であり，あきらかに働き手ニーズとのミスマッチが起きていた。IT 企業を誘致するにあたってもエンジニアなどの専門職ではなく，ワードやエクセルを使えれば仕事がで

きる事務職部門を誘致することで，120名以上の若者の定住にもつながっている。ある企業はスタッフ約30名の9割が宮崎県内の出身で，地元の高校生の将来就職したい人気企業にもなっている。

　教育や福祉の充実は，その地域で暮らす人々にとって生活の豊かさと直結する。西粟倉村では，2017年に移住してきた2児の母が，自ら選び，自ら拓く教育の機会をつくりたいと「にしあわくらモンテッソーリ子どもの家」を2018年に創業。現在，2歳半から6歳の計13名の子どもたちが，週に1回通ってきている。島根県雲南市では，移住をしてきた20代の若手看護師3名が，訪問看護ステーション「コミケア」を開設。高齢化が進む中山間地域において，住民の暮らしを支える重要な存在となっており，初年度から事業は黒字化，いまでは10名を超える看護師・療法士が活躍している（第8章参照）。

　担い手は移住者だけでない。東日本大震災以降，地域の産業人材，まちづくり人材の育成に力を注いできた宮城県気仙沼市では，地元企業からユニークな取り組みが始まった。土木工事を手掛ける菅原工業の菅原渉氏は，気仙沼市が経済同友会などと進めてきた「経営未来塾」に参加。それをきっかけに，インドネシアに同国初となるリサイクルアスファルトプラントを建設し，本格的な海外進出に着手した。インドネシアとの交流が深まり，技能実習生の受入も増えるなか，かれらが気仙沼で豊かに暮らしていけるようにと，ムショラ（祈祷所）とハラルフード対応レストランを2019年夏にオープンした。

　ほかにも空き家問題や高齢者移動など，多様な地域課題に取り組む担い手が各地で増えてきている。地域社会において，こうした民間のプレイヤーが登場することの意味は，東京などの都市部よりも格段に大きい。地域に新たな経済やこれまでなかった多様な雇用機会を生み出すとともに，地域の教育や福祉，エネルギー施策，交通インフラ，空き家対策など，多様な地域課題に取り組む主体となる。何よりも，地域のなかで自分の夢や意志で挑戦しようとする姿が増えていくことが，新たな地域の希望となっている。

(2)　中間支援機能の重要性―高度化する中間支援機能

　先進的な地域においては，民間プレイヤーを地域課題解決のパートナーとし

て位置づけ，かれらを発掘・支援し，そのチャレンジが，地域のさまざまな資源や機会と結びつきながら成果につながってきている。このときに重要な役割を担っているのが，地域における民間の中間支援機能だ。

　日本において中間支援組織という言葉が頻繁に使われるようになったのは，2000年代に入ってからであろう。全国各地でNPO設立が増えていくなかで，そのNPOを支えるNPOとして，中間支援組織という役割が注目されるようになった。このような中間支援的存在は，地域社会においては古くから存在する。たとえば農協や漁協といった組織や，地域の中小企業支援であれば商工会，商工会議所がある。先鋭的な取り組みをするこうした既存組織も当然あるが，残念ながらそのポテンシャルを活かしきれていない組織も少なくない。そもそも分野が限定的でもあることに加え，長い歴史のなかで，役割が硬直化しやすく，時代の変化に伴う課題解決を担い切れていない。地域における戦略的・政策的パートナーシップを推進していくうえでは，領域横断的なメタな視点でその役割を担う中間支援機能が必要になる。本項では，中間支援機能にどのような進化が求められているのかを考えたい。

　西粟倉村では，エーゼロ㈱が中間支援機能の役割を担っている。前述のとおり，西粟倉村では2008年から森林資源を活用した新たな村づくりに歩み出した。その際に重要な役割を担ってきたのが，前出の西粟倉・森の学校だ。林業の六次産業化を進めるため，製材所機能を担うとともに，自らも最終製品を開発し，その市場を広げてきた。この過程において，西粟倉・森の学校が担ってきたもう1つの重要な役割が「むらの人事部」機能だ。村役場とともに厚生労働省の予算を獲得し，それを財源としながら，林業に関わる担い手の採用と，地域事業者とのマッチングを行ってきた。その後，林業分野に限らず，幅広いテーマで起業する担い手を育てていくために，地域おこし協力隊制度を活用した起業支援にも着手した。この「むらの人事部」機能を進化させ，地域の経済循環を生み出していくための組織として，2015年に㈱森の学校ホールディングスが設立され，2016年にエーゼロ㈱へと社名変更された。エーゼロは，西粟倉村で起業や新規事業に挑戦する村内外のプレイヤーを募る「西粟倉ローカルベンチャースクール」を通じて，その育成と選抜を行っている。西粟倉村で開催さ

れるこのスクールの最終プレゼンテーションで選抜されると，村外からの移住者は地域おこし協力隊制度を活用して，最大3年間，起業に向けたチャレンジをすることができる。ゼロからの新規創業だけでなく，1億円規模の事業への成長をめざす事業者に対しては，その事業の研究開発を委託する制度の運用も役場とともに行っている。この取り組みには，周辺地域の金融機関も審査員に巻き込みながら，目利きとその後の支援体制を整えている。また，「むらの人事部」として，地域事業者の成長を支えるための右腕型人材の採用支援や，最近では労働力確保に悩む事業者に対して，地域内でのワークシェアを想定した人材派遣事業の準備も進めている。「人材・資金・情報」などの経営資源を調達・循環していきながら，地域で挑戦をしていくプレイヤーを増やし，育てていく役割を，エーゼロは担っている。

　何が既存の組織と違うのか。たとえば商工会議所では「創業塾」といったセミナーが開かれている。これは中小企業庁が政策を立案し予算を確保したものを，全国の商工会議所が執行するかたちで画一的に行われている。それに対してエーゼロの取り組みは，西粟倉村役場との意見交換を重ね，今この地域で取り組むべきことは何かを見いだしたなかで，使える予算の枠組みを役場側と相談し，事業を企画実施している。政策立案のプロセスが従来とは逆だ。

　政策立案のパートナーの事例として，宮城県女川町で活動をする特定非営利活動法人アスヘノキボウも紹介しておきたい。その前身は，東日本大震災直後に地元の観光協会や商工会のトップたちが立ち上げた，女川町復興連絡協議会の戦略室だ。仙台出身の小松洋介氏は，発災直後から同戦略室のメンバーとして関わってきた。被災した旅館のオーナーたちを口説き，復興計画が定まらないなかでもリスクを抑えていち早く再開できるよう，トレーラーハウス型のホテル「エルファロ」を提案。その立ち上げを支援することから始まり，その後も地元の主婦たちによるタイル工房やカフェなどの起業をサポートしてきた。そうした経験を経て，戦略室の機能を担うかたちで，2013年にアスヘノキボウを創業した。その後，アスヘノキボウが担ってきた役割は数々あるが，そのなかでも特筆したい取り組みが，「データプロジェクト」とそこから派生した「健康プロジェクト」だ。

「データプロジェクト」とは，地域のなかで噂話となっていることをデータで見える化し，それをもとに何が必要かを議論する基盤を整える試みだ。2014年から女川版データブックの作成に着手し，産業・暮らし・人口・経済などに関する数十頁にもわたるデータブックを編纂した。たとえば，女川の主力産業である水産加工業の売上は漁業の売上と明確な相関性があり，以前から「漁師が減るとうちらも困る」と漠然と考えていた水産加工業者の経営者に大きな刺激を与えた。結果，若者たちが安心して漁業ができるようにと，水産加工業者のなかには漁師を雇用する事業に新たに着手する人も出てきた。

　もう１つ大きなインパクトを与えたのが，まちの健康に関するデータだった。女川では65歳を超えると死亡率が全国比でも高くなる。糖尿病率25％，高血圧31％，それに伴う一人当たりの医療費も高い。さらには，仮設住宅が学校のグラウンドに設置されたことの影響から子どもたちの運動不足が心配されていたが，生活習慣病の基準値をクリアしている生徒・児童の割合がわずか10％ほどというデータも示された（図6-2）。そうした背景のなかで，女川町健康福祉課と，復興で縁のあったロート製薬に提案をもち掛け，アスヘノキボウとの三者協定を結ぶかたちで，「健康プロジェクト」が2016年にスタートした。ロート製薬からは同プロジェクトのために１名が女川町に派遣され，一人ひとりの食生活をアドバイスする食生活改善指導，チームで目標を定めて競い合う

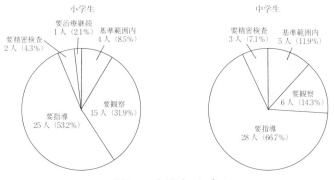

小児生活習慣病予防診断の指導区分別人数（2014年度）

小学生　　　　　　　　　　　　　中学生

図6-2　女川データブック

出典：女川町国民健康保険「保険事業実施計画（データヘルス計画）平成27年3月」

「100 日プロジェクト対抗戦」など，民間がもつさまざまなアイデアが実行された。とくに町内事業者に対する健康経営プログラムに力を注ぎ，手をあげた30 事業者を 1 社ずつまわって各社の社会保険データを入手・分析し，それをもとに健康経営の助言をしている。その結果，健康経営優良法人に被災地では初めて女川から 2 社が選定されるなど，確実に地域内での健康意識向上につながってきている。

　ここまで西粟倉村のエーゼロ，女川町のアスヘノキボウの 2 社の取り組みをもとに，中間支援機能の進化についてふれてきた。両者に共通するポイントは，地域の編集者として，地域内外の課題や機会に常にアンテナをはり，その実現に必要となる「人材・資金・情報」を結びつけていることだ。行政の下請けではなく，プロデューサーシップをもった対等な政策立案パートナーとしての姿がそこにはある。こうした中間支援機能の高度化，進化は，この 10 年で目覚ましく進んでいる。「東北には相談しあえる中間支援の仲間が多い」と小松氏も語っているが，震災以降の東北ではさまざまな市町で小松氏と同様な経験を積んできた中間支援の担い手が増えている。

(3)　コーディネーター・プロデューサーとしての自治体の変容

　自治体という立場からも戦略的パートナーシップについて考えていきたい。前述のローカルベンチャー協議会では，自治体だけでなく，中間支援機能を有した個人・組織とのパートナーシップが，参画の条件になっている。その理由は，行政がかかえる 3 つの壁にある。まず第一に起業支援・経営支援という専門性の壁だ。行政のなかには，自ら起業し事業を経営してきた経験をもつ人はほとんどいない。第二に継続性の壁。地域のなかに意志をもって挑戦する民間プレイヤーを増やしていくためには，それを育む地域の文化や社会関係資本を育てていくことが必要になる。3 〜 5 年程度での部署異動が多い行政職員では，ノウハウや関係性が継続的に蓄積されにくい。そして第三が，平等性の壁だ。チャレンジを応援するということは，伸びそうなポテンシャルをもつ組織や個人に対して優先的に投資をすることになる。平等性の原則に立つ行政には，迅速な判断をすることがむずかしい。だからこそ中間支援機能が求められるわけ

だが，ではその際に自治体はどのような役割を果たしていくのだろうか。

　宮崎県日南市では，市としての戦略的な取り組みに対して，民間人材を積極的に登用している。マーケティング専門官の田鹿倫基氏もその一人で，田鹿氏は 2013 年度より日南市に赴任し，市と業務委託契約を結ぶかたちで，前述のIT 企業誘致をはじめ，数々の都市部企業との連携をコーディネートしている。日南市では田鹿氏のほかにもシャッター通りだった油津商店街の再生を実現してきた民間人材や，飫肥の城下町でエリアマネジメントをしている民間人材などが，市役所との業務委託のかたちで赴任している。かれらのような民間人材が思う存分に能力を発揮するために市役所としてとっている制度が，自治体職員とのバディ制度だ。田鹿氏も，「うまく転がすのは市役所の力量。民間人には見えない地元のしがらみや既得権益に切り込むとき，根回ししてくれたり止めたりしてくれる存在」と，バディを組む自治体職員の存在を強調する。日南市の﨑田市長も人事へのこだわりをもっている。単にプロフェッショナルな民間人材を登用すれば結果が出るわけではない。どの自治体職員とバディを組むことで相乗効果が生まれるのか，その視点をもって地域づくりを牽引している。

　西粟倉村では，村役場の各課を超えて，全職員 30 人の半数近い 12 名が地方創生推進班にも兼務で所属している。2017 年度に立ち上がったこのチームでは，エーゼロがファシリテーターを務めながら，毎月議論を重ね，この村にどんな事業やサービスが生まれてほしいのかを，村役場職員自らが考える場を設けた。そこで生まれたプロジェクトを村内外の民間プレイヤーと連携しながら実現していこうという試みだ。自分たちが必要だと思った事業やサービスの担い手になる民間プレイヤーに対しては，今まで以上に真剣に向き合い，その実現に寄り添っていくことができる。自治体職員が村内での最大の支援者になっていく。

　今後ますます自治体の財政は厳しくなっていくなかで，これまでと同様のあり方では公共サービスも縮小をしていかざるを得ない。しかし，自分たちのあり方をプロデューサー的な立ち位置に変え，民間との戦略的パートナーシップを進めることができれば，むしろ今まで以上に持続可能な地域づくりを進めることが可能だ。日南市飫肥の城下町再生では，2 億円以上の民間による自発的な投資を促し，古民家を再生したカフェや旅館が立ち上がっている。その間，

行政が負担した予算は，コーディネーターへの月額65万円の業務委託費のみだ。

⑷　都市部企業の関わり，そしてエコシステムの形成へ

　昨今，ESG投資やSDGsへの取り組み推進の流れが加速していくなかで，社会課題と隣接し，かつ多様なステークホルダーとの距離も近い地域コミュニティに関心を示す都市部企業も増えている。ここにも新たなパートナーシップの可能性がある。

　2019年4月に，島根県雲南市，竹中工務店，ヤマハ発動機，ETIC.の四者による連携協定を締結した。ヤマハ発動機により，地域の移動サービス提供者と連携するかたちで，過疎高齢地域で時速20km未満のスローモビリティを活用した新たな公共交通の実証実験が進められるほか，すでに大企業からスタートアップまでの多くの企業から，空き家活用や健康など多様なテーマでの協業への関心が寄せられている。竹中工務店からは，まちづくり戦略室の社員が1名，総務省の地域おこし企業人制度を活用して，同年4月より雲南市政策企画部に在籍出向し，大手企業の人脈を活かしながら，地域と都市部企業のつなぎ役を担っている。

　こうした都市部企業の動きを，新たな経営資源として活かせるかどうかにも，地域の力量が問われる。雲南市では，平成の大合併後の地域自主組織制度の推進により，住民自ら地域内の課題を解決していく地域づくりや，次世代の若者たちの育成にも力を入れてきた（表6-1）。今回を機に，「雲南ソーシャルチャレンジバレー構想」を新たに掲げ，大人も若者も，子どもたちも，そして地域内外の企業も，総動員でチャレンジの連鎖を生み出していく生態系（エコシステム）づくりを加速させていこうとしている。ともすると，役所内の担当部署で縦割りとなり，施策間相互の連携が生まれないことが多い。しかし雲南市で

表6-1　雲南ソーシャルチャレンジバレー構想の4つのチャレンジ

大人チャレンジ	住民自ら課題解決を担う地域自主組織の推進	地域振興課
若者チャレンジ	20代30代の次世代育成「幸雲南塾」など	政策推進課
子どもチャレンジ	小中高校生向けのキャリア教育・探究型学習など	教育委員会
企業チャレンジ	地域との対話・協働による課題解決・価値創造	政策推進課・商工振興課

は，企業チャレンジの定期的な会合にも大人・若者・子どもチャレンジそれぞれの関係者が集い，常に対話を重ねている。企業チャレンジに限らず，「円卓会議」という仕組みが雲南市にはあり，何か課題が生じると，立場を超えて対話をする文化がある。エコシステムとは，自然界がそうであるように，特定の誰かの意志によるトップダウンで形成されるものではない。多様なプレイヤーが自律分散的にリーダーシップを発揮しつつ，それが緩やかにつながり，対話を重ねながら相互理解と共創を生み出していくことによって，地域のなかにチャレンジを育むエコシステムが育っていく。パートナーシップによりSDGsを推進していくうえでも，こうした地域内のエコシステムの存在が基盤となる。

③ SDGsと地域における戦略的・政策的パートナーシップ―その課題と展望

　人口減少・縮小経済に入っているわが国において，SDGsが掲げている「環境・社会・経済」の三側面における持続可能な開発を地域社会において推進していくためには，地域における戦略的パートナーシップは必須の要件となる。

　政府が掲げる地方創生総合戦略第一期の5年間が2019年度で終わり，2020年度からの第二期総合戦略に向けた議論が重ねられている。そのなかで，「民間の力の活用」がその骨格の方針に据えられ，そのための「中間支援組織」の重要性も強調されている。本章においても，地域における戦略的パートナーシップを進めるうえでの中間支援機能の進化の必要性について，重点をおいてふれてきた。今後，その必要性が社会的にも強調されていくことが予測されるなかで，2つの課題が残る。

　まず，どうやってそのような中間支援組織を地域に確立すればいいのか，という課題だ。多くの基礎自治体では，いまだ行政主導で政策が推進されており，そこに都市部のコンサルティング会社などが，企画立案の支援で関わるという構図もある。自地域には，そのような中間支援機能がないと嘆く自治体職員も少なくないだろう。だが，先行する地域のケースを見渡してみると，その立ち上げ方のヒントとなる蓄積もなされている。また意欲をもって地域に移住してきた地域おこし協力隊のなかにも，そうした担い手の卵はいるはずだ。

2つ目の課題は，中間支援機能の自立性と持続発展性だ。多くの中間支援組織が，その事業領域の性質上，行政との業務委託による財源が多くを占めている。予算としても事前に定められた仕様書や契約にある業務の執行にとどまり，投資的なチャレンジをする人員や予算面での余裕はないのが一般的だ。その結果，お互いに望まなくとも行政の下請け的な構造になってしまうことも多い。いっぽうで，中間支援機能を担いながら，その地域編集力を活かして，周辺領域での自主事業を立ち上げているケースや，事業性の高い領域から始めて，新たな中間支援的な役割を担っている事例も出てきている（表6-2）。

　その組織経営のモデルも，地域の実情や担い手のキャラクターによって多様性があってもいい。西粟倉のエーゼロは，その高い事業プロデュース力により，地域商社や企業研修，不動産管理など，地域内の総合商社的な役割も担っている。いっぽうで，宮城県石巻市では，不動産開発や地域のIT教育，まちづくりなどをそれぞれ担う組織が，コンソーシアムを形成するかたちで，中間支援機能を分担しながら担っている。中間支援機能が強化され，地域に新たなプレイヤーが増えることで，自分たちの事業との相乗効果も期待される。また，日南市のように，フリーランス的な関わりで地域の資源を活かしながら中間支援を担う個人も，今後増えていくだろう。いずれも，まさに現在進行形で，各地での試行錯誤が続いている。地域におけるSDGsの推進においても，これまでとは非連続的な挑戦が必要となる。そして，常にその変革の最前線は，霞ヶ関を中心とした東京ではなく，地域の現場で行われている。

　すぐれた中間支援機能の確立とともに，これまでふれてきたように，自治体内での政策立案・推進のパラダイムの転換や，地域の多様なステークホルダー

表6-2　中間支援機能の編集力を活かした周辺領域での事業化例

不動産活用	移住者や関係人口などの拡大に伴い，その受け皿となる不動産関連事業。サテライトオフィスなども含めたエリアマネジメントも。
地域商社	ふるさと納税の受託業務などにより，一定の手数料収入は可能。
企業研修	都市部の大手企業のなかで，社会課題起点の研修ニーズの高まりを受け，都市部の研修会社との連携により実施。
エネルギー	太陽光や小水力発電などへのインフラ投資により，その利益を中間支援の活動に地域として活用するモデル。

を巻き込んだチャレンジを応援しあう文化の醸成が必要となる。そして，税制や法律改正への知見，多岐にわたる事業領域への精通，飛躍的に進むテクノロジーへの理解，ミレニアル世代やＺ世代と呼ばれる若者たちの意識の変化やSDGs時代における企業の問題意識への理解など，時代の変化や情報への高いアンテナも必要になってくる。エコシステムは生き物であり，新陳代謝やイノベーションが，エコシステムを豊かにしていくためには欠かせない。

　これらのことを，１つの地域のなかで閉じて取り組むことは非効率的だ。とくにリソースの限られた小規模自治体であれば尚更のこと。ローカルベンチャー協議会は，このような問題意識のもとに2016年９月から活動を開始した。自治体職員や中間支援機能の担い手たちが，お互いの地域や立場を越えて，それぞれの現場での実践とそこからの学びを共有しあっている。同時に，束になることで，都市部の企業や人材，さらには多様な知見をもった先駆者たちとのネットワークも広げやすくなっている。

　ローカルベンチャー協議会に設立当時から関わる釜石市オープンシティ推進室の石井重成室長は，「この場は出る杭ネットワーク」だと表現する。それぞれの地域で先鋭的に取り組んでいるものどうしが，お互いに励まし，学びあい，壁にぶつかったときには一歩前を歩む仲間の上昇スパイラルにも支えられ，新たな時流も共に生み出していく。新たなパラダイムでの地域での変革が求められる時代には，Local to Localでのプラットフォームであり，広域連携でのパートナーシップがさらに求められるだろう。

［山内　幸治］

本章を深めるための課題

1. 地域ですでに取り組んでいる施策を，民間の「起動力」を高める視点から再点検しよう。
2. 地域のなかで，より協働を進められるパートナーについて洗い出してみよう。
3. 中間支援組織や民間のプレイヤーとの協働のあり方について，参考になるほかの先進地域から学ぶ機会を設けよう。

第 7 章

地域と行政の政策協働による持続可能な地域づくり

KeyWords
□パートナーシップ □マルチステークホルダー □海洋プラスチック汚染
□河川ごみ □NPO □市民参加 □社会的営業免許

　さまざまな社会の課題の解決をめざすのがSDGsの取り組みであるが，複雑化，また多様化する社会課題の解決は実際にどのように進めるとよいのだろうか。環境問題ひとつをみても，かつてのように特定の工場などが汚染源である点源汚染だけではなく，気候変動や海洋プラスチック汚染のように社会を構成する全員が加害者であり被害者でもある非点源汚染というべき問題が増えており，その解決はきわめてむずかしい。

　本章では，海洋プラスチック汚染に対する内陸部からのごみの発生抑制に向けた取り組み事例を紹介したうえで，SDGsの17番目の目標である「パートナーシップで目標を解決しよう」を地域社会はどのようにして実現し，課題解決に取り組むことができるのかを考える。

1　海洋ごみ問題とは

(1) 深刻化する海のプラスチック汚染

　今や，プラスチックごみ問題について報じるニュースを目にしない日はない。世界的に深刻化している海洋ごみ問題は，プラスチック汚染ともいうべき状況になっており，対策が急務であることは論を待たない。2019年6月に開催されたG20大阪サミットでも，海洋ごみ問題は主要議題の1つとなり，首脳宣言において示された「大阪ブルー・オーシャン・ビジョン」において，2050年までに海洋へのプラスチックごみの流出をゼロにすることが世界共通の目標とされた。

　では，海に流れ出したプラスチックごみはどのような影響をもたらしている

のだろうか。これまでにも海鳥や魚類など多くの生物の誤飲や誤食も報告されている[1]。また，マイクロプラスチックと呼ばれる，海中を漂う微細化したプラスチック片は，PCBsなどの海水中に含まれる有害物質を吸着しやすく，生物の体内に容易に取り込まれることから，食物連鎖を通じて海洋生物のみならずヒトの健康への被害も懸念されている。

　こうしたプラスチックごみの大半は河川を通じて海洋に流出した陸域起源のものが大半を占めていることが，各種の先行研究から明らかになっている。Jambeck et al. (2015) は，海岸線を有する192カ国の2010年時点でのプラスチックごみの総量は2億7500万トンにのぼり，このうち不適切な処分による陸域から河川を通じた海洋への流入量を年間480万トンから1270万トンと推計するとともに，対策を講じなければ2025年頃にはその量は10倍に達する可能性があることを指摘した。

　海洋に流入するプラスチックについては，河川がその主要な流入源であり，その多くが食品の容器包装類やレジ袋などの生活ごみであることも多くの先行研究が共通して指摘するところである。

(2) SDGsと海のプラスチック汚染

　では，SDGsの17目標において，海のプラスチック汚染はどう位置づけられるだろうか。

　まず思いつくのは，SDG14「海の豊かさを守ろう」であろう。海洋プラスチック汚染は，海洋生態系にも深刻なダメージをもたらすことから，ターゲット14.1では「2025年までに，あらゆる種類の海洋汚染，とくに海洋ごみや栄養汚染を含む陸上活動からの海洋汚染を防止し，大幅に削減する」（筆者訳）と定めている。ただ，海洋ごみの多くが陸域からの流入であり，発生源も多岐にわたることから，個別の主体，地域だけでは解決がむずかしい。海洋ごみに対する社会の関心を高めるためには環境教育の充実は不可欠であり，SDG4「質の高い教育をみんなに」も該当するであろう。過度のプラスチックへの依存を減らすためには，代替素材の開発といった技術面からのアプローチに加え，サプライチェーンの変革も必要であり，これはSDG9「産業と技術革新の基盤をつ

くろう」に該当する。また、不十分な管理により流出したごみが、沿岸部に住む人々の生活基盤を脅かしていることから、SDG11「住み続けられるまちづくりを」として考えるべき問題でもあろう。そして海洋ごみ問題が、とくに使い捨てプラスチック製品の回収やリサイクル制度の不備に起因するものであることから、SDG12「つくる責任、つかう責任」を改めて考え直し、社会の制度そのものを改善していくことが必要なこともいうまでもない。

　海洋ごみ問題の解決が困難な理由は、その発生源が多岐にわたるとともに被害地域も広範囲にわたる、典型的な非点源汚染であるからである。こうした問題の解決には、国際的な連携はもちろん、陸、川、海を通じた流域のさまざまな主体が対等な立場で対話を進め、協働して取り組みを進めていくことが求められる。しかし、海洋ごみに関する科学的知見の蓄積はまだまだ不十分である。さらに、問題解決に向けて誰が何を担うのか、活動資源や経験も不足している。こうした状況では、市民、企業、行政といった社会のさまざまなセクター間の交流・対話の場が積極的に設けられないかぎり、問題の解決はむずかしいだろう。事実、大量にごみが流れ着く沿岸部や離島などは厳しい自然条件のところも多く、そうした地域では過疎化も続いており、もはや住民だけでごみを回収することが困難になっている地域もある。こうした事態を放置しておくと、生態系への悪影響はもとより、観光や漁業など地域の経済基盤も深刻な影響を受ける。

　では、どのようにすれば地域や世代、業種を超えて課題に取り組み、一体となって海洋ごみの発生抑制に取り組むことができるのだろうか。

② 行政と地域社会の協働取り組みの事例

　ここでは、筆者が取り組んできた京都府亀岡市を流れる保津川での「内陸部からの海洋ごみの発生抑制」を事例として、行政と地域社会の協働について考察する。京都府亀岡市は、大阪湾からおよそ70km、淀川水系を遡った上流にある、周囲を山に囲まれた盆地である。この亀岡盆地を貫くように流れているのが保津川（桂川）である（図7-1）[2]。

保津川では古代より，上流の丹波
山地から京都や大阪へと物資を運ぶ
水運が盛んであった。明治以降は，
鉄道網や道路網の発達により物資輸
送は衰退したものの，巨岩と急流が
続く保津峡は京都を代表する観光地
の1つとなっている。現在は，保津
川遊船企業組合（以下，遊船）が保津
川下りを運行しているほか，トロッ
コ列車も運行されるなど，多くの観
光客が国内外から訪れている。

図 7-1　保津川流域

亀岡市では，2011年に策定された「亀岡市第4次総合計画〜夢ビジョン〜
前期基本計画」において，内陸部の自治体として全国で初めて海洋ごみの発生
抑制に取り組むことを掲げ，行政だけではなく地域住民や企業，NPO などの
連携のもとで，さまざまな取り組みが行われてきた。なぜ，海から遠く離れた
亀岡市で，「海洋ごみの発生抑制」という取り組みが始まったのだろう。

(1)　保津川のごみ問題と NPO の設立[3]

　1990年代後半以降，保津峡には大雨のたびに大量のペットボトルやレジ袋，
食品トレイといったさまざまなプラスチック製品が流れ着くようになり，景観
を大きく損ね，観光客からの苦情も多く寄せられるようになった。地形の険し
い峡谷部での清掃活動は人力に頼るしかなく，遊船の若手船頭たちは，当初は
ボランティアとして清掃活動を始めた[4]。

　当時の若手船頭のリーダーであった豊田知八氏（現遊船代表理事）らは，積極
的に外部への情報発信にも努めた。2005年には，亀岡市で開催された「桂川
流域シンポジウム」（2005年12月3日，主催：桂川流域ネットワーク）に豊田氏が
パネリストとして参加し，保津川のごみの実態について報告した。

　保津川のごみは図7-2に示すように，生活系ごみが大半を占めている。その
一方で，大量漂着地点が人目につきにくい峡谷内に集中していることもあり，

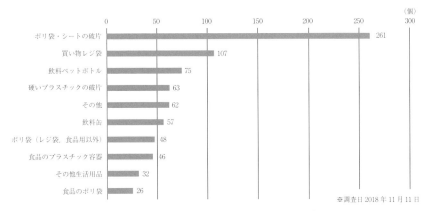

図 7-2　保津川のごみの組成（上位 10 品目）

出典：川と海つながり共創プロジェクト（2019）をもとに筆者作成

住民や行政の関心はきわめて低かった。豊田氏ら船頭は，行政機関や市議会，学識経験者への積極的な働きかけを続け，ごみ問題の解決に向けた議論を重ねた。

　大きな転機となったのが，保津川下りの 400 周年を祝うため，行政や自治会，大学，そして一般公募の市民なども参画して設立された「保津川開削 400 年記念事業実行委員会」である。この委員会では，事業の統一テーマに「水」を掲げ，歴史・文化の伝承，観光や経済の活性化，そして環境保全の取り組みを展開した。そして記念行事とあわせて，多数の市民の参加による初めての大規模な保津川の清掃イベントも開催され，計 756 人の参加者が約 2 トンのごみを回収した[5]。また，こうした取り組みを受けて，2007 年 3 月に遊船の環境対策部門である「エコグリーン環境対策委員会」が設立され，その初代委員長に豊田氏が就任し，組織的な清掃活動も本格化した。

　しかし，ごみの多くは亀岡市内をはじめとした上流域や支流域から流入しており，その解決には，市民による地域の清掃活動の強化に加え，抜本的なごみの発生抑制といった政策的な取り組みが不可欠である。記念事業は 2006 年度をもって終了したが，このときに構築された環境問題に関するプラットフォームを引き継ぎ，さらに発展させることをめざして「プロジェクト保津川」が

2007年7月に設立された。筆者は設立当初から副代表理事として参画しており，2013年からは代表理事を務めている。

⑵　市民参加型調査「ごみマップ」と清掃活動の展開

　水運や漁業の衰退，都市化とともに，日本の多くの地域において，すでに川は生活の一部ではなくなっている。ごみ問題をはじめとした現在の保津川がかかえる環境問題は「山や川での流域住民の営みが薄れ，また，河川工事などにより人の近づけない川へと変わりつつあるなか，流域住民の山や川のつながりの希薄化の表れ」(河原林　2008) ともいうべきものであり，市民の関心を高めるためには，単に清掃活動を行うだけではなく，人々と川との接点を再構築する必要があった。そこで，プロジェクト保津川では，清掃活動だけではなく，伝統的な筏流しの復活や環境教室なども積極的に行っている。そのなかでも，活動の初期においてとくに重要な役割を果たしたのが，独自に開発した日本初のオンラインごみマップを用いた市民参加型の河川ごみ調査である (図7-3)。

　これは，インターネット上の「ごみマップ」にデータを集積し，「どこに，どんなごみが，どれくらいあるのか」を明らかにするものである。現在では，無償で公開しているスマートフォンアプリを利用して，写真とデータを入力し送信するだけで簡単に調査を行える[6]。

　ごみの量は，河岸延長10m当たりに存在するごみの「かさ容量」(体積) を目視によって測定し，それを清掃活動で広く用いられている20L入りの袋の個数に換算して「ランク」として評価する[7]。

　プロジェクト保津川では，亀岡市内各地で各自治会の協力のもと，1つの地域につき6カ月間，調査を実施してきた。たとえば，2010年5月から調査を行った亀岡市篠町では，町内を流れる

図7-3　「ごみマップ」の画面例
出典：https://gomi-map.org

保津川の支流である鵜ノ川，西川，年谷川の３河川のうち，西川およびその支流水系（西川，土井川，宮ノ谷川，赤川，牧田川）に90.3％ものごみが集中していることが明らかになった（図7-4）。

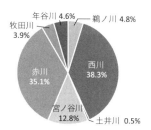

図7-4　河川ごとのごみの賦存量（かさ容量）の比率（亀岡市篠町）

西川およびその支流は住宅地の中を流れており，河川と並行・横断する道路も多い。また，1970年代にコンクリート護岸化されているなど，自然環境もきわめて乏しい川であり，地域住民などによる清掃活動等もまったく行われていなかった。こうしたこともあり，きわめて多くのごみが集中していた。

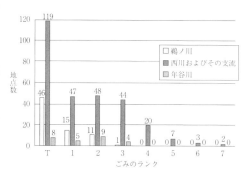

図7-5　河川ごとのごみのランクの分布（亀岡市篠町）

図7-5はごみのランクごとの分布を表している[8]。10m当たりのごみの「かさ容量」が20Lであるランク３以下の地点が，篠町内の調査地点全体の92％を占めていることがわかった。

一連の調査を通じて明らかになったことは，支流においてもごみの大半は，レジ袋やペットボトル，食品容器などの生活ごみである一方で，従来，行政による監視の中心であった家電製品などの粗大ごみや産業廃棄物の不法投棄が河川のごみに占める割合はごく限られたものであるということであった。また，支流域には大量にごみが漂着している場所はほとんどなく，比較的少量のごみが広範囲に散乱・漂着している程度であることもわかった。実際，調査を担当した自治会役員からも，当初は「河川にはそれほど多くのごみがあるとは思えない」という声が多く，調査の意義を理解してもらうことがむずかしかった。しかし，調査を重ねるうちに「こんなに汚いとは思わなかった」「このままで

は地域の恥だ」といった感想が寄せられるようになった。

　調査後，篠町自治会が中心となって河川愛護団体「西川左岸ふれあい会」が設立され，現在では年間3回の清掃活動が行われている。初めて清掃活動が行われた2011年1月には，わずか500mの区間で2tトラック2台分ものごみが回収されたが，現在では20Lごみ袋に10袋程度に程度まで激減している。

　また，西川の管理者である京都府は同じころ，自然再生工事を実施したが，その協議でも定期的なモニタリングの体制づくりや，安全な清掃活動の実施に不可欠な河道へのアクセス性を改善する整備なども進められ，川をとりまく環境も大きく変わった。

　一連の調査を通じて得られた成果は次のとおりである。まず，ごみの定量的データを関係者が共有することで，効率的な清掃活動の計画を立てられるようになった。また，市民参加型の調査によって，研究者や行政機関だけでは不可能な広範囲にわたる詳細なデータが収集できただけではなく，それらの情報が可視化されほかの地域と容易に比較できるようになったことで，住民が当事者意識をもって河川のごみ問題の解決に取り組むようになった。

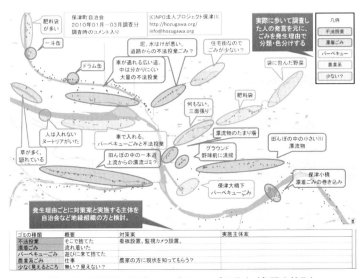

図7-6　回覧板で配布したごみマップの見本（亀岡市篠町）
出典：プロジェクト保津川提供

(3) プラスチックごみゼロに向けた市民の取り組み

　いうまでもなく清掃活動だけでは抜本的な問題解決にはならない。そこで，プロジェクト保津川では各理事が委員を務める京都府や亀岡市の審議会などで積極的な政策提言を行ってきた。前述のように，2011 年に策定された「亀岡市第 4 次総合計画～夢ビジョン～前期基本計画」において「漂着ごみの発生抑制」を掲げたのを皮切りに，2012 年には「第 10 回海ごみサミット 2012 亀岡保津川会議」を内陸部で初開催し，内陸部からのごみの発生抑制について議論を重ねた。そして，このときの実行委員会をもとに 16 団体・企業からなる「川と海つながり共創（みんなでつくろう）プロジェクト」が 2013 年に設立された。一連の取り組みにおいて，プロジェクト保津川は亀岡市環境政策課とともに協働事務局を運営し，清掃イベントのほか海や川での親子向け調査活動などの事業の企画・立案，さらに利害関係者間の調整や広報，資金調達，政策提言の取りまとめを行っている。

　なぜ，どこの地域でも行われている河川清掃活動を，保津川流域では海洋ごみ問題の解決という世界的課題につながる取り組みへと発展させることができたのだろうか[9]。

　①活動の上位概念としての「海洋ごみ問題」

　農業が盛んな亀岡市では，清掃活動は多くの地域で古くから行われている共同作業の 1 つであるが，一連の取り組みを通じて私たちが獲得したことの 1 つに，そうした活動の上位概念としての「海洋ごみ」の意識化があげられる。住民による清掃活動は，それぞれの地域の問題意識をもとに始まったものである。海ごみサミットなどでの海岸地域の住民との交流を通じて，地域の清掃活動が海洋ごみという世界的な課題にも直結していることを住民自身が認識する，すなわち活動の上位概念としての「海洋ごみ」が意識化されることによって，個々の取り組みが下流域や海洋の環境に及ぼす正の影響をお互いに理解することが可能になった。

　②ネットワーク化による新たな担い手の創出

　私たちの活動の持続可能性を高めているもう 1 つの要因として，地域の活動のネットワーク化をあげたい。「川と海つながり共創プロジェクト」のような

プラットフォームの整備により個々の地域がかかえる課題が共有され，ほかの地域から助言を得ることも可能になり，流域全体での清掃活動の拡大にもつながっている。さらに，人的ネットワークの拡大は，それぞれの活動のモチベーションを支えあうことにもつながっている。とくに農村部においては，人口減少や農業の省力化が進み，従来は農家が担っていた環境保全やモニタリングの機能が低下しているが，学校も含めたさまざまな組織・団体との連携を進めることで，学生や子育て世代などにもボランティア参加の機会を提供し，新たな担い手の獲得につなげている。

③海外事例の共同調査

プロジェクト保津川では 2018 年度に（公財）トヨタ財団の助成を受けて，プラスチックごみの発生抑制に関する政策提言に取り組んだ。

このうち，レジ袋の問題については，全米で最初にレジ袋を州全体で禁止した米ハワイ州（2018 年 5 月）と，アジアでも最も先進的な海洋ごみ対策を進める台湾（2019 年 1 月）で調査を行った[10]。この調査は，プロジェクト保津川のメンバーと亀岡市環境政策課の担当者が合同で実施し，現地の行政機関やNGO などの関係者へのヒアリングや店舗の視察などを行った。一連の調査を通じて私たちは，どちらの地域でも行政機関と NPO/NGO の間には「パートナーでありプレッシャーでもある」（ホノルル市役所 Uyen T. Vong 氏）というべき密接かつ適度な緊張関係をもった協力関係があり，市民参加と科学的なデータに基づく議論が重視されていることを共有した。また，ハワイでも台湾でも，「期限を切った明確な数値目標の設定」を前提として議論が進められていた。日本では，政策立案の過程では利害関係者の意見調整に多くの時間が割かれ，こうした点はあまり重視されていない。このような行政の文化の違いに直にふれられたことも大きな収穫であった。ほかにも，世界各地の法制度も調査し，亀岡市における具体的なプラスチックごみ削減の方策の検討を進めた。

(4) かめおかプラスチックごみゼロ宣言の発表

2018 年 8 月，神奈川県鎌倉市の海岸に生後間もないクジラの死骸が漂着し，胃の中からプラスチックごみが見つかったことが大きなニュースとなった。こ

れを受けて9月に神奈川県が，10月には鎌倉市が「プラスチックごみゼロ宣言」を相次いで発表した。しかし，海外事例をみるまでもなく，プラスチックごみの削減には法的拘束力をもった実効性のある取り組みが不可欠であることは明白であり，亀岡市では全国初となる市内全小売店でのレジ袋使用禁止の条例制定を盛り込んだ「プラスチックごみゼロ宣言」を発表することをめざした。

11月30日に開催された市議会環境厚生常任委員会では，筆者が海洋ごみ問題をめぐる国内外の最新の動向を説明するとともに，市環境政策課からは宣言案や計画中の事業についての説明がなされた。その後の協議を経て，亀岡市は12月13日に「かめおかプラスチックごみゼロ宣言」を市長と議長の連名で発表した[11]。この宣言では，日本初となるレジ袋使用禁止の条例化を盛り込んだことで国内外の大きな注目を集めた。さらに2019年1月議会では，政府に対する「海洋プラスチック問題への積極的な姿勢を求める意見書」が全会一致で採択されている。

ただ，国内では例のないことであり，当然反発もあった。たとえば，宣言発表後に実施した，市内に店舗を展開する全国チェーンの小売事業者の業界団体との協議では「思いつきで政策をされても困る。環境への取り組みが急に湧いて出たような自治体は，我々にとって迷惑である」「次元の低い政策。もっと高次の環境政策をやってほしい」などと，批判も相次いだ（仲山　2019a）。また，市民からは「不便になる」「ポイ捨てが悪いのであり，レジ袋が悪いのではない」という声や，小売事業者向けに実施した説明会でも「費用負担を全て小売店に押し付けるのか」「3〜5年かけてやればどうか」といった批判も相次いだ[11]。

こうした批判に対しては，丁寧な合意形成が欠かせない。その1つが，条例によるレジ袋禁止に先立って，まず事業者とレジ袋有料化の協定を結び，レジ袋利用の大幅削減を実現することであった。そのため，国内外の先行事例も参考にしつつ，各事業者と集中的に協議した。この過程では，隣接する京都市で2007年から「京都方式」と呼ばれる自主協定による有料化が始まっていたことも大きな助けとなった。

2019年5月29日には，市内のスーパー4社との間で「亀岡市におけるエコバッグ等の持参及びレジ袋の大幅削減の取組みに関する協定」が結ばれた。現

表 7-2 「亀岡市におけるエコバッグ等の持参及びレジ袋の大幅削減の取り組みに関する協定締結事業者一覧 (2019 年 9 月 10 日現在)

締結日	事業者名	概　要
2019 年 5 月 29 日	イオンリテール株式会社	市内のスーパー各店舗におけるレジ袋の有料化 ※食料品売場にて実施 ※レジ袋価格は各社が設定 (1 ～ 5 円)
	株式会社マツモト	
	協同組合亀岡ショッピングセンター	
	株式会社ハートフレンド	
2019 年 6 月 28 日	株式会社平和堂	市内店舗におけるレジ袋有料化
	株式会社やまむらや	
2019 年 7 月 29 日	亀岡市商店街連盟	賛同店舗におけるレジ袋有料化
	亀岡商業協同組合	
	京都タクシー株式会社・新京都タクシー株式会社	市内タクシー利用者にエコバッグを配布
	京都信用金庫	市内店舗におけるノベリティ用のビニール製袋の廃止

出典：仲山 (2019a)

在，協定の締結は 10 事業者・団体にまで拡大するとともに，市内スーパー 6 社 (12 店舗) では，8 月 20 日までにレジ袋の有料化もスタートしている (表 7-2)。このうち 3 事業者 8 店舗からの報告によると，8 月のマイバッグ持参率は，有料化はわずか 11 日間にも関わらず 75％となっている。前月から約 20％増加し，レジ袋の削減枚数は 19 万枚超という結果であった (仲山　2019a)。この協定の特徴として，スーパーだけではなく精肉店やタクシー会社，金融機関，中小小売店の団体とも締結されたことがあげられる。また，自主的な紙袋などへの切り替えや，エコバッグの配布やシェアリングといった取り組みを進める例も増えている。さらに，宣言をきっかけとして蜜ろうラップを製造・販売する事業者が移住を決めたり，芸術家と連携した企画が始まるなど，単なる行政施策を超えた広がりが生まれている。

3 レジ袋禁止条例の制定に向けて

　レジ袋禁止を皮切りに，どのようにしてプラスチックごみゼロをめざすのかという議論は，2019 年 4 月 11 日に発足した「世界に誇れる環境先進都市かめおか協議会」で進めている。この協議会は，スーパー各社のほか，日本フランチャイズチェーン協会，亀岡市商工会議所，金融機関，自治会や NPO など 30

以上の事業者や団体で構成されている。

レジ袋禁止は国内では前例のない取り組みであり，利害関係者全員が対等の立場で議論することが欠かせない。この協議会は従前の審議会のような市役所の諮問機関とは異なり，ゼロベースで議論を展開するとともに，会議はメディアも含めて完全に公開し，すべての参加者の考えや取り組みが公平に発信される場としている。協議会は4月以降，毎月開催され，執筆時点（2019年9月）においては，レジ袋禁止条例の素案がほぼ固まった[13]。

【レジ袋禁止条例案のポイント】
・全ての事業者は，事業所においてプラスチック製レジ袋を提供してはいけない。また，紙や生分解性の袋であっても無償で提供してはいけない。
・市は，レジ袋禁止に関する市民および事業者への啓発を行うとともに，レジ袋禁止による効果を検証するために必要な調査を行う。
・市は事業者に対する指導や助言，立入調査，違反者に対する是正勧告，従わない場合の店名公表ができる。
・市，市民および事業者は，レジ袋禁止について互いに協力する。

4 地域と行政のさらなる協働のために―課題と展望

海洋ごみ問題のような複雑な問題の迅速な解決には，国家レベルでの対策を待つだけではなく，地域の現状に即した対応が不可欠であり，地域と行政がいかに協働の仕組みを構築できるかが大きな鍵を握る。協働の仕組みを構築するうえで，私たちはどのような点に注意すべきなのであろう。

井上（2008）は，「協治の設計原則」の1つとして，関わりの深さに基づいた「応関原則」をあげ，その成立には「すべての参加者がお互いに自然資源との『かかわりの深さ』を感覚的に知っていなければならない」と指摘している。

海や川のごみ問題のような現代の環境問題は，人々と自然とのつながりの希薄化により生じている面がある。嘉田（2001）は，こうした「放置された共的世界」を回復させる手段として，日本型の共的伝統を活かし，人々の社会的つながりや自然と人間との多面的なつながりを重視した「新たな共的世界」の創

造に向けて，「新しい制度の拡充や内面的な精神の成熟を待つ方法の創出」の必要性を説いた。そして，歴史的に積み上げられた「惣村的なコミュニティ自治」にNPOのような「新しい公共」がつながることで，「懐かしい公共」が形成され，多様な市民の参画が実現し，環境問題などの新しい社会問題を解決できる可能性を指摘している[13]。

どこの地域でも，行政はさまざまな課題に対応しており，担当する職員の負担感は相当なものである。いっぽう，熱心な市民ボランティアほど行政の支援が不十分であると不満を抱くことも珍しくない。環境保全活動のような「社会的に善い活動」であっても，すべてを誰かの責に帰すことは，相互に不満が蓄積する「不平の相互性」というべき状況を生じさせ，活動の持続可能性を損なう。そこで，私たちはそれぞれの行動や言動がお互いのモチベーションに正の影響を及ぼしあう，「感謝の相互性」が作用するような場の創出につとめてきた。

パートナーシップとは，特定の集団の利益だけを代表するためのものではない。地域と行政がオープンな関係性のもとで協働することで，広い視野に立った課題の解決や，問題が顕在化する前に未然的，予防的な取り組みを進めることができるのである。

[原田 禎夫]

本章を深めるための課題

1. 海洋ごみ問題は，生態系だけではなく地域の生活基盤にも深刻な影響をもたらす。このまま問題が解決しなければ，次世代にどのような影響を与えるだろうか。

2. あなたが住む地域の課題には，どのような利害関係者（ステークホルダー）が関与しているだろうか。その課題の解決にはどんな人が，どのような関わり方をしているか調べて，その関係性を図示してみよう。

3. 調べた課題を解決するために不足している知見や資源はどのようなものだろうか。また，利害関係者（ステークホルダー）がどのように協働すればそれを補うことができるかを考えてみよう。

※謝辞
　本章で紹介した内容は，科研費基盤研究（C）課題番号16K00690および19K12489の研究成果を活用している。ここに深く感謝の意を表する

注

(1) Rothstein（1973）によると最初にプラスチックの摂食が報告されたのは 1962 年とされている。主にプラスチックを誤食しているのはミズナギドリ科やアホウドリ科であり，これらは表面採取型あるいは表面ついばみ型の方法で採餌するため，海水より比重が軽いプラスチックを誤って摂食する（山下・田中・高田 2016）。Wilcox et al.（2016）では，海洋生物へのプラスチックごみが及ぼす影響を評価し，このうち海鳥に最も大きな影響を及ぼすものとしてブイ，次いで漁網，モノフィラメント（化学繊維の一種），レジ袋，タバコの吸殻の順となっている。

(2) 琵琶湖淀川水系の一級河川の 1 つである桂川のうち，京都府亀岡市から京都市右京区嵐山あたりまでの区間の呼び名である。ほかにも，流域には大井川，大堰川などさまざまな呼称がある。

(3) 本節は原田（2019a）をもとに，加筆，修正したものである。

(4) 当初，業務ではなくボランティア活動として始めざるを得なかった理由として，清掃活動に船頭を業務として参加させた場合，険しい地形のため怪我のリスクが高く，万一の場合，労災認定されるかどうかや，休業補償や労災保険料の負担，清掃活動に使用した船舶の回送費用についての遊船内部での調整や，回収したごみの保管や処理方法についての行政との協議に時間を要したためである。

(5) 2006 年 8 月 20 日に開催された「保津川クリーン作戦」では，570 人が 1140kg のごみを回収した。また，同年 10 月 8 日には「南郷お堀復活再生プロジェクト 2006 ―保津川クリーン作戦Ⅱ支流編」が開催され，186 人の参加者が合計 1030kg のごみを回収した。詳しくは，保津川開削 400 周年記念事業実行委員会（2007）を参照されたい。

(6) ごみマップの詳細については原田（2013）を参照されたい。なお，システムおよびスマホ用アプリは無償公開している（https://gomi-map.org/）。

(7) この手法は，山形県・最上川流域で開発されたあと，「水辺の散乱ごみ指標評価手法（海岸版）」（国土交通省東北地方整備局・JEAN，2004）としてまとめられたもので，その後，各地の水辺のごみ調査で広く用いられている。詳細については国土交通省水管理・国土保全局河川環境課（2012）を参照されたい。

(8) ごみのランクは，河川延長 10m 当たりに散乱するごみの量が 20L ごみ袋 1 袋の場合をランク 3 とし，袋の数が 2 倍になるごとに 1 つずつランクが上がる。同様に 1/2 袋の場合ランク 2，1/4 袋の場合ランク 1，1/8 袋の場合ランクＴとなっている（筆者作成）。

(9) 本節は原田（2019b）を元に，加筆，修正したものである。

(10) UNEP（2019）によると，2018 年 6 月時点でレジ袋に何らかの規制を導入している国は 127 カ国であり，このうち小売店でのレジ袋配布を規制している国は 84 カ国である。

(11) 「かめおかプラスチックごみゼロ宣言」の詳細については，山内（2019）を参照。

(12) 「かめおかプラスチックごみゼロ宣言に係る説明会要旨（亀岡市商店街連盟・亀岡商業組合等）」https://www.city.kameoka.kyoto.jp/kankyousoumu/plazero2.html（2019 年 9 月 26 日最終閲覧）。

(13) 議論の詳細については仲山（2019b）を参照されたい。

(14) NPO 法施行 20 周年記念フォーラム（2018 年 11 月 21 日，アルカディア市谷私学会館）での嘉田の発言より。https://www.facebook.com/yukiko.kada.5/posts/1028816690636204（2019 年 9 月 26 日最終閲覧）。

参考文献

井上真（2008）『コモンズ論の挑戦』新曜社

嘉田由紀子（2001）『水辺暮らしの環境学―琵琶湖と世界の湖から』昭和堂

川と海つながり共創プロジェクト（2019）「平成30年度川と海つながり共創プロジェクト活動報告書」

河原林洋（2008）「『筏』をシンボルとした『人・山・川・町（都市）』のつながりの再構築－研究の概略とこれまでの動き」『実践型地域研究ニューズレター』No.1，京都大学生存基盤科学ユニット・東南アジア研究所

保津川開削400周年記念事業実行委員会（2007）『保津川開削400周年記念事業報告書：保津川の四季を運んで四世紀』

国土交通省東北地方整備局，JEAN／クリーンアップ全国事務局及び特定非営利活動法人パートナーシップオフィス（2004）「水辺の散乱ゴミの指標評価手法（海岸版）」

国土交通省水管理・国土保全局河川環境課（2011）「河川ゴミ調査マニュアル」

仲山徳音（2019a）「『世界に誇れる環境先進都市』に向けた亀岡市のプラごみゼロ政策（上）」『地方行政』第10924号，2-5頁

――（2019b）「『世界に誇れる環境先進都市』に向けた亀岡市のプラごみゼロ政策（中）」『地方行政』第10925号，8-12頁

原田禎夫（2013）「オンラインごみマップを用いた河川における漂着ごみのモニタリング」『大阪商業大学論集』9（1），35-49頁

――（2019a）「社会生態システム・フレームワークを用いた環境保全ネットワークの構築に関する研究：保津川（京都府）における河川ごみ対策の事例から」『大阪商業大学論集』15（1），233-249頁

――（2019b）「プラスチックごみゼロ宣言にみる自治体の政策形成の展望と課題」『環境経済・政策研究』12（2），72-76頁

山下麗・田中厚資・高田秀重（2016）「海洋プラスチック汚染：海洋生態系におけるプラスチックの動態と生物への影響」『日本生態学会誌』66，51-68頁

山内剛（2019）「プラスチックごみゼロ宣言―京都府亀岡市」『自治研』6月号，49-55頁

Jambeck, J. R., Geyer, R. Wilcox, C., Siegler T. R., Perryman M., Andrady, A., Narayan, R., Lavender Law, K. L., (2015) Plastic waste inputs from land into the ocean" *Science* 347（6223），768-771.

Rothstein, S. I. (1973) "Plastic particle pollution of the surface of the Atlantic Ocean: evidence from a seabird", *Condor* 75（5），pp.344-345.

Wilcox C., Mallos, N. J., Leonard G. H., Rodriguez A., Hardesty, B. D.（2016）"Using expert elicitation to estimate the impacts of plastic pollution on marine wildlife", *Marine Policy* 65, pp.107-114.

UNEP（2019）*Legal limits on single-use plastics and microplastics.*

第3部
人類生存と社会存続のための
パートナーシップ

第**8**章
地域『総働』で進める小規模多機能自治

KeyWords
- □原点は協働　□住民による自治　□地域と行政の対等な関係性と補完性
- □進化と高め合いによる自治力の向上　□多心型社会・人と自然の共生

　小規模多機能自治という言葉が島根県雲南市をモデルに命名されて以来，同様の施策展開が全国各地で広がっている。以前から特筆すべき地域活動の事例は全国各地でみられており，同様のものだと捉えがちであるが，その考え方やプロセス，めざす姿は根本的に異なる。前者は特定の地域において諸条件の合致により偶発的に起こりがちであるのに対し，小規模多機能自治は仕組みとして導入されることにより，どの地域も活発になりやすく，面的広がりを有するのが特徴であり，地域と行政との協働によって自治力の向上を図ろうとする仕組みである。また，一人ひとりの身近な暮らしに起点をおき，人口減少と高齢化が進行しようとも引き続き暮らしつづけることができるようにするための仕組みであり，人と自然の共生や持続可能性の向上を図ろうとするものである。

　雲南市では 2004 年の町村合併前から，原点となる協働に着目し，自治力向上のプラットホームとして小規模多機能自治を導入し，地域と行政のパートナーシップのもとで何度も進化を繰り返してきているが，その過程を通じて基本的な考え方やそのプロセスについて述べたい。

１　小規模多機能自治導入のきっかけ

　雲南市で小規模多機能自治を導入したきっかけは，2004 年の町村合併以前に遡る。自治体の広域合併はあらゆる行政サービスの調整が必要になるが，新たな政策を創出するチャンスでもある。当時，5 町 1 村で合併協議を重ねていたが，新たなまちの主要な柱として住民自治や教育，産業振興などは，プロジェクトチームを結成し議論を重ねていた。

住民自治については，基礎コミュニティである自治会の状況を分析したところ，少子高齢化の影響で自治会運営が困難化していること，活動の担い手が不足していること，公民館と自治会組織の関わり方が不明瞭であること，自治会と行政が対等な関係になっていないことなどが明らかになった。そこで，住民自らが担い手となって課題を解決する住民自治組織を設けること，計画的かつ継続的に活動できる仕組みを設けること，地域の実情に合わせてコミュニティの単位設定や組織形態の流動性・多様性を確保することなどの必要性に基づき，「地域自主組織」というおおむね小学校区の新たなコミュニティのモデルが掲げられた。

　基本的な考え方は，まちづくりグループやNPOによる地域の枠にとらわれない活動とともに，「自分達が住む地域は，自分たちで知恵を出し，汗をかきながら，みんなで創り上げていく」というものであった。同時に，6町村単位に市民等で構成する地域委員会という組織を設けることも掲げられた。この地域委員会は，市民意見を反映するための市民等による協議機能を有し，地域自

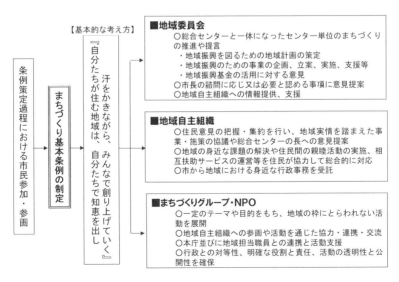

図 8-1　合併協議会時点の構想図

出典：「コミュニティ・住民自治プロジェクトチーム報告書」2003 年 9 月

主組織は地域の課題を解決するという実行機能を有するものとして設計したものである（地域委員会はその後，地域自主組織の機能や役割の拡充などを受けて，2013年3月に廃止）。

　プロジェクトチームによる報告書の内容は，新市建設計画に盛り込まれ，2004年11月の雲南市発足とともに市の主要施策として忠実に実現されていったが，現在でもその当時の考え方と基本的には変わっていない。地域自主組織は，おおむね小学校区を範域とし，自治会のみならず，福祉や防災などの目的型組織や子どもや高齢者などの属性型組織など，地域内のあらゆる団体が結集した新たなコミュニティとして，1世帯1票制ではなく1人1票制という考え方を有する。それは，すべての住民による協働の理念を実現するためのものだからである。雲南市発足後，ただちにこうしたモデルを各地域に提示し，まずは各地域で準備委員会の結成を呼び掛けた。そして住民発意により，2005年から順次各地域で組織が結成され，2007年9月末までに市内全域で44の組織が結成された。その後も，地域の実情に即した組織の統合や分離が進められ，2019年4月現在では30組織となっている。

　組織構成や意思決定方法，組織名称など，組織の会則に盛り込む事項をほぼ白紙状態から考え，合意形成することとなったが，そうした過程が「地域自治は民主主義の学校だ」といわれる所以である。

　各組織の範域は，人口規模で判断するのではなく，人と人の関係性がある程度保てる地縁性を重視しているが，結果的にそれはおおむね小学校区となり，昭和の大合併以前の村の単位と一致する地域が多い。なお，市街地の一部では1つの小学校区で4組織に分かれている地域もあるが，これも地縁性を考慮した範域設定となっている。

　小規模多機能自治は，行政も仕組みづくりとその運営支援を通じて関与・伴走することにより，住民組織が自治体内のすべての地域で結成される特徴を有する。そして熟度に応じて徐々に進化していく必要があるが，協働を基本に戦略的なシナリオを描いて進めていくことが肝要である。

2 進化の過程

　小規模多機能自治の本来の機能を十分に発揮できていない事例も全国各地で
みられるが，そこには必ずといっていいほど何らかの原因が潜んでいる。小規
模多機能自治を形骸化することなく生きたものにしていくためには，基軸とな
る考え方をもちつつ，検証・見直しによる定期的かつ段階的な進化が欠かせな
い。とりわけ，自治力を高めていくためには，当事者自身が自ら考え判断する
ことが肝要である。本節では，雲南市における進化の過程を例に進化の必要性
について述べる。

(1)　第1ステージ（基礎的基盤の整備）

　地域自主組織が全域で結成される目途がたった時点で，次に行ったのが拠点
施設の整備である。2007年6月に地域自主組織，社会福祉協議会，公民館運
営協議会の関係者，学識者による「雲南市地域づくり活動検討委員会」を設け，
ほぼ月1回の議論を重ねていただいた結果，2008年3月にその報告書がとり
まとめられた。地域自主組織が結成される以前から，住民主体の地域福祉の推
進母体として地区福祉委員会（いわゆる地区社協）が各地域で結成されていたこ
とから，社会福祉協議会も，地域自主組織との関係性を検討するために加わっ
た。この報告書では，公民館を「交流センター」に転換し指定管理制度を導入
すること，「地域づくり」という観点のみではなく，「生涯学習」と「地域福
祉」を加えた3本の柱で展開していくこと，人員配置と処遇を確保すること，
従来の補助金制度から交付金制度に転換すること，行政の人的支援体制として
「地域づくり担当職員」を設けることなどが盛り込まれた。

　この報告書に基づき，2009年度からの適用に向けて，その前年度から各地
域で説明の機会が設けられたが，公民館を交流センターに転換することに対し，
とくに公民館活動が活発だった地域から強い反対意見があった。当時の担当者
は毎晩のように地域に出向き，各地域で出された疑問をQ&A集にまとめ，後
日の回答になろうとも必ず答え，ときには住民と酒を酌み交わして本音で語る
ことにより，次第に理解を得ていった。通常ならば断念しても不思議ではなか

ったが，当初から構想を描き，市長のぶれない姿勢と担当者が誠意をもって根気強く対話を積み重ねたことで，最終的には理解を得ることができた。とくに，「あの担当者は信頼できる人だ」と住民に言わしめるまで信頼関係を構築したことが大きい。この経験は，ぶれない軸をもちつつ，当事者の立場にたって真摯に向き合うことが重要であることを物語っている。こうした過程を経て2009年3月議会定例会において，公民館を廃止し，交流センターとする条例が制定され，1年間の周知期間を確保したうえで2010年度から条例が施行された。当時の反対意見としては，公民館は生涯学習の拠点であり，公民館を廃止することは生涯学習そのものを否定することになるのではないかというものであった。そのため，条例上に社会教育法第22条に規定された生涯学習活動を含む施設であることを明記するとともに，地域づくり・生涯学習・地域福祉の3本柱に取り組むこと，従来の補助金は交付金へ，施設の所管は教育委員会から市長部局へと移管し，3年間の移行期間を設けて指定管理者制度を導入することなど，対話の積み重ねにより，今に至る礎を築くこととなった。

(2) 第2ステージ (活動基盤の強化)

　公民館の交流センター移行から3年目を迎えた2012年度には，あらゆる観点で検証を行った。検証にあたり最も重視したのは，対話と当事者による議論である。当事者でなければみえないことは多く，当事者が自ら導き出さなければ，自らのもの，つまり自治につながらないからである。検証では，想定課題と仮説を組み立てておくことが重要である。それがなければ当事者に適切な問いを投げかけることができない。

　同年5月から10月の半年間にかけて，行政内部では延べ32回，各地域自主組織との意見交換を3回（×地域数），地域全体での協議を2回，旧町村単位の地域委員会での意見交換を6カ所で各2回，地域委員会全体の意見交換を3回，公聴の場である市政懇談会での意見聴取を6カ所で行ったほか，全国7カ所の先進地視察を行ったうえで，地域円卓会議（後述）の試行を2回，市議会では所管委員会での説明を延べ4回，全員協議会では3回の説明を行った。

　当事者との対話では，想定していなかったことに気づくこともでき，その経

験が現在の対話重視の運営につながっている。最も注視されたのは公民館廃止後の生涯学習の状況であったが，9割以上の地域で従来よりも活動の参加者数が増え，活動の質も向上したとの結果が得られ，生涯学習活動は従来以上に活発になっていることが明らかになった。そのほか，期せずして改善すべき点が明らかになったため，2013年度から大幅に仕組みを改善した。

その1点目は地域の直接雇用方式の導入である。交流センターは公民館から転換した経過もあり，雇用協議会で雇用された職員が交流センターに配置され，地域自主組織の活動拠点施設でありながら，常設型の事務局は位置づけとして「（地域を）支援」する立場となっていた。そこで地域自主組織の会長が直接雇用する方式に転換した。公民館の場合は館長，主事といった一律の職名であったが，直接雇用により職名は地域で柔軟に設定することが可能になり，雇用者数も給与水準も地域の判断で設定できるようになった。地域の主体性を発揮するためには，自ら担える体制が基礎的に重要である。

2点目は，地域福祉の見直しである。従来は地区福祉委員会（いわゆる地区社協）をもって地域自主組織の福祉部とみなし，事務局を担う地域福祉推進員を，市社会福祉協議会が委嘱して活動していた。これに対し各地域からは，福祉の領域はあらゆる活動に関連し，福祉の関係者だけで考えるのは実態に合っていないこと，福祉は自分たちが自らのこととして行うべきものであり地域福祉推進員への社協からの委嘱は不要で地域自主組織の事務局の一員とすべきだとの意見が強く出された。これは地域の主体性が生じてきた証だともいえる。この構造的転換はかなり難航することが想定されたが，地域からの意見をそのまま市社会福祉協議会へ伝えたうえで協議を重ねた結果，最終的にはトップどうしの会談も経たうえで見直すこととなった。見直しの内容は，地域福祉推進員は委嘱行為を行わないことと，地域の福祉部をもって地区福祉委員会とみなすこと（従来は逆）であった。その意義は，地域自主組織の会長からの指示命令系統にすることにより，福祉を地域の総力で担えるようにしたところにある。ここで学んだことは，民意は何よりも強い力となること，地域の主体性と地域の総力をあげるという原点にたって考えることである。現在，地域包括ケアシステムにおける第2層生活支援コーディネーターは地域福祉推進員がその役割を

担っているが，当時から分野横断型の体制を構築していたことは大きな強みとなっている。

　3点目は，拠点施設のあり方である。当時指定管理者制度は3年間の移行期間中に対象すべての地域で移行することとしていたが，3年目を迎えても導入に否定的な地域が数地域あった。それは地域にとって物理的なメリットが見いだしにくいからである。しかし，自分たちの施設のごとく使ってもらうためにはやはり指定管理者制度を導入したほうがよい。そこで，指定管理者制度そのものに物理的なメリットを見いだすのではなく，指定管理を受託された場合には交付金に人件費を加算し，事務局が多忙であるというデメリットの解消によりメリットを生み出し，すべての対象地域で指定管理者制度を導入するに至った。工夫した点としては，施設管理も地域活動の一環であり，総合事務局のなかの一員として活動できるよう人件費はあえて交付金に積算し，地域の規模に応じた人件費の従量配分制を導入したことがあげられる。

　検証過程では，拠点施設の課題も明らかになった。事務局員の増加に伴い事務室が狭くなってきており，2階建ての施設では高齢者が階段を利用するのが困難になってきているといったことである。当時29の交流センター（現在は30）は老朽化している施設も多く，毎年整備しても約30年かかってしまうことから，計画的に整備しなければならないと考え，2013年2月には交流センター施設整備計画を策定した。

　この計画では施設の基本的な基準として，①活動拠点機能が発揮できること，②地域住民の誰もが寄りやすい立地にあること，③誰もが集える施設であること，④地域の防災拠点機能が発揮できることの4点を掲げて点数化し，整備の優先度を判定している。そのうえで，建て替え，改修，長寿命化，近隣公共施設への移転・一体化の4つの類型を基本に施設ごとの整備方針を明確にした。さらに，木造のほうが地域住民の愛着度が高く，簡単なメンテナンスも自ら行いやすくなることから，建て替えは原則木造とし，改修についても内装の木質改装を検討することを計画に盛り込んだ。さらに，地域産材，もしくは雲南市産材の利用を優先し，伐採から製材，建築，その後の植樹，育樹といった施設整備を通じた一連の循環型サイクルを教育面でも活用するよう努めることも盛

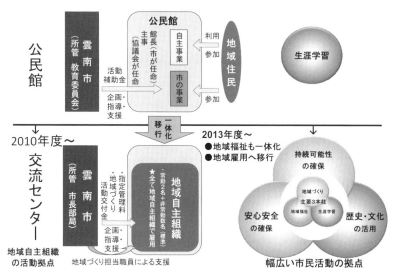

図 8-2　拠点施設の転換と見直し結果

り込んだ。その土地の気候や風土で育まれた木材は，その育った地域で使われてこそ価値があり，子の代，孫の代まで地域に愛着を育むことにつながると考えたもので，人と自然の地域内循環を持続可能なかたちで実現する計画としている。ここで，活発になった地域自主組織の活動事例の一端を紹介する。

　「躍動と安らぎの里づくり鍋山」(雲南市三刀屋町鍋山地区)のさまざまな事業の１つに「まめなか君の水道検針事業」がある。これは地区内の水道メーター検針業務を市の水道局から受託しているもので，地域からの希望によるものである。水道メーターの検針は必ず毎月１回各世帯を回る必要があり，その機会に要支援者らに直接声掛けをして回り，地域の見守りサービスを展開されている。水道メーターの検針という業務の機会を，地域の安心安全のために活用しているもので，受託料による地元雇用により，どんな人が暮らしているかをよく知る担当者によって巡回されるため，より効果的である。近年は「顔色」「声」などの見守りチェックシートを使って該当項目がみられたら専門機関に連絡する体制も構築されている。

　波多コミュニティ協議会(雲南市掛合町波多地区)では，さまざまな事業の１

つに買い物支援事業「はたマーケット」がある。きっかけは，地区内の小売店舗が閉店になり，日常的な買い物は車で15分以上かけて地区外へ行かなければならなくなったことにある。そこで住民組織として全日本食品㈱に加盟し，小学校舎だった交流センターの一角に2014年10月，マイクロスーパーが開店した。無店舗地区となってから1年にも満たないスピードでの開店であった。その間，地域では設備導入に向けた助成金の申請や銀行からの運転資金の融資手続きはもとより，地域内での合意形成など多岐にわたる準備が進められたが，今では日用品や雑貨類，食料品や野菜の種，衣類など900品目以上の品揃えで，地域にはなくてはならない存在になっている。この地区は30平方km弱で人口300人程度だが，赤字を出すことなく経営が成り立っている。その要因として，地域の拠点機能と地域内交通，合意形成の3点がおおいに寄与している。交流センターに常時駐在している事務局スタッフが店番をすることにより人件費を抑えている。これが地域の拠点機能としての強みである。2点目の地域内交通はマーケット開設以前から取り組まれているもので，軽自動車を所有し，地域内であればどんな理由であっても事務局スタッフが無償方式で送迎サービスをしてくれるので，車の免許をもたない高齢者であっても買い物に行くことができる。商店には赤字のリスクも存在する。そのため，導入検討段階で地域内に反対意見もあったそうだが，反対意見もあったからこそ「赤字になったら困る」という危機意識が醸成され，住民による買い支えにもつながっている。これが3点目の合意形成の効果である。こうした事例から，合意形成をないがしろにしてはならず，むしろ反対意見にこそヒントがあるということを学ぶことができる。

　以上2地域の事例は地域活動のごく一端にすぎないが，特徴的なのはいずれも地域自らの発案から事業化されているということである。

(3)　第3ステージ（新しい公共の創出と持続性）

　2015年11月には30の地域自主組織と市の間でそれぞれ「地域と行政の協働のまちづくりに関する基本協定書」を締結した。これは，地域自主組織が地域を代表する組織であることを明確にするとともに，地域と行政の役割を明確

にし，さらには行政の政策形成過程にも地域が関わっていくことを明文化したものである。締結のきっかけは市全体と町単位の自治会の連合組織の解散であった。地域自主組織の活動活発化により次第に地域の主役が変化し，自治会連合会が解散されはじめたが，住民自治としての協議の場は必要であり，協議窓口を明確にする必要があった。これは住民自治としての問題であるため，地域自主組織の連合体である地域自主組織連絡協議会において約1年半かけて毎月協議を重ねて締結に至ったものである。

　地域と行政は対等であることから協定書という形態にしており，話し合いにより地域の意見を反映したものになっている。たとえば，地域の役割として，民生委員の推薦に関わるというものがある。地域福祉を進める際に民生委員との関わりが必要になるが，地域との接点がなければ業務の性質上関わりにくいという意見があったため，推薦の段階から関わることとしたものである。また，地域の役割として，公共業務を手上げ方式で選択して受託できるという内容も盛り込んでいる。通常は行政機関で取り扱われる大腸がん検診の容器販売も，手上げ方式により地域自主組織で受託できるようになり，現在ではすべての地域自主組織で取り扱われ，地域自主組織での容器販売個数は飛躍的に増加し，5年間で4倍弱となった。さらに，相互の情報共有と協議の場を設けるという条項を設けている。これは行政の政策形成過程に地域が関わるという意味を成す。実際に協定書締結以前から地域と行政の協議の場を毎月設けており，とくに地域に関わるさまざまな行政各部署の施策は，案の段階で地域の意見を聞いたうえで施策に反映するようにしている。

(4)　第4ステージ（持続可能なまちづくり）

　地域活動は，人口減・高齢化のなかにあっても持続性のあるものでなければならない。そこで2017年には今後10年を見据えて懸念される各地域からの意見により，地域の担い手確保など19項目に及ぶ論点をとりまとめた。そして2018年には地域と行政の今後のあり方を考える合同検討プロジェクトチームを編成して協議を重ね，報告書にまとめた。チーム編成にあっては地域と行政の対等な関係性に留意し，地域推薦によるメンバーと市各部局からの推薦によ

る市職員によるメンバーで編成し，6〜10月まで月平均2回にわたる濃密な協議を経て53頁の報告書がまとめられた[1]。この報告書には200を超える対策のアイデアから絞り込んだ約40項目の具体的な対策が盛り込まれている。この対策を実現していくため，報告書提出から1カ月以内に30の地域自主組織すべてを個別に回り，内容を理解する機会を設けた。1地域当たり2時間程度かかるため膨大な時間を要したが，こうした過程が大切である。そして優先して取り組む対策を地域との対話により掲げ，2019年度から逐次実現に向っている。たとえば，地域の担い手対策として各地域からの推薦者が具体的対策を立案していく地域経営カレッジを2019年度から開講したほか，行政ではチーム制による分野横断型支援体制の構築に取り組んでいる。

③ 自治体内における学び合いと高め合い

(1) 取組発表会

　地域活動はやらされてするものではなく，地域の主体性に基づくものでなければならない。そのため，お互いから学び合うことが大切になる。雲南市では2012年度から地域自主組織取組発表会を開催し，地域活動を地域の人から地域の人向けに紹介しあう場を設けた。こうした機会がなければ，ほかの地域でどんな活動がなされているかを地域どうしで知る機会が少なくなり，活動のマンネリ化を招きかねない。発表時間は10分程度に納め，事業の目的や工夫のポイントを明確にするために共通の発表様式を用い，付箋による質疑応答をするのがポイントである。この方式が通称"自慢大会"として全国各地に広がっていった。2015〜2017年には近畿地方で複数の自治体らによる合同発表会も行い，広域的な学び合いの機会も設けた。その後，雲南市ではもう少し深く掘り下げたいというニーズが生じてきたため，2018年度からは地域円卓会議方式に移行している。広く知る機会は数年に1回は設けたほうがよいため，今後自慢大会方式のような場を時折設けていく可能性がある。まずはやってみて，必要ならば改善していけばよいのである。

⑵ 地域円卓会議

　地域円卓会議は，2012年度に試行し，2013年度から本格導入した。そのきっかけは地域委員会の廃止であった。地域委員会とは，合併前の町村単位のまちづくりを基本にしたもので，地域自主組織の主体性と活動の活発化に伴い，2012年度にあらゆる観点で検証した結果，地域を軸にしたほうがよいとの結論に達し，地域委員会は廃止することになった。その代わりに導入された地域円卓会議の最大の特徴は，テーマが主役であること，全員が対等な立場で参加するといったものであり，実際に円形スタイルで協議することによる物理的効果もある。機能としては，地域と行政の専門分野どうしの対等な協議機能と各地域の専門分野どうしの横断的な協議機能を併せもつものである。2019年度からは2カ月に1回以上の頻度で開催している。内容は，防災や福祉，社会教育・生涯学習，交通や地域の担い手対策，事業の見直しなどさまざまで，地域と行政の共催という形態をとっている。30の地域自主組織全てが一堂に会すると対話が困難になるため，市街地は市街地どうし，農村部は農村部どうしといったように，地域の規模別に集まることを基本とし，基本的には出席者は限定しないこととしている。企画段階が重要となるが，さらに重要なのは結果のまとめである。開催結果のまとめを地域と行政の協議の場で決定することにより，今後の方向性を共有し，各地域活動，行政の施策それぞれに反映していくことが肝要である。

④　全国的な学び合いと高め合い

■ 小規模多機能自治推進ネットワーク会議

　地域活動に学び合い・磨き合いが必要なように，自治体どうしも学び合い・磨き合いが必要である。そこで2015年2月，全国の140自治体と1団体1個人により小規模多機能自治推進ネットワーク会議⑵を設立した。そのきっかけは，法人制度の創設を求める動きであった。小規模多機能自治が進化してくると地域の経営体に進化していくが，現行制度では見合った法人格が見当たらないという問題意識から，三重県名張市，同伊賀市，兵庫県朝来市，雲南市の

4市で，設立1年前の2014年2月に「小規模多機能自治組織の法人格取得方策に関する共同研究報告書」[3]をとりまとめ，スーパーコミュニティ法人という新たな法人形態を提唱した。こうした制度を実現していくためには全国的な普及推進が必要になる。当時は小規模多機能自治の全国的な動向を調査したものが見当たらなかったため，2014年度に総務省「RMO（地域運営組織）による総合生活支援サービスに関する調査研究事業」を雲南市で受託し，全国の約100自治体の個別訪問と集合形式によるブロック会議を全国11カ所で開催し，合せて約220自治体の状況を直接調査した。その結果，都市部も含め全国的に導入が広がっており，仕組みはほぼ共通し，したがって課題もほぼ共通しているものの情報共有の機会がほとんどないことが明らかになった。調査にあたっては，地域との直接対話とまったく同じ手法を用いたが，その際に全国的なネットワーク形成の可能性についてもふれていたこともあり，当初から140もの自治体に賛同を得て設立することができた。その後徐々に会員数は増加しており，2019年10月1日現在では257自治体，41団体，15個人の計313会員となっている。このネットワーク会議では，研修機会の提供や全国10ブロックでのブロック会議などで学び合い・磨き合いを行っているほか，2016年，2018年の2回にわたり国へ法人制度創設の提言書を提出するなどしている。総務省の2018年度「地域運営組織の形成及び持続的な運営に関する調査研究事業報告書」[4]によると，すでに自治体内の全域に地域運営組織が組織されているのは582自治体に及び，今後全域設置の意向のある自治体を合わせると全国の市区町村の約4割になるという調査結果が明らかになっている。こうしたことから，今後会員数はさらに増加していくであろうと思われる。

5 多心型社会・人と自然の共生

　日本は，森林や河川，海に囲まれた自然豊かな国であり，古事記や日本書紀に描かれているヤマタノオロチの神話，あるいは各地の風土記に描かれているように，古来より自然と向き合い，自然とともに共生してきた。雲南市吉田町では，かつて砂鉄を原料に豊富な森林資源による木炭を使う「たたら製鉄」が

盛んに行われ，製鉄業を中心とした集落の営みがなされていた。全国で唯一現存する「菅谷たたら高殿」やその集落「菅谷たたら山内」[5] は，里山と共生した当時の暮らしを今に伝えている。

　小規模多機能自治は人と人の関係性がある程度保てるかつての村の単位で住民による自治が成り立つ状態をめざすもので，人と人の絆に加え，人と自然が共生しようとするものである。こうした持続可能性を保ちうる地域が増えていけば人口減少や急速に進む高齢化社会のなかにあっても，一人ひとりが地域に誇りや愛着をもって暮らしつづけることができる。つまり小規模多機能自治は地域のブランド化そのものともいえる。

[板持 周治]

本章を深めるための課題

1．迷ったときに立ち返ることができる原点として，基本的な考え方が明確になっているか確認してみよう。
2．自分だったらどう考えるか，同じ立場にたって考え，仮説と対話から必要な方策を導き出してみよう。
3．現場実態から見いだし，仕組みと仕掛けに活かしてみよう。

注
(1)「地域と行政の今後のあり方報告書」https://www.city.unnan.shimane.jp/unnan/kurashi/machidukuri/jisyusosiki/tiikitogyouseinoarikata_goudoukentoupt.html
(2) 小規模多機能自治推進ネットワーク会議 https://www.facebook.com/ShoukiboJichi/
(3)「小規模多機能自治組織の法人格取得方策に関する共同研究報告書」
http://blog.canpan.info/iihoe/img/1403_rmo_houjinka_final.pdf
(4) 総務省「2018年度 地域運営組織の形成及び持続的な運営に関する調査研究事業報告書」
http://www.soumu.go.jp/main_content/000607339.pdf
(5) 雲南市吉田町のたたら製鉄
https://www.unnan-kankou.jp/contents/model_course/546

第9章

多様な人々の結びつきにより地域と子どもと未来を変える

KeyWords

□ネットワーク　□ソーシャルキャピタル　□貧困　□多様性　□インクルージョン
□居場所　□地域　□まちづくり　□プラットフォーム

　本章では，東京都豊島区という多様なステークスホルダーをかかえた地域において，プレーパークや子ども食堂，無料学習支援など複数の「現場」を展開・成立させてきた NPO 法人豊島子ども WAKUWAKU ネットワーク（以下，WAKUWAKU）の実践報告と，なぜそれが可能となったのかを論じたい。

　各人・各団体の利益相反を越え，まちづくりを実践できた秘訣。それは端的にいえば活動主体となる人物のニーズへ愚直に寄り添ったこと。つまり，いうなれば「おせっかい」である。

1　行政と地域市民

(1)　「行政」との協働から始まった子どものためのまちづくり

　地域社会において，最も力のあるステークスホルダーの1つは地区行政であるが，そもそも WAKUWAKU 立ち上げに連なる最初の活動が，行政主導の協働プロジェクトからスタートしている。

　2004 年に，豊島区が「区政 70 周年事業」と称し，区内にプレーパーク（できるかぎり禁止事項をなくし，子どもがやりたい遊びをできるかぎり実現できるよう運営された遊び場。冒険遊び場ともいう）開設準備のためのワークショップを開催した。「市民主体のプレーパーク」とするべく，運営の担い手となる市民の参加を呼び掛けた。

　当時子育て中であり，また遠方のプレーパークのヘビーユーザーでもあった筆者（現 WAKUWAKU 代表理事）は期待を込めてワークショップに参加したのだが，参加直後から本プロジェクトにはいくつかの問題点を指摘せざるを得な

かった。

　1つ目は，プレーパークで最も重要な開催場所や開催時期があらかじめ行政によって決められており，そこにワークショップメンバーの判断の余地が少なかったこと。行政と市民が同じプロセスを踏みながらプロジェクトを進めていく一体感はあまり感じられなかった。

　問題点の2つ目は，そもそも子どものための場所であるにもかかわらず，子育て当事者をステークスホルダーとして巻き込むことに関心が薄かったこと。

　ワークショップ当初から現役子育てメンバーは筆者を含めて4組しか参加がなかった。また，それ自体も行政の進め方への疑問，コーディネーターの交代もあり，結局最後には筆者しか残らず，ワークショップ全体としても3名（男性2名と女性1名）しか継続的なメンバーとして残らなかった。

　こういった心細い状況だったが，唯一残った現役子育てメンバーとして，豊島区域でのプレーパークのニーズは確実に感じていた。とにかく開始し，利用者の笑顔が見えはじめれば，行政も，地域住民も手を貸してくれるはず。

　それまで市民活動などに特段関わりのなかった当時の筆者が，いきなり「池袋本町プレーパーク」の代表となったのには，そのような目論見もあった。

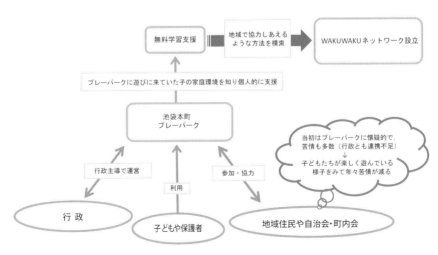

図9-1　WAKUWAKUネットワークの発足時（2004年ごろ）の活動

こうして 2004 年にスタートした「池袋本町プレーパーク」。子どもたちは多い日では約 50 人の利用があり，毎日やって来て一日プレーパークで過ごす子も珍しくはなかった。また，なかには（後述するが）さまざまな困難をかかえている子もいた。

写真 9-1　現在のプレーパークの様子

　もちろん問題もあった。現在は移転したのだが，移転前の場所は地域の人が長年管理していた防災ひろば（空き地）だったのだ。そこを，祝日を含む週 4 日，子どもたちが大勢集まりだしたわけだから，開設後に地域住民の不満が吹き出した。「子どもたちが野放しで，危なっかしいことをやっているじゃないか！」「好き勝手遊んでいる。なんで注意しないんだ！」という苦情が行政へ届いた。いわば，行政との連携不足の一端がこのように現れた。

　結局これが収束した理由も子どもたちの楽しそうな様子や声だった。継続し，子どもたちが活発に遊ぶ様子や親の安心する声を見せつづけた結果，年々苦情が減り，「子どもの声，賑やかでいいわね」と直接声をかけてくれるようになった。

　運営面については，やはり当初は人手不足に苦労した。だが，これも同じように継続したニーズを証明しつづけた結果，地域の青年団や青少年育成委員会の人を巻き込むことが可能となり，多大なサポートをお願いすることができた。また，プレーパークがある町会の代表がプレーパーク運営にも関わることになり，その後 WAKUWAKU が法人として立ち上がる際，理事を務めることにもなった。

　この実践からわかったことは，異なる利害関係者を巻き込むには，自らニーズをもったプレイヤーとして参加し，周囲のニーズを拾うことで初めて自分たちの声に耳を傾けてくれるということだった。とくに「行政」という，普段力関係が不均衡になりやすい主体を巻き込むには，余計そうしたほうがよいとと

くに気づきを得た。

⑵　地域の「子育て世代」と「子どもを応援した人」をつなぐ

「池袋本町プレーパーク」の実践から，ステークスホルダーのニーズを主導
し巻き込むことの重要性に気づき，団体立ち上げに掛かる経緯もそれを実践し
ていく。

①無料学習支援事業

発端は 2011 年，プレーパーク常連の T 君が「俺，高校に行けないかもしれ
ない」とつぶやいたことがきっかけだった。当時 T 君は母子家庭で母親はダ
ブルワーク。夕飯はいつも独りでコンビニ弁当を食べていて，朝食はいつも食
べないと話してくれた。小数点や分数の意味や勉強のやり方がわからないこと，
毎日お金の心配をしていることもあった。

「教育者でもないのに，受験に失敗したときに責任が取れるのか？」という
批判も聞こえてきたが，目の前で困っている T 君をこのままにしておくわけ
にはいかない。勉強を伴走してくれるボランティア大学生を募り一緒に勉強し，
また夕食をともにする環境をつくった。これが現在も続く「無料学習支援事業」

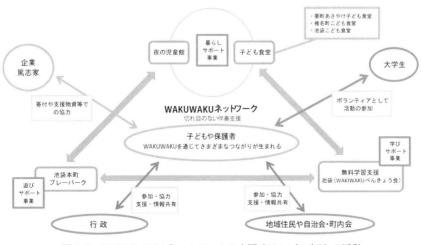

図 9-2　WAKUWAKU ネットワークの中間（2011 年ごろ）の活動

のスタートで，いったんニーズを満たすスキームが明確化されると，「自分も通いたい」と手を上げる子どもも現れた。

T君については，さらに模擬試験や冬期補習塾へつなげたために，お金が必要だったので地域の知り合いに塾代として一口1000円のカンパを募ったところ，約80人から12万円の支援が集った。物心ともに地域に見守られ受験したT君は無事に都立高校に進学した。

このT君はプレーパークが掘り起こしたかたちだが，まだつながれていない同じように経済的に困窮している子どもは町全体にいることは自明だった。そこでT君への1000円カンパでつながった仲間に「地域の子どもを地域で見守り育てるための緩やかなつながりが必要だ」と呼び掛けた。それが団体としての「豊島子どもWAKUWAKUネットワーク」[1] の設立につながった。当時，筆者とともに団体を立ち上げた天野（現WAKUWAKU事務局長）は，スクールソーシャルワーカー兼精神保健福祉士として不登校引きこもり研究所を主宰していた。

このように地域には困っている子どもがいる一方で，子育てに関心のある住民，困っている子どもがいたら助けたいとじつは考えている住民も多数いる。地域でよりよい支援を構築するには，そういったリソースとの出会い・掘り起こしも欠かせない。

②子ども食堂「要町あさやけこども食堂」

子ども食堂である「要町あさやけこども食堂」も，そういったスタートだった。当時，大きな一軒家で独り孤立していた地域のYさんが「子ども食堂をやりたい」と，ふとしたときにつぶやいた。「いえ」をひらいて子どもたちが集まる場にしたい。

その声を拾い，ニーズを実現するかたちで半年後の2013年春，Yさんの自宅で「要町あさやけこども食堂」がWAKUWAKUの仲間とともに始まったのだった。始まった当初は「子どもにご飯を食べさせるのは親の仕事。子ども食堂ができれば親が怠けてしまうのではないか」という批判もあったが，実践を重ねた現在では単純に「食べる」だけではない，さまざまな交流の場として重要な役割を果たすようになってきた。そうやって「要町あさやけこども食堂」

を皮切りに，現在 WAKUWAKU では 4 カ所にまで子ども食堂が広がっている。開店日は月に 2 回。開店時間は夕方の 2 〜 3 時間。地域住民が中心のボランティアスタッフと食材の寄付で成り立ち，とくに食料品の寄付は多数の地域住民から寄せられている。果物付きの定食をおとな 300 円で提供。子どもやひとり親家庭は無料である。

　ここからつながった子も多い。たとえば H さん。事情があり，児童養護施設と養父母の家庭を行ったり来たりしている子どもだった。その影響から，高校生のころには進路も決まらず，引きこもりがちで不規則な生活を送るようになっていた。

　そんな H さんだったが，子ども食堂に通うようになり，どんどん変わっていった。地域のおばちゃんたちに話を聞いてもらい，また褒められ，同世代の大学生とおしゃべりをするようになった。当初は周囲の人間が何を話しかけても全身で「面倒くせえ」と訴えていたのだが，今では「悪いようにモノゴト考えても仕方ないじゃん。だから，前向きに考えるようにしている」と話してくれる。この交流をきっかけに H さんの生活は（依然，大変でありながらも）改善し，無事高校も卒業して元気に暮らすまでに至っている。

　人の思いがつながり，場をつくる。その場がもつ力に，改めて可能性を感じた。

2 マイノリティと企業

(1) 「貧困」と「国籍」―マイノリティを包摂する

　前節で「現役子育て世代」と「子育てを応援したい」各市民の巻き込みにふれたが，当然ながら地域で暮らす人々は多様なレイヤーで成り立っている。誰も取り残さない社会を実現するため，その多様さの包摂も重要だ。

　WAKUWAKU のもとに，さまざまな事情で罪を犯し，受刑後出所した人の支援を依頼されることがある。その場合，もちろん住まいの確保や生活保護などの申請支援を行うのだが，最も重要なものは住む地域にいかにしてなじんでいくのかという点だ。

元受刑者であるＳさんも，そのようにして出会った。複雑な家庭環境で育ったＳさんは，独りで生きていくためいろいろな「悪いこと」を重ねたのだという。２年ぶりに出所したＳさんを支援することになったのだが，長い間一般社会から隔絶された環境にあったＳさんはコミュニケーションに難があった。

　このとき彼のことを相談し，あとになっても変わらず味方となっていたのは，当時東京パブリック法律事務所池袋所属のＢ弁護士。

　いくつかの試行錯誤の末，プレーパークに連れていくと，掃除やロープのほつれの修理など非常にうまい。また，刑務所で整理整頓はたたき込まれていたので，こちらも手際がいい。結局，そのままプレーパークのサポートスタッフとして手伝いをお願いするようになった。

　10時からのプレーパークにいつも９時には出勤し，居場所のない子どもたちも９時からやってくるので親密さを増した。いわゆる「スタッフ」と「子ども」という通常の関係ではない，おせっかいしたくなる関係性が生まれる。そうして，常連の子どもの運動会に行ったり，鬱状態になった母親にかわって保育園の送り迎えをしたり，Ｓさんには多くの役割や居場所が生まれた。

　ある子どもからは「俺，Ｓちゃんみたいなおとなになりたい！」と言われたとき，それは照れくさそうで嬉しそうだった。いまは地域企業にお世話になり，Ｓさんは建設現場で活躍中である。

　また別の課題として，近年増加する外国籍の家族や，それに由来する子どもにも目を向けている。WAKUWAKUで情報交換している小学校では，現在３割が外国にルーツをもつ子どもという状態で，無料学習支援にも多数参加している。少なからず，子どもは公教育というかたちで制度的に地域へ接続されるが，一方でその親は孤立しがちだ。

　子ども食堂のボランティアスタッフがつないでくれたのは，両親が外国籍であるＰ君だった。Ｐ君自身は日本語ができるが，両親はやや不自由であり，そのため申請すれば許可されるはずの就学制度のことが伝わっておらず，Ｐ君が学費の面で不利益を被っている状態だった。

　そこで，そのボランティアスタッフが両親に代わって同行し，学校の諸制度の申請を代行した。また「両親が外国籍の場合，日本語の教育を受ける余裕も

機会もないため，読み書きが不十分で届くべく情報が少ない」という発見による課題を解決するため，現在，毎週1回，集会室を借りて親向けの日本語教室を実施している。WAKUKUの事業の柱として継続している無料学習支援兼勉強会日本語教室には，日本語教育に

写真9-2　勉強会の様子

関わっている人や教育に関心のある大学生が多く参加している。立ち上げ当時からの勉強会の責任者は地域の豆腐屋の奥さんで，しかも豆腐屋に嫁ぐ前は不登校の子ども支援をするフリースクールに勤務していた。

　多様なプレイヤーは課題を発見すること自体がむずかしいことが多いので，このようなある意味「困っている人」と「助けたい人」が「勝手に」つながりあい，必要な支援へつなぎ，主体的に必要なプロジェクトを立ち上げることが重要な役割を果たす。筆者も，この流れが停滞しないように心を配るようにしている。

(2)　「企業」や「篤志家」からの支援で子どもたちにチャンスを

　ここまでは当事者（利用者）のニーズであったが，かれらをとりまく経済の「強い担い手」も，また重要なステークスホルダーといえるだろう。

　すでにみてきたように，WAKUWAKUにつながった困難をかかえた子どもたちは，多くが背景に経済的困窮がある。「食」や「勉強」「居場所」の提供はもちろん重要だが，やはり直接的な金銭的支援は有効かつ必要不可欠だ。

　進学に際し，事実上の義務教育とはいっても制服や学習教材などの学用品は自腹だ。これに苦しむ家庭は多い。「3月末までに制服代15万が用意できないんです」という母親の悲痛なニーズを受け，学校生活にかかる費用なら使途自由な「入学応援金」給付事業を開始する。この給付金の原資は，とある国内大手通販会社のCSRとして（単年でなく通年で）寄附いただいたものだ。この原資によって，40家庭に高校入学金4万円に加え，20家庭に小学校入学金2万

円を届けることが可能となった。ロータリークラブからの電子辞書の提供もある。

お金の受け渡しの際，有機的なつながりをつくるための親への面談や，また上記「食」「勉強」「居場所」などの支援にもつなげることが可能となるので，より困窮度が見えにくい子どもたちへのリーチが実現できた。

また，これとは別に特定の篤志家から特定の子どもへの「奨学金」提供の申し入れも複数あり，WAKUWAKUでは（双方の意図をくみ取り，またプライバシーなどに十分配慮するかたちで）間に入って支援をつなぐ役割も果たしている。たとえばFさんは，無料学習支援に来ている高校生の子どもから「同級生に，結構しんどい子がいるから会ってほしい」と紹介され，WAKUWAKUにつながった。聞けば母子家庭で，すぐに現状提供できる支援にはつなげたものの，Fさんが夢を描いていた専門学校への進学は経済的に厳しい状況だった。たまたまWAKUWAKUに取材に来ていた記者がFさんを記事中で取り上げたことがきっかけで，ある篤志家が「Fさんの専門学校への進学費用を援助したい」と連絡があり，直接のやりとりではなく団体が間に入るかたちで，篤志家からのお金の受け渡しやFさんからの近況報告の橋渡しを行った。

本来的には公的支援が担保するべき部分だとは考えるのだが，とはいえ目の前の子どもの窮状を放っておくわけにはいかない。社会がゆるやかに変わっていくことを信じながら，目の前のニーズどうしを愚直につなげていくこともまた大切なことだろう。

3 多様なネットワークの構築

■「他団体」とのネットワークで誰も取り残さない社会を

団体の規模に比べ，多数の事業を立ち上げてきたWAKUWAKUだったが，それでもすべてのニーズを満たす事業を立ち上げられるわけもない。自団体だけでは実践できない部分は，すでにその事業を実施している他団体と協働することで実現している。

2018年より，都内の子ども食堂運営団体や無料学習支援団体と協働するか

たちで「パントリーピックアップ」を開始している。これはひとり親世帯や困窮世帯に豊島区内の会場に直接来てもらい，フードバンク（セカンドハーベストジャパン）の食材や，洋服・日用品などを，自由に選び無料で持ち帰ってもらうプロジェクトだ。毎回ボランティア

写真 9-3　ある日の子ども食堂の様子

スタッフが約 20 名，ピックアップに参加するひとり親が約 40〜70 名集まる。会場にはカフェスペースをつくり，情報交換や悩みを分かちあい，必要ならば WAKUWAKU のほかの支援事業へつないでいる。協働先の団体は食品の運搬と会場提供，WAKUWAKU 側は支援ノウハウと人を提供して，お互いの強みを活かすかたちで本プロジェクトはかたちになった。

　このような支援的な協働とは別に，「官」「民」あるいは「NPO」「企業」「研究者」など異なるマトリックスをもつメンバーを巻き込んだ大枠の中間的な協働・ネットワークづくりにも積極的に取り組んでいる。

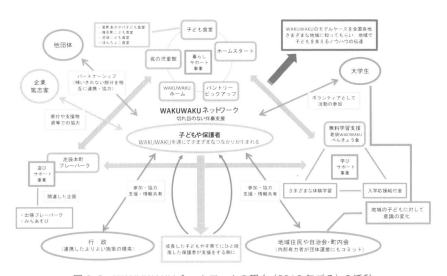

図 9-3　WAKUWAKU ネットワークの現在（2016 年ごろ）の活動

2015 年には豊島区社会福祉協議会が事務局となり「としま子ども学習支援ネットワーク」が設立した。貧困の連鎖を断つための，地域に根ざしたネットワークで，毎月 1 回開催される定例会には学習支援団体と，行政の関連部署の職員や社会福祉協議会のコミュニティーソーシャルワーカーが活発な意見交換を行っている。

　2015 年，豊島区内で開催した「子ども食堂サミット 2015」がきっかけとなり，都内で子ども食堂を立ち上げた団体とともに「こども食堂ネットワーク」[(2)] が発足した。2016 年からは「広がれ，子ども食堂の輪！全国ツアー」と銘打って，子ども食堂の啓発イベントを実施した。研究者・貧困問題に取り組む団体や老人給食支援団体，全国社会福祉協議会などに呼びかけ実行委員会を結成し，2019 年 3 月までの 3 年間に赤い羽根福祉基金の助成を受け，貧困問題やフードバンクをテーマとしたイベントをすべての都道府県で実施した。

　2019 年現在，子ども食堂は全国に 3700 カ所以上に増え，県や市町で大小さまざまなネットワークが構築された。また子ども食堂の中間支援団体も複数発足し，継続的に子ども食堂が運営するための資金調達や衛生管理，立ち上げ支援情報を，ネットワークを通じて発信している。

　豊島区でも 2016 年に「豊島子ども食堂ネットワーク」を設立し，豊島区子ども若者課が事務局を担っている。また「多文化としまネットワーク」（外国にルーツをもつ子どもと家庭支援のためのネットワーク）も発足した。

4　これまでの実践と今後の展望

(1)　WAKUWAKU の実践が成功したのはなぜか？

　以上，WAKUWAKU が実践してきた複数の「現場」を展開・成立させてきた経緯を駆け足で振り返ってみた。豊島区という一地域ながら「遊び場／人の集い場」から「食事の場」，そして「学びの場」から直接的な物資的・金銭的な支援まで，ある困難な状況におかれた子どもやその親がつなぎ目のないサポートが受けられる支援モデルをつくり出すことが可能となった。

　もちろんその成立には，多数の協力者やタイミングに恵まれたことが第一に

いえるのだが，ここではほかの要因を2つだけ簡単にまとめて述べたい。

①複数の現場を展開することによるステークスホルダーの巻き込み

やや逆説的ではあるが，比較的短時間のうちに複数の現場（種類的にも，同区内とはいえ物理的な距離でも）を展開できたことが大きかったのではないか。WAKUWAKUの成り立ちは異なるステークスホルダーを巻き込むところからスタートした。

当然のことながら，それらのステークスホルダー各々は考え方も利害も違う。ある支援（たとえば無料学習支援）には大賛成してコミットするが，別の支援（たとえば直接的な食料給付）には反対かつコミットしないということもよくある。投じられる時間も資力も，また立場も違うだろう。

複数の現場があることで，どんな人でも（たとえわずかでも）コミットできるし，またコミットしないことが可能となる。また，それでも隣接した実際の活動が透けて見えるわけで「ああ，自分はイメージで嫌っていたけれど，実際はこうだったのか」と考えを変えられる人もいる。

「子どものために何かをしたい」。その思いは皆，紛れもなく本物なのだ。だからこそ，組織づくりの段階からその思いに歩み寄る体制が重要だったのだと筆者は考える。

②ニーズベースでの打ち出し

くり返しになるが，WAKUWAKUにおいては「目の前で困難（社会課題）を訴えている主体」と出会いそのニーズを満たそうとするか，「困難（社会課題）を自分事として憂い，何か手助けがしたいと考える主体」と出会い必要な助力をするか，ほぼすべてのプロジェクトがそこをきっかけに立ち上げられている。

徹底的に「ニーズ」ベースで，社会課題に取り組むこと。だからこそ，行動が力をもち，人と人をつなげられる。もちろん，理想を

写真9-4　たくさんの場所と人を巻き込むWAKUWAKUの事業

掲げることや理念の重要性は否定しない。しかし，それだけで複数のステークスホルダーを説得し，巻き込むことは容易ではないだろう。

また，目の前のニーズベースで取り組むと，成果指標が（比較的）短期でみえやすい。これは嬉しいことでもあるし，また課題を知らない人へ向けて強い説得力ももちうることとなる。

(2) 「おせっかい」というパートナーシップ—その課題と展望

以上，WAKUWAKU がいかにして多様な人々とパートナーシップを結びながら地域を変えてきたのかを論じてきた。取り組む社会的課題としては，主に「子ども」そして「貧困」であるが，とくに後者は（SNS などによって）可視化されすぎることでかえって見えにくく・隠蔽される状況となっている事例によく遭遇する。そうした場合，その子どもの窮状にアプローチできるのは，やはり地域の「隣人」の「おせっかい」という名のパートナーシップであろう。

また課題として，民間の取り組みにはやはり限界があり，究極的に「公」の責任をどう担保するのか（させるのか），そのための枠組みを考えていく必要がある。民間の団体と行政を，ともに同じ課題に取り組む「仲間」としてパートナーシップを築き，円滑な連携が可能となれば，より社会を前進させることができるのではないか。

そこで次のチャレンジとして，今後「豊島みんなの円卓会議」をスタートさせた。行政も，民間も，それぞれの独自に取り組んでいる試みを共有する。同じ志をもって活動をする行政・地域の人たちが定期的に集い，お互いの課題意識を共有し，よりよいパートナーシップを広げ，すべての人が孤立しない豊島区さらに地域社会を共創していきたい。

まだまだ道半ばではあるが，新時代に向け全員が力を合わせてどんな社会をつくっていけるのか。自分事ながらワクワクしている。

［栗林 知絵子］

注
(1) 特定非営利活動法人豊島子ども WAKUWAKU ネットワーク https://toshimawaku-waku.com/
(2) こども食堂ネットワーク　http://kodomoshokudou-network.com/

第10章
子どもが夢と希望を抱けるまちを大人と一緒につくる

KeyWords

□子ども　□協働　□まちづくり　□目的共有　□持続可能性　□学校地域協働
□うらほろスタイル　□信じられる他人

　地域が持続するとは，いったいどんな状態を示すのだろうか。「持続」とは「保ちつづけること」「中断しないで続くこと」。つまり地域が持続するとは，過去から引き継がれて今ある地域が，未来に続いていくことに他ならない。そのために欠かせない大事なことは，未来の担い手である子どもたちが地域に住みつづける状態があるかどうかだ。しかし，地域が持続するために，地域に生まれた子どもたちに「必ずここに住め！」「必ず戻ってこい！」は無謀な話であり，大人たち世代の勝手な押しつけだ。大切なのは，先を生きる大人たちの意向や考えに縛られずに，子どもたち自身が「ここに住みたい！」「ここに帰ってきたい！」「ここで暮らしたい！」と主体的に思えるのか，主体的・自発的・内発的にそういう想いを育んでいけるかどうかだ。そんなを想いをもった子どもたちが，未来を生き抜く力を育み，地域の課題を自分事として捉え，解決することができれば，地域は持続に向けて大きく前進していくはずだ。

　本章では，夢と希望を抱けるまちをめざして，北海道浦幌町で2006年に始まった「うらほろスタイル」の紹介を通じて，持続可能なまちづくりのあり方について述べていきたい。

1　子どもが軸の「うらほろスタイル」誕生秘話

　子どもたちの学びの拠点である「学校」と，どこの学校にもあるPTA。そのPTAの集まりでの教員と保護者の会話から「うらほろスタイル」は始まった。ある日のPTAの会議後の懇親会（飲み会）がきっかけだった。お酒が進むなかで，ある保護者はこう切り出した。「地域活性って一体なんなんですかね？」。

商工業者であり，地域の特産品開発や観光事業にたずさわるこの保護者は，さらにこう続けた。「私は，ずっと地域活性化に大事なことは，外貨を稼ぐこと，人を呼び込むことだと信じてこれまで仕事や地域活動に関わってきましたが，何かしっくりこないんですよね。大事なのはよくわかるのですが，我々がめざすこと，つまり地域が最終的にめざすことは，お金を増やすこと，人を増やすことなのか？」。それを聞いた教員がこう呟いた。「それって大事なことだけど，でもそれは大事な手段であって，目的ではないんじゃないかな〜。そう考えると，地域がめざす目的って，一体なんなんでしょうね？」。2006（平成18）年11月の出来事である。この疑問を解決するために継続した飲み会が，のちに「うらほろスタイル教育プロジェクト」に進化し，全国各地での学校地域協働のモデルとされる「うらほろスタイル」スタートのきっかけとなっていく。

　地域がめざす目的は，地域が無事であり続けることであり，地域が持続することだと改めて思う。その手段としてある程度のお金が必要であり，一定数の人口が保たれ，そこで暮らす人の存在が必要だ。だから「お金」も「人」も大事だが，あくまでも大事な手段であり，地域がめざす目的は，お金を増やすことでも，人を増やすことでもなく，持続していくことだと思う。では地域がめざすこの目的を達成するために，私たち大人にできることは一体何か。「ここに住み続けろ！」「必ず戻ってこい！」ではなく，どうしたら子どもたちは地域に住み続けてくれるのだろうか。住み続けるかどうかは子ども自らが判断することだとすれば，どういう状況だったら，子どもたちは地域に住み続けようと思うのだろうか。

2 学校地域協働の「うらほろスタイル」が進んだ背景と初動

　地域への愛着を育むこと。これがうらほろスタイル教育の大きなテーマの1つだ。愛着をもたない地域に，子どもたちが住み続けようと思うはずがない。そんな地域に将来，自発的に戻ってこようと思うはずがない。「ふるさとが好き」と胸を張って自らの言葉で発し，愛着を育んだ地域のことを自分事として考えていく。そんな子どもたちを育てていきたい。住むか住まないか，戻るか戻ら

ないかは，子どもの自由。大人たちがその結果にとやかくいうべきではない。大人たちにできることは，地域への愛着を自ら育んでもらえる環境や機会の創出だ。

　地域にはすばらしい資源（ひと・もの・こと）がいっぱいある。それにふれてもらい，地域の魅力を伝えていくことを考えていこう。こうして，うらほろスタイルの活動は始まった。そのスタートは，学校地域協働ではなく，学校と連携することなく行われた地域独自の子どもたち対象の活動だった。

　2007（平成19）年7月，保護者が代表を務める「日本のうらほろ」という地域のNPOが主催し，夏休みに子どもたちを対象とした「うらほろ魅力発見ツアー」が行われた。当時，保護者という立場でつながったNPOのメンバーが，それぞれに魅力と思う場所・名所をあげ，ガイド役となって子どもたちに町の魅力を伝えた。ただこの企画は1回の実施のみで終わり，2度と行われることなかった。約20名の小学生が参加したが，ガイド役を務めた大人たちは，子どもに伝えるむずかしさを痛感した。「伝えること」は誰でもできる。だが「伝えること」と「伝わること」はまるで違う。伝えたことでの達成感や満足感はあるが，本当に子どもに伝わったのか，みな自信がなかった。企画終了後の話し合いでメンバーが確認したことは，子どもたちが自ら主体的に気づきを得て，学びを深めるように伝える能力を，私たちはもち得ていないこと。そして私たちだけではなく，子どもたちに伝えることに長けている教員と一緒に，子どもたちに地域の魅力を伝えていくことができれば，きっときちんと伝わるのではないかということだった。当時の環境では，この悩みを教員に相談することはそんなにむずかしいことではなかった。相談すると教員たちの答えは「確かに我々は伝えるプロであるかもしれないが，我々は地域のことをよく知らない。4年や5年で定期的に転勤し地域にどとまることがないなかで，子どもたちに伝える地域の魅力を我々は詳しく知らない…」。そこは，地域住民である保護者たちが長けている。学校地域協働のモデルとされる「うらほろスタイル」の活動において，初動におけるこのやりとりが，大きな分岐点であったのかもしれない。

　教員と地域住民が，互いに得意とすることをもち寄る。言い方を変えれば，

互いに不得意とすることを認め合い，補い合う。協働とは，互いの必要性のなかで内発的に育まれる事象であり，第三者の要請によりつくられることではない。互いの必要性が生まれるためには，それぞれでは完結できない不完全な状態が必要であり，まさしく「うらほろスタイル」においては，子どもたちに地域の魅力を伝えていきたいという，地域への愛着を子どもたちに育むことを達成するための手段を進めるうえで，必然的に学校地域の協働の枠組みが形成された。ここを起点に，先生たちが一番伝えやすい「学校の授業」のなかで，地域をよく知る住民が授業をサポートしながら，子どもたちに地域の魅力を伝える「ふるさと学習」として子どもたちはたくさんの地域の魅力に触れ，地域への愛着を育むことにつながっていくことなった。

③ 地域に愛着が育まれる秘訣とは

(1) 地域に愛着が育まれる大事なプロセス

　ふるさと学習がめざす大きなテーマである地域に愛着を育むことは，どのようにして実現していくのだろうか。

　お母さん・お父さん・おばあちゃん・おじいちゃんに大事にされることで家族愛が芽生え，家族への愛着が育まれる。ここまででは，家族への愛着であり，地域への愛着とはならない。地域とは他人の集合体だ。他人との絆が育まれるか。そこに他人の集合体である「地域」への愛着が育まれるヒントがある。

　現代社会において私たち大人は，「知らない人に声をかけられても，付いて行ったらダメだよ」と子どもたちに教える。つまり「他人は疑ってかかれ」と暗に伝え，伝わってしまっている。もちろん，残酷な事件が頻繁に起きてしまうことを考えると，自分の身は自分で守るという当然の論理のなかにおいては，他人を信じすぎないことや，ある程度疑ってかかることは必要かもしれないし，それを否定するつもりはない。

　しかし，他人の集合体が地域である以上，地域が上述の立ち位置では，地域は信じられない存在のままであり，到底，愛着など育まれるわけがない。その地域の一員である自分もまた，周りから信じられていない存在だと示している

ことになり，自己肯定感・自己有用感の低下に直結してしまうおそれがある。

　自分自身が改めて思うのは，信じられる他人とどう出会えるかが大切だということ。子どもたちが地域で家族や知り合い以外の「信じられる他人」とどれだけ多く接することができるか。それが子どもたちに地域への愛着が主体的に育まれるプロセスにおいて大きなカギとなる。

(2)　地域に愛着が育まれる具体的な取り組み例①—ホームステイ体験

　学校地域協働活動である「うらほろスタイル」では，学校の授業として毎年小学5年生を対象に，地域に暮らす農林漁家で1泊のホームステイ体験を行っている。地域の基幹産業である農林漁業を営む家庭に寝泊まりして，地域の産業に直接ふれて体験することは，命や食べ物の大切さ，苦労や感謝の気持ちなど，座学ではリアルに学べない，かけがえのない学びの機会となっている。しかしこの取り組みがもつ意味は，それ以上に，子どもたちが信じられる他人と接することにあり，地域に暮らす他人に大事にされていることを実感することにあると関係者は考えているようだ。

　この取り組みの内容を具体的に話すと，浦幌町内の小学5年生は，毎年9月の第一木曜日に，地域の農林漁家宅で作業のお手伝いやご飯の支度などを手伝いながら，今まで知り合うことがなかった赤の他人であった受入家庭のお父さん・お母さんと家族のような温かい時間を過ごす。宿泊を伴うこと以外に何か統一の決められたプログラムが用意されているわけではなく，その家庭ごとのありのままの普段の生活に溶け込んで，家族の一員のように過ごす。ただそれだけの時間だ。しかし，たった1泊ではあるがこの取り組みによって，子ども

図 10-1　1泊のホームステイ体験の様子

たちと受入家庭との間に間違いなく絆が育まれている。地域の子どもたちを地域で受け入れるこの取り組みによって、スーパーに買い物に行ったときや、地域のお祭りやイベントのときなど、その後もいろんなタイミングや場面で受入家庭と再会する。きっとそのたびに、この地域には親や親戚以外にも自分のことを大事に思ってくれる大人たちがいること、そして自分たちは、この地域に大事にされていることを感じるだろう。

(3) 地域に愛着が育まれる具体的な取り組み例②―地域活性案発表

　小中学校9年間の学校地域協働「うらほろスタイル」の学びの集大成として、浦幌中学校の3年生は地域活性案を発表する。小学校でのふるさと学習や中学校での職業体験などのキャリア学習を通じて地域を知り、地域の人たちの温かさにふれてきた中学3年生では、ふるさと浦幌町がより元気になるために地域がかかえる課題と向き合い、自らで地域が活性化するために必要な案を考える。総合学習の時間で行われる一連のカリキュラムでは、「まちづくりに携わる大人たちの思いに触れる授業」「パソコンなどを使って行う調べ学習」「アンケートなどでリサーチを行う修学旅行時の活動」などで構成され、プレゼンテーション資料をつくり、町民の前で立派に発表する。発表時には、町長や教育長、役場職員、またさまざまな立場や職種の町民が駆けつけ、中学生が一生懸命考えたアイデアに耳を傾ける。自分たちの考えを真剣に聞く大人たちの姿はきっと、中学生にこの地域に自分の居場所があることを伝え、信じられる他人がこの地域にいることを伝えていると想像する。ただこの取り組みは、ここで完結

写真 10-2　浦幌中学校 3 年生の地域活性案の授業風景

しない。ここが「うらほろスタイル」が学校地域協働として評価が高い要因であるのかもしれない。では，この中学生の発表がどうつながっているのか．

(4) 地域に愛着が育まれる具体的な取り組み例③──思い実現ワークショップ

「子どもの想い実現事業」。これは，うらほろスタイルの大きな柱となる活動だ。まさしく前項で紹介した中学校3年生の地域活性化案の発表を受けて行われているものであり，毎月1回町民有志が集まり，ワークショップを開き，子どもたちの提案を受け止めて，実現に向けて真剣に議論を深めている。子どもの想いはこれまでたくさん実現され，ゆるキャラや名物弁当などが誕生し，ブランドやイベントが開発され，ワークショップからの発信で成人式のあり方などについても新たな展開へとつながっていった。ワークショップの座長は町の印刷屋さん。「提案の実現だけを目的とするのではなく，子どもたちの想いを受け止めて活動している背中を見せつづけ，この活動を次世代につなげていきたい。提案する側だった子どもが成長し，今度は次の世代の子どもたちが発する提案の実現に向け動き出す，そんな世代交代につなげていきたい」と話す。

自分たちのアイデア・意見・考えを受け止めるだけではなく，カタチにしようと汗をかく大人たちの姿は，間違いなく子どもたちに伝わっている。わが子だけではなく，地域の子どもたちを大事に思い，真剣に考えている大人たちの存在は，子どもたちが地域への愛着を育む大きなきっかけになっている。このような環境が継続していけば，きっと子どもたちは地域に住みたいと普通に感じるのだと思う。進学や就職で都会に出て行ったその後も，機会があれば故郷に戻ってくるだろう。すでに，その動きは増えはじめている。子どもの想い実現ワークショップには，中学生時代に提案し，高校などに進学したのちに，また地元に就職した若者たちが関わりはじめている。

4 目的達成のために進化する「うらほろスタイル」

(1) 地域学校協働コーディネーター──北海道教育大学釧路校との連携

学校と地域をつなぐ役割として，うらほろスタイルの推進に欠かせないのが，

コーディネーターの存在だ。2013（平成25）年より北海道教育大学釧路校とうらほろスタイルの連携が始まり，教員養成課程の学びの場として，浦幌町には毎年多くの大学生が訪れている。将来教員をめざす学生は，浦幌町で地元の小学5年生が経験するホームステイ体験や中学3年生の発表会に参加したり，また「子どもの想い実現ワークショップ」に参加したり。さらに毎年数名が浦幌小学校で教育実習を受けている。そんな関わりが深まっているなかで，うらほろスタイルの大事なコーディネーターとして大学時代に学びを深めた学生が，卒業後に着任するケースが増えてきている。教員養成課程を学び，学生時代に浦幌町で学校や地域とつながりをつくったうえで，コーディネーターとして就職してくれるこの若者たちの存在は，うらほろスタイルにとって宝であるといっても過言ではない。これは2007（平成19）年にうらほろスタイルが始まった当初は誰も想像もしえなかった展開であり，この2013（平成25）年に大学生が浦幌町に関わりはじめたころから，うらほろスタイルが町外の多様な主体と連携し進化することになるのである。

(2) 成果と課題① ―中学生の願いと現実の狭間で

　浦幌町には現在，高校がない。しかし，2010（平成22）年までは，北海道立高校がこの町にあった。じつは廃校が決まったときの地元中学生の進学率は，わずか15％。そこにはさまざまな複雑な環境や関係性などの問題があったと想像するが，それにしても15％という数字と向き合えば，地域として「高校はいらない」という意思を表示していると取られても仕方がない。

　うらほろスタイルの取り組みが始まり，地元の子どもたちは地域への愛着を育み育ってきた。そんななか，2015（平成27）年度の中学3年生の活性化案の発表のなかに，大人たちに衝撃を与えたものがあった。そのグループは「地域の活性には，高校が必要だ」と主張した。そして同級生にアンケート調査を行った結果，なんと75％の生徒が「浦幌に高校があれば行きたい，進学したい」と意思表示したと報告した。進学率15％だったころは，高校はなくなっても仕方がなかったのかもしれない。しかしなくなったあとで，うらほろスタイルが進み，そして今は75％の子どもたちが，浦幌の高校に行きたい，高校を復

活させてほしい，高校を再びつくってほしいと願っている。この子どもたちの願いは非常に重く，また，大人たちとして向き合わずにいられない重要なことだ。ただ，失ってしまったものを取り戻すことは容易ではない。いくら子どもの想いを実現したいといっても，現実的にも物理的にもむずかしいのが現状だ。

そんな大人の都合を知ってか知らずが，この発表をした世代がこのあと，「浦幌部」というサークルを立ち上げることになる。浦幌には高校はないが，高校生はいる。中学校卒業後は浦幌の地域に関わることがなくなってしまう。学校の活動でなくてもいい。高校生が定期的に集まって地域で活動をする部活動的なサークルを町内でつくりたい。そんな高校生の思いがカタチになり，今や「うらほろスタイル」推進の大きな原動力である「浦幌部」は生まれた。子どもたちの想いを叶えたいと思っている大人に提案してもダメだったら，自分たちで行動する。これはうれしく，心強いことだ。ただ，先を生きる大人の立場としては，情けない気持ちになってしまう部分も多少ある。こうして，うらほろスタイルは，地域を持続させるという目的を達成するために，関わる主体が日々進化を遂げながら，取り組みが進んでいる。

(3) 成果と課題② ―住みたい！働きたい！でも仕事が…

子どもたちが地域に愛着を育んだ結果，地元の高校に進学したい，だから再び高校をつくってほしいという声が上がってきたことを前項で伝えた。本項では，同じく子どもたちが地域に愛着を育んだ結果見えてきた，もう1つの課題について紹介したい。

うらほろスタイルがスタートして5年が経過した2013（平成25）年に，町費を使うなかで，町も成果を測るアンケート調査を実施した。ちょうどこの年は，うらほろスタイルを経験した年代が成人を迎える年でもあり，新成人と町長や役場職員が交流する場面が複数あった。そのなかでみえてきたことは，愛着を育んできたからこそみえてきた課題だ。それは，愛着を育み成長した若者たちが，じつは地域で働きたいと思っているという事実だ。ただ，自分たちが働きたいと思える魅力的な職種が，この町にはない。だからよその地域に住むことになった，という若者たちの言葉だった。町長に対して若者たちが「働く場を

つくってほしい」という提案まであったほどだ。

　地域が持続するためには，次代を担う若者たちが地域に住みつづけてくれなければならない。ただ若者たちに故郷に戻れ，故郷で暮らせと強制するのはナンセンスだ。大事なことは，自らでここに住みたい，暮らしたいと思う若者たちが，故郷と向き合ってくれるかどうか。そして今「うらほろスタイル」の成果として，若者たちが自らこの町に住みたいと思ってくれている。しかしここで暮らすために必要な仕事場がないから，住むことができないと若者たちはいっている。これを強く重く受け止めた町は，さらに町費を使うことを覚悟し，翌年から「うらほろスタイル」の取り組みに，新たに「若者しごと創造事業」を組み入れることを認めた。ただ仕事を新たに生み出すというのは，容易なことではなかった。

⑷　起業モデルを創る！―地域おこし協力隊の活躍

　三重出身で京都の大学卒業後に浦幌に移り住んだ若者は，ハマナスの化粧品「rusa rugosa（ロサ・ルゴサ）」をブランド化し，「㈱ ciokay（チオカイ）」を立ち上げた。また，広島出身の若者は，地域にある廃校した小学校を活用したおしゃれな「TOKOMURO カフェ」を始めた。さらには徳島出身の若者が旅行業の資格をとり，観光会社「㈱リペリエンス」を立ち上げた。2017（平成29）年からのたった3年間に浦幌町内で起きた出来事だ。その背景にある2つのことをこの項では紹介したい。

　1つ目は，この起業は前項で述べた「若者しごと創造事業」の一環であるということ。雇用されることだけを考えるのではなく，起業することも仕事の1つの選択肢。無い物ねだりをするのではなく，地域にある資源を活用して，事業を起こすその姿を地域の若者や子どもにみてほしい。地域おこし協力隊として浦幌で起業してくれた，3人の若者の今後の生き方にも注目していきたい。

　2つ目は，この3名の若者を浦幌に送り込んでくれた人物の存在だ。じつはこの3名ともに徳島にある「㈱リレーション」が主催する「神山塾」という人材育成プログラムに参画し，同社代表の祁答院弘智氏に薦められて浦幌町に移住し，地域おこし協力隊員となり，準備を重ねて起業することになった。農山

漁村に暮らしながら気づきを得る「神山塾」をマネジメントしていた祁答院氏が浦幌町に関わりをもちはじめたことで，若者しごと創造事業は大きな一歩を踏み出すこととなった。現在では同社傘下の「㈱KIZUKI」がコワーキングスペース・サテライトオフィスの機能も併せもつ「トコムロラボ」の運営を担っている。

⑸　新たな協働のカタチ「浦幌ワークキャンプ」

　この町に住みたい，でも働く場所がない，魅力的な職業がない，だからこの町には住めない。そんな若者の想いに応えるために，うらほろスタイルの取り組みは，新たに「若者しごと創造事業」を加えた。まずは外から来た若者がモデルとなり，地域資源を活用して自分がやりたいことを仕事にする「起業」を支援し，事業の前進を図ってきた。ただ，起業はなかなかハードルが高く，もう一方で雇用の場の創出も必要であると関係者は感じていた。しかし現状を考えると，今ある地域の企業だけでは，若者たちに魅力を示し，雇用していくことはむずかしい。しかし若者の声に応えたい。しごと創造事業がスタートしてずっと悩んできたことだが，なかなか糸口が見いだせずいた。そんななか，1つの可能性が2017（平成29）年に見つかることになる。

　浦幌ワークキャンプ。副業ボランティアが解禁されたIT大手「ヤフー」と「ロート製薬」に勤める企業人18名が1年間，浦幌地域の課題解決に挑み，事業を創出するそんなプロジェクトが2017（平成29）年度に行われた。浦幌にある企画会社「㈱ノースプロダクション」で働いていた社員が，ヤフーの元職員だった縁からスタートした活動だが，この1年間の活動が浦幌地域に大きな可能性を示すことになる。しごと創造をしたいと思っていても力不足でなかなか前に進まなかったことに一筋の光もみえてきた。この1年間の活動でどんな成果が上がったのかを紹介したい。

　1つは，将来的な地域の若者の雇用をめざし，地元で生産されている木材に付加価値をつけて販売する新たな会社「㈱バトンプラス」が，地元の事業者と東京の企業人で共同出資して誕生したこと。地元の林業者は，木を植え，管理し，木を切るプロだが，切った木材に価値をつけて販売することは苦手だった。

いっぽうで，大手企業に勤務する企業人は営業やマーケティング，広報PRのプロだ。しかし企業人は，「私たちは木を植えることも切ることもできない」という。大事に育て，切った木に付加価値をつけて販売するために，地元の林業者と副業で関わる東京の企業人の協働は不可欠だ。互いの得意分野をもち寄り，互いにできないことを認め合い，役割を分担していくこの「バトンプラス方式」は，新しい都市と農山漁村の協働のカタチかもしれない。この会社の代表に就任した浦幌の林業家の言葉は，「我々には価値はないと思っていたこの木材に新たな可能性を見いだしてくれた企業人とのやり取りや交流で，私たち地域の足元には，宝がいっぱいあることに気づきました。改めて地域の魅力を再発見しました。東京メンバーには日々教わることばかりです」と話す。

　ワークキャンプの成果は，事業創出だけではなかった。参加メンバーである東京の企業人にとって，浦幌町は行ったことも聞いたこともない存在だったが，「1年間の関わりを通じて浦幌愛が芽生えた」と，ある参加者は教えてくれた。またこのワークキャンプがきっかけで，浦幌を舞台としたミステリー小説が生まれ，浦幌中学校3年生の修学旅行でこのメンバーと交流が行われた。修学旅行で東京に行った中学生は驚いただろう。東京のど真ん中の高層ビルで，企業人とともに，東京の景色を見ながら，ふるさと浦幌地域の課題解決について話し合ったのだから。

⑤　持続可能な地域社会をめざして

　浦幌町では，「うらほろスタイル」の活動を通じ，この12年間にさまざまな活動を行ってきた。活動はどれも地域を次の世代にバトンタッチするために必要な大事な手段でもあったと感じる。いまある地域や社会は，私たち大人が自分たちだけで築いたものではなく，先人たちの苦労と努力の上に築かれ，それを引き継いで今がある。だとすれば，このつながりを今ここで止めることはできないし，地域や社会を私たちの世代で止める権利はない。ただ再三述べてきたように，次世代の想いを無視して，次を押しつけることはできない。子どもたちが自らこの地域に住みたい，暮らしたいと思ってもらうことが，やはり持

続可能な地域づくりには重要だ。そのためにあらためて思うことは，地域を「子どもたちが夢と希望が抱ける場所にする」ということだ。これこそが，私たち大人が地域の枠組みを越えて掲げる共通のキャッチフレーズかもしれない。

　国やさまざまな研究機関による統計や予測をみるかぎり，この国はこれまで誰も経験したことがない人口減少社会に向かっていく。少子化・高齢化などの問題も山積みだ。今こそ，持続可能な地域のあり方，持続可能な社会のあり方を考えるべきだとあらためて思う。高齢化が進み，合わせて人口減少による財政難となったとき，おそらく多くの人がいまよりも余裕がなくなるはずだ。有権者の大半が高齢者となったときに，少ない財源を自分たちの福祉や医療に使うことを求め，公教育などの大事な財源が確保できないなどの状況は絶対につくるべきではない。次世代にきちんとバトンを渡すために，次世代が引き受けてよかったと思える社会を，先を生きる私たち大人は創っていかなければならない。ここから10年が，この国の未来にとって大きな分岐点だと改めて感じる。大人たちが自分たち世代のことだけを考えることなく，次の世代を想う社会づくりを行うことができるかどうか，「次につなぐ」という生き物としての当たり前の判断を私たちができるのか。生物として相応しいかどうかの試されているのかもしれない。

　うらほろスタイルは2007（平成19）年に始まった活動だが，当然，最初から現状を予測していたわけではない。その時々での出会いで人とつながり，ここまで進化してきた。つまり「うらほろスタイル」は，計画性のない，行き当たりバッタリの事業であった。ただそれは決して悪いことではなく，これからの時代に求められる進化のカタチだと感じている。大事なのは，スタート当初からずっと今までぶれずに活動を行う目的と，その共有だ。「地域を持続させる」「次の世代につないでいく」。そのために必要なことを，これまでその時々に目の前に現れる少ないチャンスを活かして，ここまで進化してきた。立てた計画を遂行するという一般的なプロセスでこの取り組みを進めてきていたら，活かすことができた数少ないチャンスを見逃し，ここまで進化することはできなかったのかもしれない。これからは予測不能な時代だといわれている。人口減少のみならず，テクノロジーの爆発的な進化は誰も予想ができない。つまり経験

値から計画を作成，予定して実行するというこれまでの常識だった進め方では通用しなくなるかもしれない。その時々に最善を尽くすことが必要とされるなかで大事なのは，目的と常に向き合うことだ。

そう考えると，持続可能な地域づくりにおいては，計画の作成ではなく，地域がめざす目的の共有こそが大事であり，その時々で最善の選択・判断をすることが必要だ。

2020（令和2）年度から浦幌町では，十勝地域をフィールドに持続可能な地域づくりに向け，新たな事業がスタートする。これからも目的達成にぶれずに進むこの町のチャレンジに注目していただけたらと思う。

［近江 正隆］

本章を深めるための課題

1. 持続可能なまちづくりに必要なことを再考してみよう。
2. 協働体制が確立されるプロセスを考えてまとめてみよう。
3. 「次の世代につなぐ」という目的を共有する必要性を話し合ってみよう。

第 11 章
誰一人取り残さない地域防災

KeyWords
□国連防災世界会議 □災害対策基本法 □個別支援計画 □福祉避難所 □福祉と防災の連携 □当事者力 □地域力 □地域包括ケアシステム □多機関連携 □総合相談窓口

　東日本大震災（2011年）は，障がい者の死亡率が健常者の2倍だったことや，避難後の災害関連死といった問題を明らかにし，それまでの避難行動要支援者の支援のあり方や仕組みづくりを考え直さなければならない現実を突きつけた。

　2015年3月に仙台市で行われた国連防災世界会議では，障がい者や高齢者などを含む，あらゆる人の命と暮らしを守る「インクルーシブ防災」という新たな防災行動に関する国際的指針が採択された。この「仙台防災枠組み（2015-2030）」は，SDGsとならび2030年までに世界がめざす方向を示した文書である。

　2016年度から3年間にわたって取り組んできた「別府市における障がい者インクルーシブ防災」事業は，2014年4月1日に別府市で制定された「別府市障害のある人もない人も安心して安全に暮らせる条例」第12条の「防災に関する合理的配慮」をふまえて，要支援者としての障がい者（福祉フォーラム in 別杵速見実行委員会：以下，福祉フォーラム）が自ら行政と協働し，地域の自治会や福祉関係者と協力して，個別支援計画の作成と情報共有を進め，避難や避難所運営の訓練を行いながら，命と暮らしを守る仕組みづくりに取り組んできたものだ。

　この取り組みは，障がい者の可能性と地域の可能性を明らかにした。この事業によって具体化した個別支援計画づくりは，兵庫県などにおいて県単位での事業化も始まっている。また，災害大国日本における，被災地の教訓を生かした取り組みとして，海外からも注目され，世界的なモデルとして研修や視察に訪れる関係者も多い。

　本章では，SDGsの目標達成のために，多発する災害に対応できる回復力のある地域づくり，大規模な自然災害にも対応できる仕組みづくりや人づくりの具体的かつ効果的な事例として，別府市における取り組みを報告したい。

1 誰一人取り残さない地域防災と SDGs

　災害時には，日常見過ごされている小さな問題が，如実に大きな課題へと変貌し，人々の生活を混乱させ，命の危機にも及ぶ。

　被災地には，他人の迷惑になるからと，傾いた自宅で生活せざるを得ない障がい者親子もいる。被災したのだから，狭い場所を多くの人と共有して利用するべきだと，女子高生が知らない男性の隣で隠れるように着替えを強いられる。悪い病気なのではないかと，寝たきりの高齢者に対して「一緒の避難所生活は困る」などと声を荒げる場面も生じる。報道では伝えられない，現代のこととは思えない，考えられないような問題が繰り返し起きている。

　地域の防災力を確立するためには，一人ひとりの命と健康と人権を守るために，地域の潜在能力を掘り起こしてつなぐことで，地域生活を存続させ，回復力のある（レジリエントな）社会を構築する必要がある。災害時に起きる問題はSDGs のターゲット（1.5, 6.b, 11.5, 11.7, 13.1, 17.17）に包含されており，災害時に起きる問題の解決は，SDGs の達成につながっている。また，度重なる災害から復興を遂げる日本人の力強い行動や態度，秩序正しい社会のあり様は，脆弱な地域がSDGs の理念のもと課題解決を行うために必要なお手本といって過言ではない。

　災害の多い日本では，要支援者を含む地域防災の重要性への理解は急速に広がりつつある。大分県別府市や福祉フォーラムが，障がい者や高齢者らの要支援者に着目し，当事者と一緒に「誰一人取り残さない」を合い言葉に取り組んでいることは，地域防災体制の確立にとって不可欠であるとともに，日本の防災の取り組みが世界の防災の取り組みにおいても牽引役を果たすことにつながるものと考える。

2 災害時における避難行動の課題

　「障害者インクルーシブ防災」事業開始直後の 2016 年 4 月，熊本地震が発生し，本震が発生した 16 日には別府市でも震度 6 弱という，ほとんどの人が経

験したことのない大きな地震を体験することになった。

　事業に参加している障がい者の多くは，「コンビニの駐車場で夜を明かした」「ベッドで見ていることしかできなかった」などの恐怖を感じたが，モデル的に個別避難計画づくりを行っていた障がい当事者からは「計画づくりのなかで自治会とのつながりができ，シミュレーションを行っていたので落ち着いて行動できた」という声も上がった。

　全体的な状況を把握するために，県内の社会福祉協議会職員の協力を得て，地震を体験した障がい者に対する緊急調査（訪問）を実施した。この調査では，身体的な被害はほとんどなかったものの，約半数が精神的な被害があったと回答。また避難行動については，74％が避難しておらず，そのうち，津波は発生しないとの情報から「避難する必要がない」と判断して避難しなかった人が32％だったのに対し，「避難したかったが避難できなかった」と答えた人が41％に上った。理由は以下のとおりだった。

障がい者本人	・車いすでは無理。 ・避難所の環境（トイレ等）が不安。 ・避難所が遠い。上り坂が急。 ・エレベーターが動かなかった。 ・避難場所を知らない。 ・迷惑をかけるから何があっても動かない。
障がい者の家族	・一人では連れて行けない。周囲の声かけがあれば。 ・夫婦とも全盲のため動けずに，ベッドの下にもぐっていた。 ・避難所が遠い。 ・本人は車に避難。家族は避難所に避難。

　この地震の体験と調査によって，「逃げたくても逃げられなかった人が多い」「地域でのつながりが少ない人がいる」「情報が共有できていない」など多くの問題点を確認することができた。同時に，要支援者の支援においては，存在を地域に知らせることと合わせて，一人ひとりの具体的な支援方法を把握（「個別支援計画」を作成）して情報を共有することが不可欠であることを実感した。

　そして，これらの情報を生かして避難行動要支援者を支援するためには，日常的に高齢者や障がい者らとつながりをもてる地域づくりが重要であることが，誰の目にも明らかになった。

このような現実を受けて，①障がい当事者や家族，支援者らが災害を知って備える（当事者力），②一般住民に働きかけ，災害について知り，備え，命と暮らしを守る取り組みに参画を図る（地域力），③行政は部局や組織を超えて連携し，住民と協働しながら，災害時の要援護者支援のための情報共有や体制づくりを進める（協働力）—という3つの目的を掲げて，地域における「防災の仕組みづくり」の取り組みを開始した。

3 地域防災の現実と課題

　地域で生活する電動車いす利用者をモデルとして，かれをとりまく地域の人がどれくらいかれの情報をもっているのか調べてみた。

　この31歳男性について，民生委員児童委員（以下，民生委員）はまったく情報を把握していなかった。自治会長や地元交番などは，名前と住所と家族構成（連絡先）しか，かれの情報をもっていなかった。それ以外の団体では皆無だった（2016年2月時点）。

　災害対策基本法が改正され，国は地域で地区防災計画を作成することを推奨しているが，かれに必要な具体的な支援は，地域に渡された台帳では確認することができない。では，どうすればよいのか。

　このケースでは，かれのサービスなど利用計画を作成している相談支援専門員や，ヘルパーを派遣している事業所が，かれに関する情報のほとんどもっていることを確認した。支援計画を立てる際には，これらの専門職が関わることなしに，必要な支援の内容の把握はおろか，意思疎通もむずかしいことが明らかになった。

　より多くのケースを把握するために，障がい当事者や福祉関係者，地域の人たちとともに「障がい者等の防災を考える研修会」を重ね，さまざまなフェーズにおける異なる不安やニーズについて語り合い，対応を協議した。行政が上から既成の「対応策」を示すのではなく，障がい者や高齢者，家族，そして福祉関係者や地域を含む人々との対話を通して現実への理解を深め，対応策を計画し，関係者が情報共有しなければならない。想定される災害の種類，規模な

どによっても対応が異なるという問題も重要である。

(1) 制度の限界と行政の限界

　行政は国の方針を受けて動く。現時点での国の避難行動要支援者の支援に関する方針は，内閣府が災害対策基本法（2012年改正）に基づいて2013年8月に定めた「避難行動要支援者の避難行動支援に関する取組指針」である。そこには，避難行動要支援者名簿の作成，名簿情報の避難支援等関係者等への提供，そして「個別計画」を作成することなどについて示されている。しかし，個別計画については義務となっていないために作成は遅れており，全国で11％の自治体でつくられているにすぎない（同志社大学・立木研究室調査[1]）。さらに，個別計画の作成方法や活用方法も明確になっていない。また，名簿づくりにおいても支援者を自ら探すよう求められ，情報共有の仕組みができていないなど問題が多い。

　「取組指針」で指摘されている大枠を具体化するのは市町村の責任であり，防災部局と福祉部局の枠を超えた連携と当事者・家族を含む関係者全体の協働によってしかなしえない。以下，要支援者名簿と個別支援計画について，それぞれ具体的に考えていきたい。

(2) 要支援者名簿の作成とその情報共有のあり方

　①義務づけられた要支援者名簿づくり

　別府市でも名簿づくりを強化し，2015年度より新たなシステムを導入して，行政機関内部や民生委員の協力により，要介護2〜5の高齢者2700人，身体障害1・2級，知的障害A1・A2と支援2〜6，難病患者らを対象に，重複を除いて約6000人を対象に要支援者名簿の作成を進めた。この取り組みにより一定程度の進展はあったが，当事者に十分周知が行き届いていないことや作成にあたって支援者2名の記入が必要（手上げ方式）であったことなどから目標達成には至っていない。

　②隠れた要支援者も

　「災害時要援護者の支援の仕組みづくりを考える研修会」でも，当事者から

「名簿作成自体知らない」「近所の人に支援を頼んだら断られた」などの意見が寄せられている。また，視覚障害者協会からは「障害手帳の申請・更新は診断書を添えて申告するため，手帳の交付を受けていない該当者もいるのでは」という指摘もある。こうした隠れた要支援者の掘り起こしも重要な課題である。そのためにも防災部局と福祉部局をはじめとする関係部局の連携が欠かせない。

　③名簿の情報共有にも課題

　さらに，平常時における名簿の活用が，個人情報保護の観点から厳しく制限されていることも問題である。災害時に名簿が活用されるには，日常時における情報の共有がどうしても必要となる。これを可能にするためには当事者の同意が必要になるが，どのような情報がどのような人々に共有されるのか，それぞれの当事者にどのようなメリット，デメリットがあるかなど，障がい当事者・家族と対話を重ね，理解を深め，合意を図っていく努力が不可欠である。こうした調整が行政・自治会，民生委員だけでできるのか，十分に検討しなければならない。

(3)　個別避難計画の作成に向けた課題

　①「自助」「共助」「公助」

　個々の要支援者ごとの状況，必要な支援，避難方法などを把握して記載した個別避難計画の策定は，災害時における要支援者の被害を最小限にとどめるための方策の要だと考えられている。

　個別避難計画を立てるうえで，「自助」「共助」「公助」の理解が重要になる。まず，障がい当事者らが日頃から準備し，災害への対応力を身につけることが大切である。

　障がい当事者の日頃からの準備には大きな個人差がある。「枕元にスニーカーと着替えを置いている」(視覚障害者)，「避難リュック(乾パン，水，薬)は準備している」(身体障害者)という声がある一方で，「半分あきらめている。どうしようもない」「非常時にはパニックになるかと心配」(知的障がい者・家族)などあきらめの声も多く聞かれる。災害は備えと支援によって被害を軽減することへの理解を要支援者本人も含めて共有することが重要である。

「共助」については，調査や研修会などで「周りの人は私に障がいがあることを知らない」「コミュニケーションがむずかしいため，人との関係づくりがむずかしい」「逃げるときは自分のことで精一杯で人の手助けをしてくれるとは思わない」など不安の声が多く出された。また，地域自体が高齢化しているため，自治会関係者から「地域は老々介護の状態」「障がい者は家族が助けるべき」などの厳しい言葉も聞かれた。さらに支援者自体が被災することも考えられる。こうした現実とリスクをしっかりと理解することが，個別支援計画作成の前提になることが明らかになった。

　「公助」については，行政の限界として，災害時には平時にない業務が一気にかつ膨大に膨らみ，対応が困難になることは知られているが，防災の専門家も含めた研修会などでは，薬は薬剤師会が広範囲に準備しているなどの報告があり，地域の消防団との連携の可能性も伝えられた。そうした公的機関の情報も広く共有しながら，個別避難計画の作成に向けて取り組みを進めた。

　②福祉関係者との連携の重要性

　別府市では，約6000人を対象にアンケート調査を実施し，希望者に「個別避難計画」の作成を行おうとしている。しかし，アンケートを郵送で受け取ったとしても，当事者のなかには理解できない人も多い。そのため「個別避難計画」の策定には，高齢者の場合のケアプラン作成と同様に，ケアマネージャーのような役割を果たす策定支援者の関与が必要不可欠であり，日頃から介助，支援をしている福祉関係者などとも連携すべきである。

　③個別避難計画と地域訓練

　個別避難計画は，計画を作成するだけでなく，計画を地域と共有して，避難訓練を実施して検証することが大切である。別府市では，これまで2つの自治会で，個別避難計画を活用しながら要支援者を対象にした避難訓練を実施してきた。その結果，障がい当事者と地域住民との間に顔の見える関係が構築でき，精神障がい者の親子が参加準備をすることで自分たちは支援者になれることがわかり，今後の避難訓練には積極的に参加したいといわれたように，その効果は大きく，全市的に実施すべきであると感じている。

⑷ 自治委員，民生委員，自主防災組織の役割と新たな地域づくりの必要性

①自治委員・民生委員・自主防災組織の課題

「取組指針」では，避難行動支援者として自治委員，民生委員，自主防災組織などをあげている。しかし，当事者から「誰が自治委員か，民生委員かわからない」「防災訓練で，障がい者に言及したことを聞いたことがない」「自治会が行われる公民館が2階などにあり，そもそも参加できない」などの声が聞かれた。他方，民生委員などからは，「地域で暮らす障がい者についてよくわからない」「自治会活動に参加されない方も多く，地域の人々との日常の付き合いがない」との指摘もあった。

いっぽう，当事者の一人から，「車椅子から上半身のみ投げ出され，逆立ちした体勢になったとき，隣の人に大きな声で助けを求めると，両隣の高齢の女性の方が駆けつけ助けてくれた」「日頃，廊下ですれ違ったとき挨拶をしていたから，知ってくださっていたのだろう」と振り返っている。また民生委員からは，「民生委員を知らないと言われ胸が痛んだ」「民生委員の部会に『災害予防部会』も必要だと思った」という積極的発言が聞かれた。

障がい当事者や障がい者団体，障がい者支援事業所などの関係者で，緩やかなネットワークをつくろうと行った研修会では，参加された多くが，障がい当事者は日頃の自治会活動にもっと参加することが大切であると認識した。しかし，自治会役員の高齢化など課題も多くあり，今後どのように改善できるか，自治委員や民生委員，自主防災組織だけで問題を解決するには無理がある。

②日常的な地域づくりを

以上のような地域の実態から明らかになったのは，災害時における要支援者の支援の問題は，日常的な地域づくりを進めることなしには不可能だということである。

その実現には，各地域の高齢化，人口・世帯構成を含めた特性を具体的にふまえたきめ細かな把握に基づく地域づくりを進めることが必要不可欠であり，障がい当事者，高齢者はもちろんのこと，多くの人々を巻き込んだ「地域協働」を促す努力が肝要である。

期待できるのは，地域内の中学生や大学生たちだ。現状の地域の人口，年齢

構成などから考えるとかれらも支援者になりうる。しかし，かれらは学校で開催される避難訓練には参加しているが，地域主催の訓練にはほとんど参加したことがない。また，地区内にある事業所などで働く人々も同様である。こうした学校や事業所などにおいて，地域における避難訓練などに積極的に参加してもらえるよう，保護者や事業主らも含めた啓発が必要である。

(5) 福祉避難所をめぐる諸問題

　別府市では，福祉避難所として33カ所の福祉施設と協定を結んでいる。その多くは，高齢者施設，障がい者施設であり，収容人数は324名想定にとどまっており，数的にもまったく不十分な状態である。

　研修会では，福祉避難所がどこなのか知らない当事者が非常に多かった。また，一時避難所と福祉避難所の区別がつかない人も多くいる。こうした情報も当事者に周知しなければならない。

　「非常にパニックになる」「避難所で集団生活をするのは無理なので自宅で過ごす」(知的障がい)，「手話通訳がいなっかたら理解できない」(聴覚障がい)，「オストメイトは，医療よりプライバシーが問題。臭いなどあるので福祉避難所に入れるのか」(内部障がい) など障がい種別に異なった不安が出されている。また，研修会に参加した，福祉避難所に指定されているある施設からは，入居者もいるなか，限られた職員 (夜間は一人) で，外部からの避難者をどのように受け入れるのか，まったく対応できないと報告された。参加した行政職員も，現状では協定を結んでいるだけで，災害時の対応についてほとんど検討されていないと指摘している。今後，当事者と福祉避難所に指定されている事業所を交えた対応策づくりも必要である。

　別府市では，ほかに別府市旅館ホテル組合連合会 (112施設加入) と協定を結んで1万4500人程度の受け入れを見込んでいるが，宿泊客があり，ピーク時には満室になり期待できない。このため，市内のほかの機関との連携も強化する必要がある。そして何より，障がい者のさまざまな不安・ニーズを汲み取り，受け入れの質の確保をすること，また周知などが一層求められる。

(6)　避難行動要支援者連絡会議の意義とその運用のあり方「協働力」

　国の「取組指針」では，「防災部局，福祉部局が中心となり，保健関係部局，地域づくり担当部局等も参加した横断的組織」として避難行動要支援者連絡会議を設置し，通常時からの連携と役割決定を行うよう促している。

　別府市では，12の課が「インクルーシブ防災」事業に関わっている。事務局は共創戦略室防災危機管理課（自主防災組織も担当）で，連携しているのは，同じく共創戦略室の自治振興課（自治会担当），福祉共生部福祉政策課（民生委員担当），高齢者福祉課（高齢者），障害福祉課（障がい者），子育て支援課（こども関係），ひと，くらし支援課（生活保護），いきいき健幸部健康づくり推進課（経産婦，保健師），観光戦略部文化国際課（外国人支援　多文化共生），企画部総合政策課（大学連携），教育委員会社会福祉課（地域連携），スポーツ健康課（防災教育担当）が協議しながら事業を進めている。

　名称は検討委員会としているが，この会には福祉フォーラムから障がい当事者，自治会役員，大学教授，弁護士など，関係者も参加して事業運営に関わっている。

4 モデル地域で個別支援計画を作成し訓練で検証してみる

　誰も行ったことがない計画づくりだったが，当事者，家族の気持ちを大切にすることを心掛けた。地域住民の困っていることにも耳を傾け，この問題に取り組んでもらいたい人には事前に十分納得してもらえるよう説明会を繰り返し，この取り組みが被災地での命と暮らしを守るために必要なことだと認識してもらうよう考え進めてきた。ある地区長からは，「俺たちが10年後に安心して地域で暮らせるために，今俺たちががんばるんだ。いずれ，自分たちの問題になるんだから」と言ってもらった。

　モデル地区に選んだのは，津波が地域の奥まで浸水する扇状地の別府市では珍しくなだらかな地形のK自治区（移動がスムーズに行えるため，障がい者が多く住んでいて災害対応は困難だと思われる地域）である。K自治区で実現できるのであれば，自分たちのところでもやれるのではないかと思ってもらえる場所

を選んでお願いした。そして，障がい当事者や高齢者，地域住民や関係者が，①協議して，納得して，決めてもらうこと，②決して押し付けではなく，自ら判断してもらうことにこだわった。

(1) 個別計画と避難訓練の実際

個別支援計画を作成する手順として，まず当事者やご家族が自宅などの被害想定を確認し，それに備える準備をすることが大切である。そのため，別府市では国立リハビリテーションセンター研究所作成の「自分でつくる安心防災帳」を活用して，担当の相談支援専門員が障がい者や家族とともに課題を把握する作業を行う。それをもとに相談支援専門員は個別支援計画を作成し，障がい当事者（参加できない場合は家族）と一緒に，居住地域（自治会）の人との調整会議に臨み，支援してもらいたい内容を伝える。地域がそれを担えるのか，担う場合はどのような支援が可能か，さまざまな意見が出された。

そのうえで，障がい者も参加して実際の避難訓練を行い検証した。危険認知できない知的障がい者のために，住民がタイヤに毛布をかぶせるなどしたリヤカーの活用や，支援者が扱いやすいよう工夫された車いすを引っ張るロープなども効果的で，地域の可能性が示された。

参加された障がい当事者からは，「とっさの災害のときにどうしようかと思っていたが，避難できることがわかりよかった」「避難路の坂が急で，障がい者2人の家族なので，支援の方法や連絡先などわかればと思う」（車いす利用者），「避難路が急だったが，避難の仕方がわかってよかった」（視覚障がい者）などの感想が出された。参加された人からも「車いすで上れない避難路があった」「急坂なので手すりが両側にあったほうがいい」「避難路の整備も必要」などの声が上がった。

別府市K自地区の支部長からは，「避難訓練は障がい者も健常者も一緒にやることが大切だとわかった。災害に備えて活きてくる訓練だった。このような訓練がF地域をきっかけにK自治区から別府市全体に広がっていけば」という話があった。2年目はF地域全体で200人規模，3年目はM自地区での避難訓練とK自地区全体の避難所訓練へと取り組みが広がっている。

⑵　避難所運営訓練

　避難訓練終了後に，障がい者と地域，行政が一緒に行った反省会で，避難後の不安も指摘され，避難所運営訓練の必要性が浮かび上がった。

　地区の希望も受けて，2018年11月25日にK自治区全体を対象にした避難所運営訓練が地区の避難所であるK自治区の中学校で行われた。この訓練には，地元住民や障がい者，高齢者や子連れのお母さんなど要支援者を含む約500人が参加し，避難所の受け入れ体制や運営などについて踏み込んだ訓練を実施した。体育館だけでなく教室や保健室なども活用して，障がいや病気などそれぞれの人に応じた部屋を準備したり，給水車や救急車，パトカーなども実際に出動して病人の搬送や問題者への対応を行ったり，具体的な想定の下で行い，多くの課題を明らかにすることができた。

⑶　「当事者力」と「地域力」

　このように個別支援計画の作成，避難訓練，避難所運営訓練という一連の取り組みを通して，何よりも障がい当事者が自ら参加し，自由に発言でき，一緒に考え取り組むことの重要性が明らかになった。行政や地域住民がそれを理解し受け入れたことにより，課題を共有して解決に向けて力を合わせることが可能になったと考える。

　3年間の取り組みが進むに従って，「当事者力」と「地域力」の向上という目標が具体的な内容として姿を現し，行政と福祉専門スタッフらの支援を受けて作成された「個別支援計画」（災害時ケアプラン）を地域で共有しながら，当事者が参加する避難訓練と避難所運営訓練を重ねて，「理解」と「備え」と「行動力」を高めていくという，取り組みのあり方が確立されてきた。

⑷　「市民を支える支援の仕組み（案）」づくりに向けて

　災害時の要支援者支援は，平常時から仕組みとして確立しておかないと，実際に機能させることはむずかしい。そこで避難行動要支援者の個別支援計画作成を始める前から，「市民を支える支援の仕組み（案）」をイメージして取り組みを進めてきた。

平常時には障がい者団体や自治会，障がい者相談支援事業所，高齢者は地域包括支援センターなどを通してニーズを把握し共有する。発災時には「被災者総合支援相談窓口」を立ち上げ，安否確認や相談・支援に関する情報を収集し，救援に関わる関係機関・センターなどと共有し，行政・地域・専門家・ボランティアらを含めた緊急救助や物資調達などの支援に活用される。その結果情報は災害対策本部に報告され，避難生活や復興に向けた支援にも生かされる。

「支援の仕組み」づくりには，高齢者を対象にした「地域包括ケアシステム」の活用を考えている。障がい者の相談支援センターは全市一括になっているため地域対応に困難があるが，高齢者では地域包括支援センター，居宅介護支援事業所など，要支援者の居住地域の事業所が個人情報をもっており，災害時には安否確認行動や生活支援活動に移行しやすい条件がある。このため，すでにあるケアシステムを活用することによって「支援の仕組み」づくりが可能になると考え，地域住民とともに福祉専門職や関係機関と協議しながら取り組んでいる。

課題としては，福祉専門職が災害時の支援活動に関わることについて，現時点では法令や契約などに基づく明確な役割にされておらず，もっている情報に

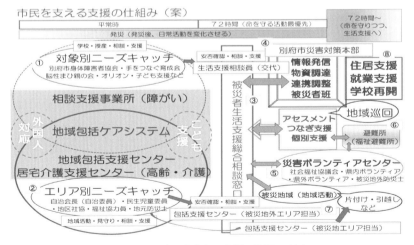

図 11-1　市民を支える支援の仕組み（案）

ついても，個人情報保護法に基づく共有体制整備が進んでいない。しかし，居住地域における支援関係者に必要なのは，要支援者が安全な場所まで避難移動すること，避難後の生活に必要な備品や環境的配慮を提供すること，平常時のサービス提供事業所につなげられる情報である。提供する情報を的確に限定することで，当事者としても，居住地域住民に情報提供することへのハードルが下がり，提供される地域住民も気持ちが楽になると思われる。

5 災害時の経験から考えるネットワークの必要性

　災害時には突発的なことが幾重にも重なって起こる。行政や専門職，企業，地域など，さまざまな団体や個人はその解決のために協働する。それは災害が発生して慌てて連絡を取り合っても間に合わない。平常時からお互いの特技や力量を具体的に知り，つながっておくことが大切である。

　筆者は，以来お手伝いにうかがった多くの被災地で，地域防災力が高い地域では平常時から多様なネットワークが構築され，有効に機能させていることを確認してきた。逆に，災害時に慌ててほかの力を借りようとした結果，善意ではあるものの対応力のない団体や個人が被災地を混乱させている場面にも遭遇している。このような経験をふまえて，ネットワークの必要性と，別府市におけるネットワークづくりを紹介したい。

(1) 地域のネットワークを基本に

　東日本大震災以降，被災地支援に駆けつける人が増えており，全国的なネットワークの役割は重要である。しかし被災地のニーズを把握して，地域と連携しながら具体的にどのような活動を行えるかがとても重要で，地域の実情を把握しないままの進言や行動は被災地・被災者を混乱させることが多い。地震や水害など同じ災害という言葉で呼ばれても，1つとして同じ災害はない。状況や地域事情が違うからである。

　他地域から支援者を受け入れ，地域で有効な活動を行ってもらうためには，地域の側にも受け入れる力が必要になる。被災地にとっては地域事情や被災者

の状況をふまえて支援活動を展開できる支援者が望まれており，地域の取り組みと相まってこそ，より大きな支援につながっていく。そのような体制をつくり出すためにも，地域のネットワークの存在が重要になってくる。

(2) 「災害時障がい者安心ネットワーク」の設立

別府市には約8800人の障がい者がいる。インクルーシブ防災事業の一環として障がい当事者を中心にしたネットワークづくりを考え，手始めに障がい者団体にアンケートを行った。その結果，「避難所，福祉避難所についての不安を感じている」などの不安とともに，「ネットワークづくりに賛同する」という声が多く寄せられた。この声を受けて福祉フォーラムの障がい当事者が中心になって開いたネットワーク準備会では，以下のような意見が出された。

災害時に必要なこと	・行政などとの連携・情報共有（安心ネットワーク） ・安否情報を把握し，迅速に支援内容を確立 ・避難所の現状報告
平常時から必要なこと	・地域ごとの組織づくり ・地域の人たちと知り合いになる ・避難所・福祉避難所を知る

「災害時障がい者安心ネットワーク」は今年（2019年）1月に設立された。まだ一歩を踏み出しただけだが，障がい者のなかには「災害が起きたら死ぬしかない」という人もいることから，障がい者自らが行動することによって，障がいのある人が「助かりたい。生きたい」という気持ちをもって，地域の人たちとも連携できるようにしたいという障がい当事者の願いが込められている。今後，障がい者を中心にしながら福祉事業所や地域などにネットワークの輪を広げていくことが必要になる。

(3) 「総合相談窓口」は平常時からの連携で

災害時は，災害による被害に加えて，日常的に問題だったこともクローズアップされる。平常時は関係団体だけがつながっていれば解決することも，災害が起きると想定されていないところで新たな課題が出てきたり，地域を回復・存続させるには，潜在的にあった問題を解決しなければならなくなる。それら

を解決するためには，多種多様な問題を解決するための全体的なネットワークが必要になる。それは，平常時から多種多様な関係者や団体が連携して問題解決ができる人材を育成し，問題解決できる組織を育てるためのネットワークなしにはできないものである。筆者は，そのネットワークこそ，災害時に被災者がさまざまな問題を相談することができ，必要な支援を受けることができる「総合相談窓口」を担う実体になるものと考えている。

この「総合相談窓口」を平常時から実質的に機能させることで，災害時にも混乱なくネットワークを活用した運営ができ，大きな役割を担うことができるようになる。災害時の窓口を担う人たちは，知識や能力だけでなく，地域や各種団体・企業などからの信頼が必要になるが，平常時の顔の見えるネットワークはその力を育む重要な場になると思われる。行政も関わって，この「相談窓口」を早急に構築して，担当者を育成するべきだと強く願っている。

6 SDGs と地域防災―その課題と展望

別府市の取り組みの出発点は，全国各地の被災現場に駆けつけた際に気づいた「避難所に障がい者がいない」という現実だった。そして，障がい者の防災に取り組みはじめて気づいたことは，障がい者を含む災害時要支援者を支えるべき地域が高齢化し，弱い立場の人たちを支える気力をなくしかけているという事実だった。このままでは，障がい者だけでなく，多くの地域が先細りになっていくといわざるを得ないような現実があった。

しかし，障がいのある人たちと一緒に地域に入っていくと，高齢化した地域の担い手の人たちには暖かさがあり，人と地域を守りたいという熱意があることが伝わってきた。障がいのある人たちの命と健康を守る防災の取り組みは，じつは地域全体のあり方と存続をかけた取り組みと不可分のものであることがわかってきた。

障がい者と初めて出会うことで，地域の人たちは障がい者と心を通わす喜びを知った。障がい者も，「私はこんなあたたかい地域に住んでいることを初めて知った」という言葉に象徴されるように，地域の人たちのあたたかさを知る

ことになった。障がい者も地域の人たちもお互いに元気をもらっていると感じることができるようになった。そして、「防災のあり方を変えることは地域を変えること」ということに気づいた。

このことから、地域防災がSDGsの取り組みにおいて果たすべき役割は、要支援者の命と健康を守ることにとどまらず、持続可能な地域づくりに大きな役割をもっていると考えている。

当初のヒアリングで聞かれた、「災害が起きたら死ぬしかないよね」とヘルパーと話している人たちのあきらめにも似た気持ちを変えていくには、その人たちに寄り添ったきめの細かい支援が必要だ。取り組めば取り組むほど、課題は広がり役割は大きくなっていくが、「別府モデル」と呼ばれるようになったこの取り組みを、障がい者らの要支援者、地域住民、企業、福祉関係者、行政など、多様な組織や団体にも協働を広げながら、さらに進めていきたいと考えている。

[村野 淳子]

本章を深めるための課題

1. 家族に災害が発生したときの行動を決めているか確認しよう。
2. 福祉フォーラム in 別杵・速見実行委員会の活動動画を検索してみよう。
3. 第3回国連防災世界会議「仙台防災枠組み2015‒2030」を調べてみよう。

注
(1) NHK ハートネット https://www.nhk.or.jp/heart-net/article/10/#p-articleDetail__section--01

参考文献
福祉フォーラム in 別杵・速見実行委員会「2016 年度・2017 年度・2018 年度報告書」

第4部
社会存続としてのパートナーシップ

第12章
権利に基づくパートナーシップ

KeyWords

□SDG16　□参加原則　□オーフス条約　□アクセス権の保障　□マルチステークホルダー・アプローチ

　SDG16は，持続可能な発展における参加の重要性を強調している。参加原則は，情報アクセス権，決定への参加権および司法アクセス権という3つのアクセス権の保障を核心とする（リオ宣言第10原則）。政策決定には幅広い市民の参加が不可欠であり，参加するためには正確かつ最新の情報が必須であり，みんなで決めた法律を守らない人がいたら裁判所を通じて是正してもらう必要がある。それゆえ，パートナーシップを推進するうえでも，3つのアクセス権の保障という視点が欠かせない（権利に基づくアプローチ）。

　SDG16は，民主主義と法治主義に不可欠の要素として，これら3項目を盛り込んでいるが（ターゲット16.3，16.7，16.10），環境分野では，参加原則に関する「オーフス条約」により，アクセス権の内容がより具体的に定められている。本章では，自主的取り組みの促進を中心とする日本のパートナーシップ政策の特徴を明らかにしたうえで，国際的基準に照らし，権利に基づくアプローチを強化する必要性について論じる。

1　参加の権利とパートナーシップ

(1)　参加原則とSDG16

　あらゆる主体の参加は，持続可能な発展の鍵とされてきた。国連の「発展の権利に関する宣言」（1986年）は，すべての個人の積極的で自由かつ意義のある参加と，その利益の公平な配分を発展の基本としている。また，「環境と開発に関するリオ宣言」（リオ宣言）（1992年）の「第10原則」は，「環境問題は，それぞれのレベルで，関心のある全ての市民が参加することにより最も適切に扱

われる」と述べ，情報アクセス，決定への参加および司法アクセスを参加の3本柱（以下，参加原則）として掲げている。

　地球サミットから20年の節目となる2012年のリオ＋20に採択された成果文書「我々が望む未来」においても，参加と民主主義が持続可能な発展（SD）に不可欠の要素であることが「共有するビジョン」として明記されている（10項，13項）。また，参加に関する独立の節が設けられ（ⅡC：42-55項），幅広い市民の参加，情報アクセスおよび司法アクセスの重要性，メジャーグループその他ステークホルダーの意味のある積極的な参加の重要性が強調されている（43項）。さらに，SDの制度的枠組のなかでも，改めて環境分野の参加原則の促進が明記されている（ⅣE：99項）。

　このような歴史的背景のもと，2015年に国連で採択された「我々の世界を変革する：持続可能な開発のための2030アジェンダ」（2030アジェンダ）は，世界人権宣言，国際人権諸条約などを主要原則とし，SDに係るこれまでの成果文書（リオ宣言など）の基礎のうえにアジェンダが実施されるべきことを確認し（10-11項），人権の尊重，司法アクセスの提供，実効的な法の支配，すべてのレベルでのグッド・ガバナンス，公正かつ包摂的な社会の構築をめざすことを掲げている（35項）。

　このことを受けて，SDGsにおいても，目標5，6，16，17など多くの目標に，参加に関わる事項が盛り込まれている。とくにガバナンスに関するSDG16は，平和で包摂的な社会の促進，すべての人々への司法アクセスの提供，効果的で説明責任のある包摂的な制度の構築を掲げ，①法の支配の促進と平等な司法アクセスの保障（ターゲット16.3），②あらゆるレベルでの参加型の意思決定の保障（16.7），③情報アクセスの保障（16.10）を掲げている。これらのターゲットは，参加原則の3本柱の実現を求めるものである。

(2)　参加とパートナーシップ・協働

　リオ宣言の前文では，国家，社会の重要なセクターおよび人々の新しいレベルの協力を生み出すことによる新しい公平な「グローバル・パートナーシップ」の構築がうたわれていた。2002年のヨハネスブルグ・サミットでは，国家間

の合意文書に加え，「タイプ2パートナーシップイニシアティブ」（タイプ2）が
とりまとめられた。タイプ2は，国家間の合意を必要としない，政府，NGO
などによる自主的なプロジェクトであるが，どのような自主的取り組みでもよ
いわけではなく，原則指針が設けられている。そのなかでは，自発性の尊重，
透明性と説明責任などと並び，「マルチステークホルダー・アプローチ」が掲
げられている。ここでいうマルチステークホルダー・アプローチとは，課題に
応じすべてのパートナーが初期の段階からパートナーシップの発展に関与する
真の参加型アプローチであり，その発展段階に応じ，新たなパートナーに同じ
条件で参加できる機会を付与するオープンなアプローチであるとされている[1]。

　アジェンダ2030の前文も，すべての国，すべてのステークホルダーおよび
すべての人々の参加を得て，再活性化されたグローバル・パートナーシップを
通じてアジェンダの実施に必要な手段を動員すると述べている。また，SDG17
は，マルチステークホルダー・パートナーシップ（17.16-17.17）をターゲットと
して掲げているが，ここでいうマルチステークホルダー・パートナーシップも，
タイプ2の原則指針に即して解釈されるべきものである。

　「パートナーシップ」は，しばしば「協働」と同義に用いられているが，「協
働」自体，きわめて多義的な概念である。日本では，「第3セクター」という
用語が，「NGO/NPOセクター」という意味に用いられたり，「公民の共同出
資組織」という意味に用いられたりしてきたが，「協働」概念も，行政実務に
おいて，根本的に異なる主に2つの意味で用いられてきた[2]。第一は，行政，
市民，NGO/NPO，事業者など立場の異なる主体が，対等なパートナーとして
連携・協力して，さまざまな社会問題・公的課題に取り組むという意味である
（多元的協働概念）。第二は，規制緩和や行政の効率化の観点から行われる公的
任務（とくに公共サービス）の民間開放の形態をさす（分担的協働概念）。

　いずれの概念も公的任務をどのように実施するかという観点から立てられた
概念ではあるが，第一の協働では，多様な価値を政策決定に反映するために，
異なる価値観・能力を有するさまざまな主体が，どのように協議し，合意形成
を図るのかが重視され，マルチステークホルダー・アプローチが基本とされる。
これに対し，第二の協働をめぐっては，ある公的任務を行政が行うのか，民間

が行うのかという役割分担に焦点が当てられ，多様な主体の参加や合意形成は不可欠の要素ではない。そのため，公的任務の民間開放に関する民主的コントロールの確保という観点から，その基準，限界などが議論されてきた。

　法律において「パートナーシップ」という用語を用いた例はないが，「協働」という言葉は，現在の「環境教育等による環境保全の取組の促進に関する法律」（環境保全取組促進法）で「協働取組」という用語が初めて用いられて以降（2条4項），いくつかの法律で使用されている。同法では，「国民，民間団体等，国又は地方公共団体がそれぞれ適切に役割を分担しつつ対等の立場において相互に協力して行う」環境保全取組を協働取組と呼び，「協働取組の推進」という節を設けて（21条以下），政策形成への民意の反映，協定の締結・協議会の設置等に関する規定をおいている。自治体においても，多元性，自主性，対等性などを基本的な要素とする多元的協働概念が，自治基本条例や参加・協働条例に幅広く用いられている。参加・協働条例のなかには「パートナーシップ」という用語を使用しているものもあるが（「高知市市民と行政のパートナーシップのまちづくり条例」など），基本的に多元的協働と同義に用いられている。

　また，日本では，「参加と協働」というように，「参加」と「協働」を並べて語ることが少なくない。多元的協働は，市民，NGO/NPOなどを主体的な公共の担い手として位置づけるという点に特徴があり，公的任務の帰属先という観点からみると，①国または自治体の行政過程に市民，NGO/NPOなど多様な主体が参加する場合，②市民，NGO/NPOなどの民間非営利活動を国・自治体が支援する場合，③国または自治体が，公的任務をほかの主体との協働事務・事業として実施する場合（狭義の協働）が含まれる。市民参加についてもさまざまな定義が存在するが，共通しているのは，行政過程に市民の意見を反映させるという点であり，その意味で，協働は参加よりも広い概念であるといえる。

(3)　権利に基づくアプローチの重要性

　リオ宣言以降，国際レベルでも，各国レベルでも，参加原則の重要性が認識され，その強化が図られてきた。参加原則の促進にあっては，参加の権利を幅広い市民に保障するという考え方（権利に基づくアプローチ：rights-based

approach）と，市民の自主的取り組みを推進するという考え方（ボランタリーア
プローチ）がある。権利に基づくアプローチは，もともと発展・開発援助の分
野を中心に提唱されてきた概念である。たとえば，国連人権高等弁務官事務所
（OHCHR）によれば，権利に基づくアプローチとは，「規範的には国際的な人権
基準に基づき，実践的には人権の促進と保護をめざす人間の発展プロセスのた
めの概念枠組み」であり，発展の政策は，単なる慈善では足りず，国際法に基
づく権利とこれに対応した義務の体系を基盤とし，とくに最も疎外されてきた
人々を政策形成に参加させることにより，発展の持続可能性を促進するもので
あるとされる[3]。

　リオ宣言第10原則は権利という言葉を用いてはいないものの，権利に基づ
くアプローチを欠いたボランタリーアプローチでは，参加原則の実効性を確保
することはできない。それゆえ，権利に基づくアプローチを基礎としたうえで，
プロアクティブな参加の促進が図られるべきである。このような認識に立って，
環境分野では，①情報アクセス権，②決定への参加権，③司法アクセス権の3
つを手続的権利（アクセス権）として保障するために，「環境問題における情報
へのアクセス，意思決定への市民参加及び司法へのアクセスに関する条約」（1998
年；以下，オーフス条約），「ラテンアメリカ・カリブ諸国における環境事項に
係る情報，参加及び司法アクセスに関する地域協定」（2018年；以下，エスカズ
協定）という国際条約および地域条約が採択されている。

　ほかの分野に先駆けて，環境分野でアクセス権の保障が進んでいる背景には，
第一に，近年，環境と人権の関わりに対する認識が高まっていることがある。
環境権を憲法・法律に明記する国が急増し，アクセス権は環境権の手続的側面
（手続的環境権）として捉えられるようになっている。国連加盟国の過半数が何
らかの環境規定を憲法においており，「環境立憲主義」（environmental
constitutionalism）という言葉も生まれている[4]。ボイド（Boyd, David. R.）の最
近の論文によれば，環境権を認める国は，少なくとも155カ国に及ぶ[5]。

　第二に，民主主義の観点からは，アクセス権は参加民主主義，熟議型民主主
義の基盤となる権利として位置づけられる。環境分野では，弱者，将来世代，
自然の権利など，伝統的な議会制民主主義を通じた多数決原理では適切に反映

されにくい権利利益が問題になることが少なくない。そこで，1990年代後半になると，「環境民主主義」(environmental democracy) というスローガンのもと，アクセス権の保障が求められるようになった。

　第三に，最近では，環境法の執行の欠缺の是正という観点から，とくに司法アクセス権と司法の役割が重視されている。各国で環境法の整備が進んだにもかかわらず，それが遵守されないために環境問題が改善されないという認識のもと，市民，NGO/NPO などが環境法規違反に対し公益訴訟を提起できるようにして，司法コントロールを強化する必要があるという考え方が浸透し，UNEP は，「環境上の法の支配」(environmental rule of law) という新たな概念を提唱している[6]。

　マルチステークホルダー・アプローチにおいても，誰が重要なステークホルダーであるのかは，それぞれの課題と関係者の関わりの性質，程度により異なるから，参加者がどのような権利利益や関心を有しているのかは，パートナーシップの枠組みを左右する重要事項である。環境分野では，環境を利用する人の権利利益は伝統的に財産権や経済活動の自由などとして保護されてきたのに対し，環境を保護しようとする人の利益は公益とみなされがちであった。そのために，環境分野ではアクセス権保障のための市民参加条約が率先して整備されてきたが，アクセス権の保障とそれを基礎としたマルチステークホルダー・アプローチの重要性は，福祉，まちづくり，防災など，ほかの分野においても同様に妥当する。

2 アクセス権の保障とオーフス条約

(1) オーフス条約の目的と一般原則

　オーフス条約は，第10原則を具体化するための環境分野の市民参加条約であり，国連欧州経済委員会 (UNECE) の枠組みで，1998年にデンマークのオーフスで採択された[7]。オーフス条約は2001年に発効し，現在，全 EU 構成国，EU をはじめ，47の国・地域が加盟しているが，日本は批准していない。欧州の地域条約であると思っている人もいるが，欧州以外にも開かれたグローバル

な条約であり，締約国会議の承認を得て日本も加盟できる。

　オーフス条約は，目的規定に，アクセス権を保障し，環境権の保護に寄与することを掲げている（1条）。その基礎には，国家があらゆる社会問題を自身で解決するのは困難であり，社会の多様な主体が参加する透明かつ公正なプロセスを設け，それを維持する役割を果たすという新たなアプローチがある。

　オーフス条約は，自国民であるか否かを問わず（非差別原則）（3条9項），締約国の市民に対する最低限の義務（同5項）を定めている。オーフス条約にいう「市民」（public）とは，自然人，法人，各国の法令・慣行に基づく法人格のないグループを含む幅広い概念である（2条4項）。

　オーフス条約では，市民と関係市民（public concerned）が区別されており，いくつかの事項は関係市民に保障される。関係市民とは，決定により影響を受ける可能性があり，または決定に関心を有する市民をいう。環境保護を促進し，かつ，国内法の要件を充たすNGOは関係市民とみなされる（2条5項）。関係市民は市民よりも狭い概念ではあるが，このなかには，事実上の利益を含め，幅広い利害を有する者が含まれる。また，環境問題の解決に果たすNGOの役割に鑑みて，締約国は環境NGOを適切に承認し，支援を提供しなければならないとされ（3条4項），NGO法制の整備も求められている。

　日本でも，国の情報公開制度や環境アセスメント（以下，アセス）制度において，実質的に，オーフス条約と同様の広い市民概念が採用されている。関係市民に関連する概念としては，「利害関係人」「利害関係を有する者」「関係団体」などの用語が法律で用いられている。その意味については，それぞれの法律の解釈によることになるが，「社会教育関係団体」（社会教育法10条）のように，法人格のない団体も含む広い定義規定がおかれている場合もある。

⑵　情報アクセス権の保障

　条約の第一の柱は，情報アクセス権の保障であり，開示請求権の保障（4条）と環境情報の収集・普及（5条）から構成される。

　①開示請求権の保障

　情報公開については，第一に，あらゆる市民に環境情報の開示請求権を保障

する必要がある。オーフス条約の特徴は，幅広い公的機関が情報公開の実施機関とされていることであり，国，自治体，国営企業・準政府機関などに加え，行政の管理のもとで環境に関連する公共サービスを提供する民間の公益事業者も，情報公開を実施する義務がある（2条2項）。この規定は，行政の民営化により環境情報の公開が後退することのないようにするための規定であり，一定の電気，ガス，水道，鉄道会社なども直接情報公開の対象となる。ただし，情報公開の対象となる情報は「環境情報」（同3項）に限られるため，環境情報該当性が頻繁に争われている。

日本では，一般的な情報公開法により情報公開が行われるから，環境情報の範囲をめぐる争いはないが，民間事業者は情報公開の対象ではない。特殊法人であっても，たとえば，新関西国際空港株式会社は独立行政法人等情報公開法の対象であるのに対し，各高速道路株式会社は対象外であるなどの違いがある。

第二に，オーフス条約においても，日本と同様に，一定の個人情報，法人情報，国防情報等の不開示は認められている。ただし，環境への排出情報を営業の秘密を理由に不開示とすることは許されない。また，不開示の判断に当たっては，開示することにより得られる公益や環境への排出との関連性を考慮しなければならないとされ，公益判断に当たっては，参加に必要な情報か否かが重要な判断要素となる。

日本でも，人の生命，健康，生活または財産を保護するため公にすることが必要な法人情報は不開示情報から除外され（情報公開法5条2号ただし書），不開示情報一般について，公益上とくに必要があるときは開示できる旨（公益上の裁量開示）の規定があるが（同7条），その実例は限られており，健康被害に至らない環境情報や参加に必要な情報を裁量開示するという発想には乏しい。

②情報の収集・普及

オーフス条約は，現に保有する情報の開示だけではなく，情報の積極的な収集・普及を義務づけている（5条）。

第一に，公的機関は，①環境情報を保有・更新し，②環境に重大な影響を与える情報を収集するための強制力のある仕組みを構築し，③人間の健康・環境に切迫した脅威がある場合に，影響を受ける市民に，すべての保有情報を直ち

に遅滞なく提供しなければならない（5条1項）。日本では，事故時における事業者の行政への通報義務は定められており（大気汚染防止法17条など），光化学スモッグなどの注意報規定もあるが（同23条1項），事故情報の市民への周知義務が定められているのは，原発事故などの場合に限られている。

　第二に，環境情報への実効的なアクセスと利用しやすさに関しては，①インターネットを通じた基本情報の提供促進，②国家による定期的な環境報告書の作成・公表などが定められている（5条2項ないし5項・7項）。

　近年は，公的機関，研究機関などの測定・調査データをオープンデータとして誰でもが活用できるようにすることが重視されている。さらに，市民科学（citizen science）の動きが広がるなかで，政策決定にあたり，市民が収集したデータを専門家のデータとともに考慮するように求める運動も盛んになっており，いわば情報生産者としての市民の権利も主張されるようになっている。

　第三に，事業者の情報提供の促進策としては，①エコラベル，環境監査などを通じた市民への環境情報の提供促進，②環境上の選択を可能とするような製造物情報が消費者に提供されるようにすること，③PRTR（化学物質排出移動量届出制度）制度の構築などが定められている（5条6項・8項・9項）。とくに，PRTRについては，2003年にPRTR議定書（キエフ議定書）が採択され，2009年に発効している。同議定書については，オーフス条約非締結国も批准可能であるが，日本は未加盟である。

(3)　行政決定への参加権

　オーフス条約は，参加権の保障について，①環境に影響を及ぼす主な許認可（6条），②計画・政策など（7条），③行政立法（8条）に分けて定めている。以下では，とくに重要な①について述べる。

　個別の許認可への参加に関してはオーフス条約6条に規定されているほか，オーフス条約締約国会議において，「環境事項における決定への実効的な市民参加の促進に関するマーストリヒト勧告」（以下，勧告）が採択されている[8]。

　オーフス条約は，まず，参加の対象となる許認可について，詳細なリスト（付属書Ⅰ）を設けており，そのなかには各種の企業活動も含まれる。これに対し，

日本では，そもそも多くの環境法において，工場などの設置が許可制ではなく届出制とされているため，廃棄物処理施設のように許可制が採用されている場合を除き，参加の機会が限られている。大規模インフラ事業，発電所など，環境影響評価法が適用される事業は参加の対象となるが，それ以外の民間事業については，環境影響評価条例が適用されないかぎり参加手続が設けられていないことのほうが多い。

つぎに，具体的な参加手続に関し，オーフス条約は，第一に，関係市民への告知は，①意思決定手続の初期の段階で，時宜を得て，②適切かつ効果的に，③公告により，または個別に行うべきであるとし，告知すべき具体的な内容（意見・質問の提出先，タイムスケジュールなど）が列挙されている（6条2項）。

勧告は，告知の方法についても詳細に記述しておりケースバイケースでの個別通知が推奨されている（21項，70項）。また，適切な告知のためには，そもそも関係市民の範囲を明確にする必要がある。この点について勧告は，その事業との関係でステークホルダーを明確に特定することが，実効的な市民参加の鍵であるとしたうえで，①強力なロビーグループや政策決定者と特別の関係にある者のように，決定プロセスの透明性やバランスを損なう可能性のある者を明らかにし，公正な手続が維持されるようにモニタリングすること，②さまざまな理由からコンタクトをとるのがむずかしい集団を明らかにし，その人たちに配慮することなどを求めている（20項）。

日本では，許認可の相手方，土地所有者等の権利者以外の者に対し参加の個別通知が行われることは稀であり，そもそも事業計画の存在そのものが知られていないことが多い。また，個別の事案に即して利害関係人を特定して参加が困難な状況にある人々を把握し，事業の影響等を伝えるという発想は乏しく，勧告には参考となる点が少なくない。

第二に，意思決定に実効的に参加するための時間的余裕を確保し，手続の告知から決定の告知に至るまで，各段階に応じた合理的な時間枠を設定することが求められている（条約6条3項）。勧告では，合理的かどうかは，事業の性質，複雑性，規模，潜在的な環境影響，文書量などを考慮して決せられるべきものとされており（72項），同じ期間であっても，小さな事業については合理的だが，

大きな事業については不合理と判断される可能性がある。オーフス条約遵守委員会の判断には，意見提出期間が国の一般祝日を含めて20日間というのは不合理であるとした事例がある[9]。日本では，アセスの場合のように，1カ月半の意見提出期間が設けられている例もあるが，個別の許認可については2週間とされている場合も多く，本来必要な期間が確保されているかどうか，精査が必要である。

　第三に，参加の時期については，いわゆるゼロオプションを含めたあらゆる選択肢があり，市民が効果的に参加できる早い段階で参加を実施する必要がある（条約6条4項）。原発や遺伝子組換作物の導入など，その国で今まで未利用の技術や高いリスクを伴う事業が問題となる場合には，この点がとくに重要である（勧告16項）。

　第四に，事業者には，許認可申請の前に関係市民を特定し，情報を提供し，討議を行うことが奨励されている（条約6条5項）。ただし，行政庁は，事業者が正確で信頼できる情報を提供しているか，意見操作が行われていないかどうかをチェックすべきであるとされる（勧告83-84項）。

　第五に，参加に必要な情報に関しては，環境への著しい影響とその低減措置，わかりやすい要約，代替策を含め，無料かつ速やかにアクセスできるようにしなければならない（条約6条6項）。勧告では，類似事業の従来の許可状況，当該事業者の処分歴なども関連情報として例示されている（88項）。

　第六に，参加の手法については，書面，公聴会・聴聞会があげられている（条約6条7項）。勧告は，とくに公聴会について，①各発言に適切な注意を払えるようにするために，一日の開催時間は8時間までとすること，②事業者のプレゼンテーションよりも，市民の発言に時間を割くべきことなど，詳細な内容を盛り込んでいる（116-122項）。日本の参加方式は，そもそも意見書の提出によることが多く，対面型の公聴会などを義務づけている例は少ない。また，公聴会が開催される場合でも，あらかじめ決められた公述人が意見を述べて2時間程度で終了するのが通例であり，大きな違いが認められる。

　第七に，加盟国は，市民意見が適切に考慮されるように確保しなければならない（条約6条8項）。適切な考慮とは，意見聴取で出されたさまざまな見解を

必要に応じ参加者と議論し，トレースできるかたちで評価し，考慮することであるとされている（同129項）。また，とくに重大な環境影響を伴う場合や多数の人に影響を与える場合には，意見を提出した人々と会合を開いて，なぜ意見が採用または採用されなかったのかを説明することが望ましいとされている（同134項）。これに対し，たとえば日本の環境影響評価法では，事業者が市民意見に対する見解を書面に記載し，地元自治体が市民意見に「配意」するよう定められるにとどまっており，オーフス条約の仕組みとは，大きな違いがある。

　第八に，行政庁の決定については速やかに市民に知らせ，市民が，その理由などにアクセスできるようにしなければならない（条約6条9項）。これに対し，日本では，許認可の理由の公表を義務づける規定はほとんど存在しない。

(4)　司法アクセス権

　オーフス条約9条は，司法アクセス権の保障に関し，まず，①環境情報の不開示決定（1項），②同条約により参加権の保障が義務づけられている事業の許認可（2項），③私人または公的機関の②以外の作為・不作為（3項）に分けて，原告適格に関する規定をおいている。また，仮の救済を含め適切かつ実効的な救済を提供し，訴訟費用が不当に高額とならないようにし（4項），情報提供や資金援助など，訴訟援助のための仕組みを検討するように加盟国に義務づけている（5項）。このように，オーフス条約には，原告適格のみならず，司法アクセスに関する包括的な規定が含まれている。

　日本の司法アクセスにはさまざまな課題があるが，環境訴訟が直面している最大の問題は，原告適格の狭さである。日本とオーフス条約加盟国とで大きな違いがあるのは，情報公開以外の訴訟の原告適格である。オーフス条約9条2項は，原則として，十分な利益を有する関係市民が，許認可の手続的，実体的違法を争えるようにすることを求めている。ここでいう十分な利益は法的利益に限られず，事実上の利益も含む広い概念として理解されている。オーフス条約は，各国の司法制度の違いを考慮して，加盟国が権利侵害を原告適格の要件とすることも認めているが，その場合でも，広範な司法アクセスを保障するという条約の目的と矛盾しないようにする必要があり，かつ，環境団体訴訟の導

入は不可欠とされている。訴訟を提起できる環境 NGO の要件については，団体の目的（環境保護）や活動実績（2～3年）のみを要件とする国が多く，厳格な要件を設ける国は限られている。

　さらに，9条3項は，各国が定める要件のもとで，9条1項・2項の対象とならない私人または公的機関の環境法規違反行為について，市民がこれを争うことができるようにすることを義務づけている。この規定は，私人に対する訴訟も対象としている反面，原告適格の要件について，より広い裁量を各国に認めているが，あらゆる環境法規違反行為について司法コントロールの可能性を確保することがめざされている。

　これに対し，日本で許認可を争うためには，「法律上の利益」（行政事件訴訟法9条1項）が必要とされ，判例は，ここでいう法律上の利益は，処分の根拠法規により保護された個別具体的な利益でなければならないとしている。2004年には原告適格の実質的拡大を目的とする法改正がなされたものの（9条2項参照），判例のこの考え方には変化がない。また，生命・健康等に関わる事案では判例を変更して原告適格が拡大されているが（小田急高架化訴訟に関する最判平成17・12・7民集59巻10号2645頁），日本の判例が環境権を認めていないこともあり，生命・健康以外の生活環境，自然・文化財保護に関する訴訟では，住民などの原告適格が否定され，訴訟が却下（門前払い）となることも珍しくない。さらに，参加手続が設けられている場合でも，たとえば，判例はアセスにおける参加を権利として認めていないため，仮に手続に瑕疵があっても，参加権を根拠としてアセスのやり直しを求めることはできないのが現状である（辺野古アセスやり直し訴訟に関する福岡高那覇支判平成26・5・27LEX/DB25504223）。

　日本の行政訴訟で原告適格がとくに問題になっているのは，景観・自然・文化財保護，まちづくり，消費者保護など，幅広い市民の利益に関わる分野である。国際的にみると，原告適格が法律・判例により狭く解釈されてきた国では，法の支配を貫徹するために，市民訴訟，団体訴訟などの公益訴訟を導入する傾向にある。日本でも，消費者保護の分野では団体訴訟が認められているが，環境団体訴訟は導入されていない。そのため，ほかの公益訴訟（地方自治法242条の2に基づく住民訴訟）を環境訴訟として活用する工夫もなされてきたが，本

来の目的が異なることに由来する限界がある。

　環境公益訴訟は，オーフス条約加盟国のみならず，インド，インドネシア，タイ，台湾，中国，フィリピンなど，アジア各国でも認められている[10]。日本は，そのような世界的な改革の動きから取り残されているが，そのこと自体，行政および司法関係者の間ですら十分認識されていない。

3　権利に基づくアプローチの強化を─その課題と展望

　日本では，1990年代から，参加・協働の推進が重要な政策課題とされてきた。特定非営利活動促進法が制定（1998年）・強化（2011年）され，協定制度（環境保全取組促進法21条の4など），協議会制度（自然再生推進法8条など），提案制度（都市計画法21条の2など）といった新たな仕組みも次々に法定された。これらの仕組みは，基本的にボランタリーアプローチに位置づけられるが，たとえば，消費者分野では，消費者基本法にアクセス権が明記されており（2条），2006年に消費者団体訴訟が導入されている。また，条例レベルでは，400以上の自治基本条例，参加・協働条例に参加権が明記されている[11]。これに対し，環境，エネルギーなどの分野では，権利に基づくアプローチの観点から参加権を強化し，公益訴訟を導入するという動きは主流化されてこなかった。

　現在の日本のSDGsアクションプラン2019をみても，アクセス権に係る国内の施策としては，総合法律支援，公益通報者保護制度などに関する記載があるにとどまり，法の支配の促進策は国際協力が柱とされている。2018年に策定された第5次環境基本計画は，SDGsとの関係を重視し，パートナーシップの充実・強化を掲げているが，その内容はボランタリーアプローチの促進であり，SDG16との関係も意識されていない。

　しかし，リオ宣言以来の参加原則の国際的な展開をふまえれば，本来，SDG16の実現にあたっては，オーフス条約の基準が参照されるべきであり，中南米におけるエスカズ協定[12]の採択も，SDG16を強く意識したものである。ボランタリーアプローチの実効性を高めるうえでも，権利に基づくアプローチは重要であり，両方のアプローチが相互に不可分であることをふまえた改革が切

に望まれる。

［大久保 規子］

本章を深めるための課題

1．SDGs の各目標を「アクセス権の保障」という観点から掘り下げてみよう。
2．なぜ環境分野で「アクセス権の保障」が進んでいるのか。事例を活かして考察をしてみよう。
3．自分の住んでいる地域にどのような参加条例があるのかを調べて，オーフス条約の仕組みと比べてみよう。

注
(1) タイプ2については，たとえば，「エネルギーと環境」編集部編・環境省地球環境局編集協力 (2003)『ヨハネスブルグ・サミットからの発信』エネルギージャーナル社，270 頁以降参照。
(2) 大久保規子 (2011)「協働の進展と行政法学の課題」磯部力・小早川光郎・芝池義一編『行政法の新構想 I ―行政法の基礎理論』有斐閣，223 頁以降。
(3) OHCHR (2006) *Frequently Asked Questions on A Human Rights-Based Approach to Development Cooperation*, p.15.
(4) J. R. May and E. Daly (2014) *Global Environmental Constitutionalism*; UNEP (2017) *New Frontiers in Environmental Constitutionalism*.
(5) David R. Boyd (2018) Catalyst for change: evaluating forty years of experience in implementing the right to a healthy environment, in J. H. Knox and R. Pejan (eds.) *The Human Right to a Healthy Environment*, pp.17–23.
(6) UNEP, Decision 27/9, 2013.
(7) 条約の制定経緯と概要についてはたとえば，高村ゆかり (2003)「情報公開と市民参加による欧州の環境保護」『静岡大学法政研究』8 巻 1 号，178 頁以降参照。
(8) UNECE (2015) *Maastricht Recommendations on Promoting Effective Public Participation in Decision-making in Environmental Matters*.
(9) See the findings of the Compliance Committee on communication ACCC/C/2008/24 concerning compliance by Spain (ECE/MP.PP/C.1/2009/8/Add.1), para. 92.
(10) 大久保規子 (2017)「参加原則と日本・アジア」『行政法研究』18 号 1 頁以降。
(11) グリーンアクセスプロジェクトの参加・協働条例データベース http://greenaccess. law.osaka-u.ac.jp/law/jorei/list 参照。
(12) エスカズ協定については，大久保規子 (2017)「ラテンアメリカ・カリブ地域における環境分野の市民参加協定―リオ第 10 原則の履行強化に向けた交渉の経緯と現状―」『現代法学』33 号 67 頁以降参照。

第13章
行政参加の仕組み構築と対話の場づくり

KeyWords
□協働とパートナーシップ　□市民案による条例改正　□多様な主体による持続可能な地域づくり　□主語を変える　□議論の場をもつことを定める　□モデル事業から一般政策へ　□伴走支援　□ソーシャルインパクトボンド　□民の公共

　1999年に横浜市で「市民活動と行政が協働して公共的課題の解決にあたるため，協働関係を築く上での基本的な事項を定め，公益の増進に寄与することを目的」として「横浜市における市民活動との協働に関する基本方針」いわゆる「横浜コード」が提案されて以来，地方自治体では協働というキーワードがまちづくりにおいて重要であるとされ，それを実現するためにさまざまな条例やガイドラインなどのルール（「指針やガイドラインなど理念やプロセスを示す文書」）が各地で定められた。SDG17は「さまざまなパートナーシップの経験や資源戦略を基にした，効果的な公的，官民，市民社会のパートナーシップを奨励・推進する」とされており，まさしくこの20年にわたる「協働」の経験や教訓がSDGsの達成に活かされるべきである。

　日本の，とくに地方都市においては人口減少と大都市への一極集中による影響が深刻化しており，あらゆる産業における人手不足だけでなく，自治会などの互助的な活動や，行政から委託される行政委員らの地域活動の役職も担い手不足で機能しない状況が生まれてきている。この状況へ対応するには，行政と民間の対話を深め，協働による事業をより積極的かつ効果的に生み出すように仕組みを変えていく必要がある。

　本章では，地方都市での実践からパートナーシップによる具体的な行動を生み出すための対話の場づくりの重要性とそれを仕組みにする必要性を解説する。

１ 協働の経験を活かして踏み込んだ取り組みを促す仕組みをつくる

　SDGsに対する認知が高まり，NPO/NGOや企業，大学，労働組合などが，

それぞれ各地で取り組みを行い，また全国的な動きも増えていくなかで，SDGsへの取り組みを始める自治体も増えている。多くの自治体では，17目標を現在取り組んでいる政策に当てはめてその達成への寄与を示すことから始めることが多いが，各目標の多くは当然ながら各部署の多くの政策と重なっている。そこでもう一歩踏み込むべきは，SDGsの目標をもとにして各地域における問題構造の把握と分析を行い，そこから協働＝パートナーシップによる取り組みへとつなげることである。たとえば，SDG1.2は「2030年までに，各国定義によるあらゆる次元の貧困状態にある，すべての年齢の男性，女性，子どもの割合を半減させる」であるが，たとえば日本において相対的貧困率が高いといわれるシングルマザーの支援を行うためには，養育費の支払いの問題，雇用の問題，居住の問題，子どもと自身の教育や健康の問題などさまざまな要素があり，その解決には離婚調停に係る弁護士などや雇用に関係する企業，居住に係る不動産会社，教育は学校や学習塾，そしてそれぞれに係るNPO/NGOとさまざまな関係機関が協働，つまりパートナーシップを組んで取り組まなければ，問題構造の分析さえできない。

そこで重要なのは「対話」である。1つの事象，一人の要支援者に対してもさまざまな問題が複合するなかで，その構造を理解するためには，関係する組織が対話し，課題の共有から分析を行い，そして協働による解決策構築を進めなければならない。そして，対話の次には具体的な事業立案になるが，これまでの日本における協働事業は，単一のNPO/NGOと行政の一部署とが行うプロジェクトや行事が多く，構造的な解決に踏み込めていないことが多い。また一般政策ではなく単発の補助事業が多く，継続的なアプローチにならないことが多い。これは仕組の問題であり，また担い手の問題でもある。

これまでの協働事業の多くは，協働といいつつも実際にはNPO/NGOなどが提案した「やりたいこと」を担当する行政が受け止めて「一緒にする」，あるいは行政が「民間でやってほしい」と位置づけた業務の受託者または無償の奉仕者を探すという事業が多く，行政としての趣旨は「課題解決」よりも「NPO/ NGOの支援や育成」ないしは「民間へのアウトソーシング」に重点がおかれていた。そのために多くは事業契約期間が終了したのちには行政からの

資金提供を停止し，NPO/NGO により事業の自立を求めることが多い。もちろん，NPO/NGO や企業などの民間による取り組みが増えていくことも重要であるが，現状のままでは，継続的な問題構造の把握も，それを解決していく動きにも結びつかないばかりか，行政としては事業実施後に残るものがなく終わってしまう事業となっている。つまり，単年の経費支出から必要な施策を生み出すような仕組みに変えていく必要があり，それでこそこれまでの20年にわたる「さまざまなパートナーシップの経験や教訓，資源戦略をもとにした，効果的な公的，官民，市民社会のパートナーシップを奨励・推進する」ことにつながる。

② 対話から問題構造を分析し施策を生み出す協働

　本節では岡山県岡山市における「岡山市協働のまちづくり条例」[1] を事例に，対話から始めるパートナーシップの仕組みづくりについて解説する。本条例は2001 年に施行されていたが，2012 年より市民による改正に向けた動きが起こり，2016 年4 月に市民案をもとに全面改正された。その改正プロセスは官民の対話によるものであり，その改正の流れと条例に基づく対話による社会課題解決の動きについて述べるともに，改めてそのなかでマルチステークホルダーにより取り組む重要性を解説する。

⑴ 条例に既定された課題解決ワークショップという対話の場

　2016 年4 月に全面改正された岡山市協働まちづくり条例では「市は，協働による地域の社会課題解決に関する取組及びそれを促進するための環境整備について多様な主体が議論を行う場として，協働フォーラム等を開催するものとする」（第12 条）と定めている。これを根拠にして「課題解決ワークショップ」として岡山市内の課題について活動する NPO/NGO や企業，学校，市役所内の関係部署が集まり，課題の共有から分析，解決策の検討までを行っている。たとえば，SDG4 教育のターゲット 4.5「2030 年までに，教育におけるジェンダー格差を無くし，障害者，先住民及び脆弱な立場にある子どもなど，脆弱層

があらゆるレベルの教育や職業訓練に平等にアクセスできるようにする」に関連する取り組みとして，難病による長期入院のため学校に通えない子どもたちへの教育へのアクセスを確保するために開催された課題解決ワークショップでは，市の関係課だけでなく病院や図書館なども参加。当事者支援を行う NPO の発議により，それぞれが把握する子どもの状況について共有し，図書館などへ行けないために本を読む機会が足りないこと，学校の授業に参加できない状況を補う方策が必要なことが整理された。これに基づき，前者は NPO が子どもたちの希望をコーディネートし図書館の協力により院内に図書コーナーを設置して対応。後者は「協働モデル事業」として，市と NPO の協働により院内学級が開設された。この事業は，その実績をもとに担当課が一般予算要求を行い，翌年度には一般施策として継続されることとなった。

この課題解決ワークショップにおける重要な 1 つ目のポイントが，対等な立場で対話を行うためのファシリテーターが，議論の進め方の設計とファシリテートを行っていることである。ただ関係者が集まるだけでは対話とならず意見交換をするのみにとどまってしまうが，この課題解決ワークショップでは，各自が取り組みや把握する現状を話すだけでなく，そこから課題の構造を明らかにするために，付箋を使った書き出しを行い，それを因果関係や解決に向けた動きの状況と合わせて考えながら整理することで，問題を解決に向けたアクションが可能な課題と，発生自体を止めることはむずかしい与件とに分けて整理するとともに，起きていることの全体像の把握をするという設計を行っている。そしてこの第 1 段階の議論を「課題共有ワークショップ」と呼んでいる。

次の第 2 段階の対話を「課題分析ワークショップ」として，俯瞰した全体像から解決を考えるべく選んだ課題について，その原因や阻害要因を洗い出し，どのようなアプローチが重要であるかを話し合う。

そして第 3 段階の議論は，具体的な解決策としてどのような事業を行うか話し合う「課題解決ワークショップ」となる。この各段階の議論はそれぞれ 1 カ月に 1 回など，一定の期間を開けて開催しているが，その間に前回の議論を整理しフィードバックするとともに，共有から分析，分析から解決策検討と進むなかで関わってもらうべき組織も変わっていくことから，その調整のための期

間ともしている。

　また，これら進行を直接の関係者ではない第三者であるファシリテータが務めることで，俯瞰的に見ながら，議論の進め方の設計を行うことができ，一部の意見や声が大きい存在の影響を最小限にし，対等な立場で対話を行うことができる。また，一定の期限内に実際のアクションである課題解決のための取り組みまで議論を進めることもこれにより可能になっている。このファシリテーター役も「岡山市協働のまちづくり条例」に「市は，多様な主体をつなぎ協働を推進するため，コーディネート機関を設置するものとする」（第8条）と定められており，そのコーディネート機関を受託したNPO法人岡山NPOセンターの職員が務めている。

(2)　具体的な解決行動を生み出す仕組み

　前項のとおり，対話が問題構造の分析や解決行動を促すために重要な機能であるが，この中身が充実するためには，それ以外にもいくつかのポイントがある。2つ目のポイントは，関係する部署の参加である。行政機関は専門分野で部署が分かれており，その部署を越えた取り組みはむずかしい。いわゆる縦割りと呼ばれるものであるが，問題構造を考えると，複数の部署がもつ情報や知見が必要である。それをつなぐために前述の「コーディネート機関」が重要な役割を果たす。このコーディネート機関は「岡山市ESD・市民協働推進センター」と名付けられており，多様な主体をつなぎ，協働を推進するためのコーディネート機関であるとともに，持続可能な地域のための人づくりとしてのESD[2]推進も担っている。

　岡山市ESD・市民協働推進センターは市役所内にあり，発議者が提案したテーマに合わせて関係部署やNPO/NGOや企業，学校などの参加を調整して，課題解決ワークショップを開催している。市役所内に設置されることで庁内調整が行いやすい環境になっているとともに，解決したい地域課題をかかえる組織が来訪した際に対応できるようにもなっている。いわば課題解決をめざす人のワンストップ窓口であり，これにより複雑な問題の解決を考える人がさまざまな部署をたらい回しにされることも防がれている。また，庁内の各部署も民

間との協働や連携を行いたい際に気軽に相談ができ，官民のパートナーシップ
を促進させる役割を担っている。

　この岡山市 ESD・市民協働推進センターでは図 13-1 の流れに従い，もち込
まれた課題を一般施策や民間での仕組みにすることをめざして伴走支援してい
る。伴走支援とは文字どおり，課題解決を考える組織や部署に寄り添って課題
解決ワークショップのファシリテートからモデル事業申請に関する打ち合わせ
や検討への助言やサポート，モデル事業実施時の進捗確認や官民のコミュニケ
ーション促進のための調整，一般施策化のための予算要求や民間での仕組み化
への助言など，はじまりから仕組みづくりまでを通して支えるもので，これに
より対等なパートナーシップで取り組みが行われるようになっている。

　この仕組みの 3 つ目のポイントが，図 13-1 の最初のステップに描かれてい
る「リーダー研修」である。課題解決に取り組もうとするリーダーのなかには，
そのテーマへの思い入れや当事者への共感性の高さから，その問題を客観的に
説明することがむずかしくなっている人も少なくない。当事者としての感情的
な表現は人の共感を高める面で有効な場面もあるが，他方で協力を考える人を
おいていってしまうような場合もある。具体的な事例やエピソードを話すこと
に終始し，解決に向けた議論の積み上げができなくなるという事態などは典型
的である。課題解決ワークショップを開いた際に，そのような状況が訪れると，

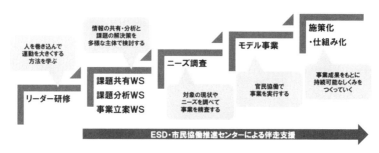

図 13-1　岡山市協働のまちづく条例による施策化・仕組み化に向けた支援の流れ

協働して解決策を議論したいと集まった他組織との対話が進まない。そこで，リーダー研修として対話の仕方やプレゼンテーションの仕方を学ぶ場を開催している。パートナーシップの推進のためには人材育成は必要不可欠であり，ESD としての取り組みでもある。

⑶ コレクティブ・インパクトによる取り組みへの発展とソーシャルインパクトボンドの活用

これまでにもこの対話の場から，子どもの虐待，離婚した親と子の面会交流の実施，里親の支援，シングルマザーの就労支援，不登校の子どもたちの学齢による支援の狭間のつなぎ，入居困難者の住居確保など，より俯瞰的な目線でみると，子どもの環境整備というテーマでつながっているような状況が作れてきた。岡山市 ESD・市民協働推進センターでは，それらのプロジェクトの担い手が一堂に会し，パネルディスカッションやリレートークを行うような機会を設け，さらに大きな枠組みとして連携して取り組む「コレクティブ・インパクト」[3] の取り組みになるようにも務めている。そのためにも全体がつながる問題構造を図式化するなどの方法で共有を行い，新たな対話が生まれるように努めている。

また，岡山市が「誰もが健康で学び合い，生涯活躍するまちおかやまの推進」を提案タイトルとして「SDGs 未来都市」へ選定されたことも受けて，ソーシャルインパクトボンド[4] の仕組みを活用した健康増進に関するプロジェクトも行われている。このプロジェクトでは，運動，食事，社会参加の改善により，生活習慣病を予防し，健康寿命の延伸を図ることをめざしており，運動にかかわるフィットネスジムやスポーツ用品店，食事に関わるスーパーや百貨店，社会参加の機会を提供するカルチャースクールや薬局などが集まり，それぞれ新しいプログラムを開発して提供しながら，同じ目的のために取り組みを行うコレクティブ・インパクトのプロジェクトにもなっている。また，その実施にあたり，地元金融機関や企業，市民が出資を行っており，資金面でもパートナーシップを行う事例となっている。

こうして取り組まれるさまざまな課題解決はSDGs の 17 目標に重なっていく。

SDGs でも経済発展と社会包摂と環境保護の3つの面の調和が重要視されているが，その実現のためにもこのようなパートナーシップが必要である。そのためにも，仕組み化としての条例などのルールづくりとその運用が前提となる。

⑷　「岡山市協働のまちづくり条例」改正の経緯

　岡山市 ESD・市民協働推進センターの設置や課題解決ワークショップの開催などの運用面での工夫はすべて「岡山市協働のまちづくり条例」に定められたものである。こうした条例にパートナーシップを進めるためのルールが定められていることが仕組み化に重要である。しかしながら，岡山市でも最初からこのようなルールがあったわけではない。

　岡山市では 2001 年に最初の協働のまちづく条例が施行された。その際の条例内容は「非営利公益活動団体の自主性・自立性を尊重しながら，その知恵と力を活かしたまちづくりを進めていくこと」を目的にしながらも具体策として定められているのは市が認める事業に対して市の所有する土地や建物の無償貸与を行うことのみであった。この条例を改正し，協働による取り組みを推進しようとする動きは 2012 年から始まった。同年より市役所庁内に協働関係課長の連絡会「岡山市市民協働推進会議」が設置されるとともに，公募に志願した NPO 有志による「岡山市・NPO 協働推進協議会」が立ち上がり，市職員との合同による協働研修などを経て 2014 年に市長に条例改正の提案を行った。これを受けて，2014〜2015 年にかけて NPO・NGO，地縁組織，企業，学生など多様な主体による対話の機会として市民協働フォーラムが3回開催されるとともにアンケートが行われ，そこでの意見をもとにワークショップ形式で参加者が改正の条文を考え，それを整理するかたちで市民案を市長に提出した。この案へ市がパブリックコメントを募集するとともに，市と NPO が協働で市民案の説明と意見徴収のためのフォーラムを5回開催し，それらを受けて作成された案が議会で可決され，条例の全面改正へと至った。

　この条例を全面改正するプロセスも対話によって行われたことが，その後の取り組みへもつながるとともに，官民双方にとってパートナーシップの可能性を実感できる機会となっている。対話の先に何が実現するのか，その可能性を

共有することができれば，大きな課題へともに挑んでいくことができる。そのためには仕組みをともにつくり上げるというプロセスも重要である。

③ SDGs 達成のための中間支援組織の役割

　前述のとおり，対話の場ではファシリテーターの存在が重要であるが，それは対話の場だけではなく，そのプロセス，仕組み自体を運用していくためにもファシリテートの技術が必要である。そして，その役割を担うのが中間支援組織である。この岡山市の事例では多様な主体をつなぐ中間支援組織としての役割を岡山市 ESD・市民協働推進センターが務めている。ここでは中間支援組織がパートナーシップの促進のために果たす機能として，災害時における役割を中心に解説する。

(1)　多様な主体によるパートナーシップを促す中間支援組織

　SDGs の各目標は単一の組織で解決をめざすのは困難であり，関わるさまざまなステークホルダーが連携し，それぞれの立場で改善や解決のための行動を行わなければ実現はむずかしい。そして，そのために立場の異なる組織をつなぎファシリテートする存在が必要である。その担い手が中間支援組織である。この中間支援組織やつなぎ役を務める存在であるコーディネーターはさまざまな場面で重要視をされており，地域福祉における生活支援コーディネーターやボランティアにおけるボランティアコーディネーター，学校と地域をつなぐ地域コーディネーターなど，さまざまな場面で位置づけられている。また，1998年の NPO 制定に至る動きのなかで，日本 NPO センターのような全国域を対象とする NPO 支援センターだけでなく，各都道府県や市区町村単位で NPO 支援センターと呼ばれる組織が全国各地で誕生しており，それらの組織が行政機関と NPO/NGO をつなぐ役割を担っている場合も多い。中間支援組織の役割やその性質は多様であるが，その１つの象徴的なケースとして，災害時における中間支援組織の役割がある。

⑵　災害時における中間支援組織の役割

　近年，気候変動の影響もあり大規模自然災害，とくに豪雨などによる災害が頻発している。これは SDG13 気候変動に関するターゲット 13.1「すべての国々において，気候関連災害や自然災害に対する強靱性（レジリエンス）及び適応の能力を強化する」や SDG1 貧困に関するターゲット 1.5「2030 年までに，貧困層や脆弱な状況にある人々の強靱性（レジリエンス）を構築し，気候変動に関連する極端な気象現象やその他の経済，社会，環境的ショックや災害に暴露や脆弱性を軽減する」など，SDGs において多くの目標に関わっている重要な課題の 1 つである。その国における対策を定めるものの 1 つである「防災基本計画」にも，2018 年 6 月の改正版より「中間支援組織」の存在が位置づけられている。

　1 つは，第 2 編「各災害に共通する対策編」第 1 章「災害予防」の 3「国民の防災活動の環境整備」の⑵「防災ボランティア活動の環境整備において」の 2 項に「国〔内閣府，消防庁，文部科学省，厚生労働省等〕及び市町村（都道府県）は，ボランティアの自主性を尊重しつつ，日本赤十字社，社会福祉協議会及び NPO 等との連携を図るとともに，中間支援組織（NPO・ボランティア等の活動支援や活動調整を行う組織）を含めた連携体制の構築を図り，災害時において防災ボランティア活動が円滑に行われるよう，その活動環境の整備を図るものとする」と，活動調整を図る組織と位置づけられている。

　もう 1 つが，第 11 節「自発的支援の受入れ」の 1「ボランティアの受入れ」の 2 項に「地方公共団体は，社会福祉協議会，地元や外部から被災地入りしている NPO 等との連携を図るとともに，中間支援組織（NPO・ボランティア等の活動支援や活動調整を行う組織）を含めた連携体制の構築を図り，情報を共有する場を設置するなどし，被災者のニーズや支援活動の全体像を把握するものとする。また，災害の状況及びボランティアの活動予定を踏まえ，片付けごみなどの収集運搬を行うよう努める。これらの取組により，連携のとれた支援活動を展開するよう努めるとともに，ボランティアの生活環境について配慮するものとする」と，「情報を共有する場」と「被災者ニーズや支援活動の全体像を把握」する面での役割が期待されている。ここでのボランティアは個人ボランティアだけでなく，自発的に行動する NPO/NGO や企業などの多様な主体で

あり，「被災者支援」という共通の目標の下に取り組みを行う際に，その調整役としての中間支援組織の役割が重要であるとされている。

　災害時の問題の多くは，平時でも問題であることや平時にも支援が必要な人がより困難な状況になることである場合が多い。こうした問題が顕在化する場面で必要な役割である中間支援組織の機能やそのファシリテーション能力の向上はまだまだ整理が十分になされているとはいえないが，SDGs 推進のうえでも重要な課題であると考える。

(3)　SDGs と対話

　SDGs は共通の目標であり，セクターを越えて対話を行うための共通言語である。どの目標も重要だが，行政，企業，NPO/NGO などそれぞれの立場によって理解が進みやすい課題と進みにくい課題がある。いずれも，関わる人や組織が多いために，達成に向けた具体的な取り組みを進めるには対話が不可欠となる。各地において対話の機会が設けられ，またそれが仕組みとして位置づけられていくことで，SDGs の達成が各地で進んでいくことを期待したい。また，そこにおいて中間支援組織が位置づけられて機能していくような環境が整備されていくことと中間支援組織をめざす組織の努力を期待したい。

［石原　達也］

本章を深めるための課題

1. パートナーシップを進めるために関わる都道府県や市区町村の協働に関する理念やプロセスを知り，適切な仕組みづくりなど現状にあった改善を提案しよう。
2. 多様な主体で対話し，解決策を検討する機会をさまざまなかたちで設けよう。
3. 中間支援組織の存在を見直し，その役割を考えよう。

注
(1)「岡山市協働のまちづくり条例」の条文やその改正については岡山市のウェブサイト「つながる協働ひろば」(http://www.okayama-tbox.jp/kyoudou/pages/3901) に詳しく紹介されている。
(2) ESD (Education for Sustainable Development)：持続可能な開発のための教育。文部科学省ウェブサイト http://www.mext.go.jp/unesco/004/1339970.htm より。

(3) コレクティブ・インパクト（Collective Impact）とは，異なるセクターにおけるさまざまな主体が共通のゴールを掲げ，お互いの強みを出し合いながら社会課題の解決をめざすアプローチ。

(4) ソーシャルインパクトボンド（Social Impact Bond：SIB）とは，民間の活力を社会的課題の解決に活用するため，民間資金を呼び込み成果報酬型の委託事業を実施する新たな社会的インパクト投資の取り組み。

第14章

地域包括的な福祉社会の構築

KeyWords
□住民参加型在宅福祉　□ネットワーク　□中間支援組織　□成年後見センター
□地域包括ケア　□地域円卓会議　□0-100歳のまちづくり　□大学との包括協定
□次世代継承　□中核機関

　本章では，人口減・超高齢社会を迎えた日本の持続可能な地域包括支援体制として，愛知県知多地域における「0-100歳の地域包括ケアのまちづくり」について紹介する。住民互助の活動が盛んであった1990年代から引き続いて特定非営利活動法人として福祉事業を行ってきた団体のネットワークと，2000年以降に協働推進施策により行政などとの協働が進み，さらに大学との連携を進めながら，市民の想いを活かした「地域福祉」を実践してきた。このようなマルチステークホルダー・パートナーシップを可能にしたのは，中間支援組織の存在であり，その機能は今後も必要とされるが，時代に即した進化も期待される。

1 SDGs時代の地域福祉ネットワークと中間支援組織の役割

　知多地域は，愛知県知多半島にある5市5町から成っており，面積390平方km，人口62万人，各市町の高齢化率が21～34％という地域である[1]。農業，漁業，畜産業のほか繊維業，醸造業，窯業などの産業が盛んで，気候も温暖な暮らしやすい地域である。1960年代に臨海部の製鉄や電力・ガスなどの工業地帯が発展してからは転入者も増え，現在では高齢期に入った，地域との関わりが希薄な移住者が半分を占めるような状況になっている。また古くから住んでいた人たちも同様に核家族化や高齢化が進み，「困ったときに気軽に声を掛け合う近隣関係」は減ってきている。

　こうしたなか，大企業を定年退職した佐々木幸雄氏が1990年に，同地で最初の住民参加型在宅福祉団体を立ち上げた。現役時代に病気の妻をかかえ，仕事と子育てに奮闘した経験から，「『ちょっと助けて』といえる地域に」との思

いで，ボランティアの家事援助を始めたのがきっかけである。現在の特定非営利活動法人東海市在宅介護家事援助の会ふれ愛であり，佐々木理事長は 2017年 3 月 92 歳で亡くなるまで現役として，ネットワーク仲間の尊敬と信頼を集めていた。

　1991 年以降，知多市，大府市，東浦町などで「女性の自立と社会参加」「高齢者がひとりになっても住み慣れた地域で自分らしく生きる」「障害者の地域生活支援」などの課題を解決しようと，同様の団体が立ち上がってきた。いずれの課題も，社会の変化に既存の制度や仕組み，慣習が合わなくなってきているため，高齢者，障害者，女性，子どもなどの生きにくさとして現れてきたものである。そこで必要になったのが，ボランティアによる在宅生活支援サービス＝「地域のたすけあい活動」であったといえる。最初にできた 3 団体が，さわやか福祉財団の堀田力理事長と出会い，地域のたすけあい活動を学び合いのネットワークで推進する核ができると同時に，立ち上がった団体どうしの情報交流が求められ，福祉団体のネットワーク化が進められた。

　また，2000 年に施行される介護保険制度に参入するための人材育成として，ヘルパー 2 級養成講座を行うための組織が必要になり，このネットワークから地域福祉サポートちたの前身である「知多在宅ネット」が 1998 年に生まれた。各団体も制度事業に取り組むため，特定非営利活動法人格を取得する必要に迫られ，知多在宅ネットの自立化をめざし 1999 年特定非営利活動法人地域福祉サポートちたに生まれ変わることになった。これまでの法人申請の経験や法人運営ノウハウが蓄積され，分野を問わない NPO 支援の活動につながっていった。

　転機は 2001 年に訪れる。それまで地域福祉サポートちたの事務所は，個人宅や会員団体の拠点に間借りしてきたのが，知多市の遊休施設を無償貸与されたことで，自前の事務所をもつことができたと同時に，民設民営の NPO 支援センター「NPO・ボランティア情報ひろば」の開設につながった。ヘルパー 2級養成講座開催の会場を自前でもち，施設を自分たちが使用しない時間は市民活動団体に賃貸することができるようになった。3 階建ての古い建物であったが，年間数十万円にのぼる光熱水費を賄いながら，新たな事業に取り組んでいくことができた。

このとき始まったのが，福祉NPOを現地視察研修する「NPO現場見学バスツアー」と，福祉NPO対象の研修事業「NPOマネジメントセミナー」（以上2002年），市民によるワンデイシェフシステムの「市民カフェAda-coda」（2003年）である。ほかにも，2004年からは愛知県のNPOアドバイザー，NPO基礎講座，行政職員研修などの受託事業を行うようになり，中間支援組織としての経験を重ねていった。

そして老朽化により市遊休施設の取り壊しが決まったため，2007年1月，新たに開設される知多市市民活動センターのなかに事務所を構えることになった。このとき，同センター運営支援事業を受託し，センター同居団体である知多市総合ボランティアセンター（市社会福祉協議会）や特定非営利活動法人市民大学ちた塾，知多市市民活動推進課との協働運営や，地域貢献型の市民育成事業「知多市大人の学校」の協働開催を行うなど，共感する個人と組織をつなぎ，組織どうしの連携を促し，会員団体のネットワークを核に，さらなるネットワークを幾重にもつなぎ合わせてきた。また会員団体を核とした，各市町での協働推進の黒子役としての役割も果たした[2]。

2 地域包括支援体制の構築

(1) 5市5町連携による成年後見センター設立

このような経緯のなかで，会員団体から成年後見制度を利用すべき案件が発生したのが，2003年である。がんのため余命半年と宣告された，知的障害の青年をもつ母親が，社会福祉法人むそうの戸枝陽基理事長に相談した。「私の亡きあと，ほかに頼る家族のいない暮らしのなかで，息子がどのように支えられていくのか不安です」。そこで，戸枝理事長は，成年後見制度の利用を模索した。20代の息子の今後を考えると，個人の後見人より法人後見が安心できる方法だと考えた。

地域福祉サポートちたでは，松下典子代表理事（当時）が，2000年の介護保険制度施行時から，成年後見制度にもきちんと取り組む必要性を感じていた。そこで今井友乃事務局長（現在は，特定非営利活動法人知多地域成年後見セン

事務局長）にも声がかかり，戸枝理事長，母親，松下代表理事，今井事務局長の４人で，知的障害者の支援実績のある名古屋市内の弁護士に会いに行く機会が設けられた。

そこで，法人後見をするには，利益相反にならないよう直接福祉サービスを行っていない地域福祉サポートちたが適任だという話になり，12月に申し立てを行った。しかし，当時は法人後見の件数も少なかったこともあり，審判まで半年以上もかかったが，地域福祉サポートちたが法人後見として認められたのちに，半年以上生きられた母親も，安心して旅立つことができたのは幸いであった。

この受任を機に，地域福祉サポートちたは，成年後見の学習会を企画していく。受任から１カ月後の2004年８月には「成年後見・第三者評価の学習会」を開催したが，直前の広報だったにもかかわらず，80人の参加者が集まり，知的障害のある子の親にとって，成年後見というテーマには強い関心があることがわかった。その後も助成金を活用し，全８回の講座を企画し開催した。

いっぽうで，成年後見事業は，顧客を選ばないかぎり事業に見合った収入を獲得するのが困難であることが，受任をしたあとにわかった。「寄付を集めようか」「任意後見をしようか」なども考えたが，それを止めたのは先述の弁護士だった。「うかつなことでお金を集めてはいけません。誰でも相談でき，必要であれば後見受任をするためには，公的な資金を獲得する必要があります。法人は安定した収入がなければ人材を育成できませんから」。そうして成年後見制度学習会を繰り返す日々が２年ほど続いた。

地域福祉サポートちたでは，学習会以外に行政への働きかけも行った。毎年，事業報告書を完成させると，松下代表理事は知多半島５市５町の福祉課を回り，現場の声を届け，成年後見の必要性を説いた。その声を受け止めてくれたのが，当時の知多市健康福祉部福祉課の加藤道雄課長であった。2006年９月，知多半島福祉圏域５市５町の障害福祉課課長会議に地域福祉サポートちたが呼ばれて，成年後見事業の説明をさせてもらう機会を得た。

さらに年度末には，大きな転機が訪れる。加藤課長の声掛けにより，知多市が市のバスを出し，地域福祉サポートちたがバスのガソリン代と高速料金を負

担し，先進事例である特定非営利活動法人東濃成年後見センターを見学に行くバスツアーを企画したのである。乗車したのは，5市5町の福祉課課長と半田市社会福祉協議会であった。東濃成年後見センターの山田隆司事務局長から，成年後見の費用対効果について説明を受け，次年度5月に知多地域成年後見センター立ち上げのための調整会議を開催する，という流れをつくることができた。そして2007年5月に，第1回知多地域高齢者・障害者担当課長調整会議が開かれた。その後1年間のうちにすべての調整を済ませ，知多地域成年後見センターは，2008年4月から，知多半島5市5町を発注元とする委託事業を開始することができたのであった。

　この1年間の調整会議の場では，東浦町健康福祉部福祉課の神谷課長をはじめ，学習会に何度も足を運び，成年後見の理解を深めていた，当時の東海市市民福祉部社会福祉課の神野規男統括主幹の尽力があった。資料作成から5市5町の調整まで，陰に日向にの活躍のおかげで，5市5町全市町が足並みをそろえて協定を結ぶことができた。

　2007年8月には，全市町から後援を受けて，成年後見に関する「知多半島安全安心なまちづくりフォーラム」を地域福祉サポートちた主催で開催。同年11月，知多地域成年後見センターの設立に至った[3]。

(2)　地域包括ケアと地域円卓会議

　国では，団塊の世代が75歳以上となる2025年をめどに，重度の要介護状態になっても，住み慣れた地域で自分らしい暮らしを続けることができるよう，医療・介護・予防・住まい・生活支援が一体的に提供される「地域包括ケアシステム」の構築をめざしている。しかしこれは「システム」といいながらも，全国一律の施策ではなく，高齢化率，人口減少率をはじめ「地域差」に着目した，基礎自治体ごとの「あらゆる主体の総合力による地域づくり」をめざしたものである。2015年4月施行の生活困窮者自立支援法でも，生活困窮者支援を通じた「地域づくり」がうたわれているが，「地域」という足元をみれば，「生活しづらい」という状況は，なにも要介護高齢者ばかりではない。虐待を受ける乳幼児，子どもの預け先のない，働かなければならない状況のひとり親，い

じめを受けている子ども，不登校児童，ひきこもりの若者，非正規雇用による貧困者，就労先を見いだせない障害者や疾病者，親の介護で離職を余儀なくされる壮年，在住外国人など，「困っているひと」はたくさんいる。現代の課題は，これら「困っているひと」が「助けて」と言えずに孤立化，最悪の場合は「孤独死」していくことである。

　2010 年，3 代目の代表理事が就任当時，理事とともに描いた 10 年後の地域ビジョンは，「活発な市民活動を基盤に，専門機関と連携した地域のセーフティネットが整い，高齢者はもとより，生活に困難を抱えるあらゆる世代の社会的弱者を包摂する，地域包括ケアのまちづくりが進んでいる」とした。これをワンフレーズで表現したものが「0〜100 歳の地域包括ケアのまちづくり」である。

　さて，まずは対象を高齢者に限って，医療・介護・予防・住まい・生活支援の一体的提供に欠かせないことは何か考えてみよう。それは，一人の在宅要介護者に関わる家族，近隣住民，友人，ヘルパー，ケアマネジャー，訪問診療医，訪問看護師，訪問薬剤師，買い物支援などの事業者らによる，当事者情報と支援目標の共有であり，そのために地域包括支援センターで開かれるのが「地域ケア会議」である。これは，要介護者を真ん中に据えた「地域円卓会議」であるといえよう。

　「地域円卓会議」とは，複雑化した社会課題解決のために，多機関で情報共有と目標設定，役割分担を行う機会をつくることである。課題を真ん中に関係者の会議を進め，よりよい未来を展望しながら，現在の地域課題を共有，分析し，解決策を探っていく会議手法である。会議後，取り組み実践が生まれ，その実践を見守り，発展していくことを促すのが，円卓会議主催者，設計者，運営者の役目である。地域福祉サポートちたでは，これこそが地域づくりにおける，中間支援組織の機能として必要であると，IIHOE の川北秀人氏から教示を受け，二重円卓という沖縄式円卓会議も学びながら，また円卓会議を活用した地域づくりを行っている島根県雲南市（本書第8章③参照）を現場訪問しながら，知多地域の多機関連携のために活用していった[4]。

3 地域包括的な福祉社会の実際

(1) 0～100歳の地域包括ケアのまちづくり

　知多地域の「0～100歳の地域包括ケア」は，以下の3つの特徴をもち，実践されている。①地域づくりの真ん中に「子ども」を据える，②ケアの必要な人こそ役割をもつ，③自治のあり方を問い，地縁型組織の再編を促すの3点だ。

　①地域づくりの真ん中に「子ども」を据える

　事例1　特定非営利活動法人りんりん（半田市岩滑区）

　2013年度開催の愛知県県民生活部社会活動推進課事業「円卓会議」のテーマの1つが，健康福祉部子育て支援課提案の「孤立化する子育て家庭を地域でどう支えていくのか」であった。前年度から「地域円卓会議」を課題解決ツールとして，実践を始めたところだった地域福祉サポートちたが，この会議の進行役を依頼された。公募で集まった円卓メンバーは，特定非営利活動法人りんりんのほか，特定非営利活動法人あっとわん（春日井市），特定非営利活動法人子どもハートクラブ（一宮市），ママスタートクラブ（名古屋市），特定非営利活動法人Smiley Dream（武豊町），特定非営利活動法人まめっこ（名古屋市），行政は半田市，安城市，知立市，愛知県県民生活部社会活動推進課青少年グループ，愛知県教育委員会である。

　この会議で合意したのは，「子どもを育てた経験のある世代が，次世代の子育てを応援し，地域全体で子育ちを見守り，成長を喜び合えるまちづくり」であり，地域のなかでの「支援の循環」をめざそうというものであった。

　特定非営利活動法人りんりんでは，たすけあい事業，介護保険事業，障害者総合支援法に基づく事業のほか，放課後児童クラブ「りんごくらぶ」を運営していた。会議に参加した2代目理事長の下村裕子氏（現在は理事）は，現場から見える子どもたちの課題として「ひとり親家庭の増加による貧困」「乳幼児期に見過ごされた発達障害が原因の生きづらさ」について発言している。

　さらに，2014年度には小学校区である岩滑区で「地域で子育て」をテーマに円卓会議を開催。子育て支援センター，岩滑小学校，区のおたすけ隊，手作りパン屋，接骨院，コンビニなど身近な関係者を集め，課題を共有した。この

ときの成果は，2015年12月に開所した放課後児童クラブ＋児童デイサービスの新拠点「りんごぴあ」に反映されている（現在は児童デイサービスは行っていない）。放課後児童クラブのイベント時には，区のおたすけ隊が手伝いに入る。子どもたちの生活の場に地域の人たちが関わっていくことで，「支援の循環」が成り立っていく。下村理事は言う。「大事にされた子どもたちが，お年寄りを大事にしないわけがない」。まさに，生活現場で行う「ふくし教育」実践といえよう。

地域包括ケアの成立には，市民の福祉意識の醸成が必須といわれるが，ここでは子どものころから地域の大人との関わりがあることで自然に身につくもの，との考えで実践されている。

②ケアの必要な人こそ役割をもつ

「ケア」とは，「介護」を示す言葉であるが，「困っているかもしれない誰かを気にかける」「放っておかない」「ひと声かける」という，誰にでもできることを示す言葉でもある。ところが，現代ではこうした行為がめっきり減って，孤立化・無縁化を生み，最悪の状態になるまで，隣近所の誰もが気づかなかったという事件が増えている。独居高齢者の孤立死，乳幼児虐待，介護殺人，児童・生徒のいじめ自殺など，痛ましい事件があとを絶たない。知多地域では，そのようなことを予防できる，まさに「ケアしあうコミュニティづくり」に寄与する「居場所づくり」が特定非営利活動法人や地縁型組織により取り組まれている。

|事例2|　南粕谷ハウス（知多市南粕谷コミュニティ）

1984年2月に発足した南粕谷コミュニティは，小学校の空き教室を活用した生涯学習ルーム，学校図書館開放による地域文庫の開設など，先駆的な活動で知られている。市内で最も進んだ高齢化率（2015年4月時点で41％）を憂慮した役員が，住民ワークショップやアンケート調査から「多世代で支え合うしくみづくりとしての，常設型多世代交流拠点」を創ろうと実行委員会を立ち上げた。知多市市民活動センター運営を受託している地域福祉サポートちたへの相談をきっかけに，2012年NPO現場見学バスツアー（居場所巡り）や地域円卓会議が開催された。

常設型の運営については「家賃・光熱水費等の経費をどう工面するか」，多世代交流では「子ども若者との接点をどう作るか」という２つの課題をかかえて，円卓会議を開催している。円卓メンバーは，2007年から発足している生活支援ボランティアチーム「おたすけ会」，コミュニティ役員，民生児童委員，子ども会役員，JAあいち知多粕谷支店，文具店，保育園，小学校，中学校，市民活動センター，知多市生活環境部市民活動推進課である。この会議で出された事業アイデア「一杯300円のうどん等を提供しつつ，空きスペースを賃貸しする」を実施する「南粕谷ハウス」が生まれたのが，2013年３月であった。

　午前３人午後３人のボランティアが厨房に立つ。登録数は30人で，各人が週に１回は店に立つことになる。店に立たない日は，客になる。何しろ300円のうどんを毎日20人程度が食べてくれないと，運営が成り立たない。半年後にはそば，焼きそばなどメニューも増えていった。住民から持ち寄られた野菜を使ったお惣菜がおまけについてくる日もある。ある日ばかりとは限らない。ないと思えば，家に帰って誰かが何かを持参する。「持ち寄りの文化」が根付いた居場所になってきた。地縁型組織が設置，運営補助金や助成金非活用，制度事業も行わない，インフォーマル常設居場所というのは，全国的にも珍しく，視察研修は今でも絶えないという。

　開設当時のコミュニティ会長で，現在はハウスの事務局長である石井久子氏は「高齢者が多いのは，困ったことではない。地域の大事な資源である。この人たちにたくさん活躍してもらうことで，ハウスが楽しい地域の居場所になり，多くの世代が交流でき，孤立化を予防することができる」と語っている。

　③自治のあり方を問い，地縁型組織の再編を促す

　独居の高齢者がにぎやかなハウスで昼食を取り，たわいもない話をする日常と，コミュニティの総合スポーツクラブの会合，防災イベント，市長を交えての地区懇話会の開催など，この場がコミュニティ活動センターの役割も担っている。まさに「自治の拠点」といえるのではないか。

　このイメージは，先述した島根県雲南市の取り組みがもとになり，南粕谷コミュニティで円卓会議を開催した2012年，実行委員会が先進地視察としてこのまちを訪れた。

雲南市は，2004年6町村が合併して誕生した新しいまちであり，中山間地域で全域が過疎指定を受けている（面積553㎢，人口4万人）。空き家の増加，老々世帯，独居高齢世帯の増加に伴い，家庭力，地域力の低下が著しく，そこで，新しい自治の仕組みとして「地域自主組織」の設立となった。合わせて2008年に「雲南市のまちづくり基本条例」を策定，協働をその基本に据え，おおむね小学校区で公民館を自治拠点に転換し，地域課題を住民自らが事業化して解決するよう促した。

　地縁型組織が「活動」から「事業」へ取り組みを変換することで，課題解決事業が地域に根付き，雇用を生み，子生まれ・子育ちを促す，人口減少を緩やかなものにし，持続可能なまちづくりを可能にする事例として，南粕谷コミュニティでも参考にしてきた[5]。

(2)　日本福祉大学との協働研究

　地域福祉サポートちたと日本福祉大学（美浜町）は，2016年3月に包括協定を結んでいる。2001年以来，大学生向けに介護職員資格講座を請け負うことから関係が生まれ，2009年からは「NPO協働型サービスラーニング」という教育プログラムを始めた。サービスラーニングとは，1980年代にアメリカで始まった教育活動の1つで，社会活動を通して市民性をはぐくむ教育である。日本福祉大学では，文科省の「特色ある学校支援プログラム」として，このサービスラーニングに取り組みはじめた。地域福祉サポートちたの会員団体での活動を通じて学生の気づきを促し，過程の振り返りを重視し，一人ひとりの自己形成力を高めていくことをめざしている。将来，一人の市民として地域の問題解決に取り組む力を身につけられるよう，当時の松下代表理事が，教員の一人として講義や学生のアドバイザーとして関わってきた。

　このような経緯で福祉現場の声が大学側に非常によく通るようになったなか，先述した2014年に知多5市5町圏域で開催された地域円卓会議「ちた型地域包括ケアのまちづくり」には，同大の原田正樹教授の協力を仰ぎ，全体アドバイザーや円卓会議ファシリテーターを依頼しながら情報共有を図ってきた（5市5町圏域2回の円卓会議をはさんで，半田市岩滑区と東浦町緒川区で円卓会議各3

回を開催）。

　同大ではさらに 2016 年に「地域包括ケア研究会」を発足。学部横断的に多様な視点で「地域包括ケア」に関する意見交換を始めた。これは，これまで述べてきた住民主導の知多半島の福祉モデルを大学として言語化したいという，日本福祉大学の長期ビジョンに基づいたものである。また「地（知）の拠点整備事業」（COC 事業）として文科省が推進している地域連携教育や地域研究事業のなかに福祉 NPO 実践者を招き，研究者との情報共有を通じて，大学がどのように地域に貢献していくかを議論する機会にもなった。

　これを継承するかたちで 2017〜2019 年の 2 年間にわたり，ニッセイ財団 40周年記念特別委託研究「地域共生社会の実現に向けた地域包括支援体制構築の戦略—0 歳から 100 歳の全ての人が安心して暮らせる地域づくりをめざして」が行われている（受託：学校法人日本福祉大学／研究組織：地域ケア研究センター，地域包括ケア研究会／代表研究者：二木立特任教授）。

　どうすれば 0〜100 歳の地域包括ケアシステムが構築できるかという命題に対して，具体的な課題解決に向けて「ニーズに対応した協働開発型」プロジェクト研究を展開すると同時に，地域包括ケアシステムを軸とした地域包括支援体制の構築，地域福祉推進に関する新たな上位計画である地域福祉計画の策定や，支援体制構築に向けた「人材養成・研修」と関わらせて「知多半島モデル」構築を目的としながら，各プロジェクト研究を自治体，社会福祉協議会，社会福祉法人，医療機関，特定非営利活動法人らと大学が協働しながら開発研究することが特徴である。2 年の委託終了後も大学として継続し，5 年後のプログラム評価によって定着と普及をめざすとしている。

　地域の包括アセスメントができる共通シートの開発，周産期から 1 歳までの子育て支援，学齢期の子ども支援，認知症理解，単身生活者支援等 10 のテーマによるプロジェクトには，その課題を最も深刻であると考える自治体や社会福祉協議会，NPO が参集し，ともに研究開発を進めている。5 市 5 町全域では，①自治体職員向け地域マネジメント研究，②地域包括支援体制・CSW（コミュニティソーシャルワーカー）研修，③専門職による多職種連携研修の 3 つの人材育成プログラムの開発が進められている。

4 SDGs と地域包括的な福祉社会──その課題と展望

　これまで述べたように，知多半島では住民主体の福祉活動をベースに福祉事業を行う特定非営利活動法人への組織化や，地域ごとに自治体との協働を進め，さらには大学との協働研究により現状把握と課題の抽出，解決策へのアクションリサーチを推進中である。ここまで来るのに，地域を包括的に支援する＝マルチステークホルダー・パートナーシップの仲立ちをする，地域福祉サポートちたの中間支援機能が不可欠であった。今後のこの地域の持続可能性を高めるうえでカギを握る，この機能は維持されるのであろうか。その可否は，1つには構成員である団体の継続にかかっているといえる。

　2009 年 7 月時点での半島内の地域福祉サポートちた団体会員は 22 団体，これら団体の事業収入合計は約 12 億 2800 万円であった。表 14-1 は，その内訳として主たる法人の事業収入額を示すと同時に，その推移として直近（2017 年度）の事業収入を計上した。

　2019 年 5 月時点での半島内団体数は 39 団体，直近（2017 年度末）時点での事業収入合計は約 28 億 1000 万円と，単純に団体数も事業収入も 2 倍増になっている（ただし，この金額には社会福祉法人，一般社団法人，任意団体の事業収入は含まれていない）。

　2009 年以降に団体会員数が 7 割強増えているが，その大半は同年 4 月から始まった日本福祉大学 NPO 協働型サービスラーニング（『3 (2)．日本福祉大学との協働研究』参照）が大きく影響する。学生が地域課題解決のために社会と連

表 14-1　地域福祉サポートちた団体会員の主たる法人の事業収入額と事業収入

設立年月	登記年月	NPO 法人	主所在地	設立経年	代表交代	直近事業高（千円）	2009 年 7 月（千円）
1990 年 1 月	1999 年 11 月	東海市在宅介護家事援助の会ふれ愛	東海市	29	2	110,000	118,000
1991 年 5 月	1999 年 8 月	ゆいの会	知多市	28	5	57,000	59,000
1992 年 9 月	1999 年 9 月	ネットワーク大府	大府市	27	1	328,000	253,000
1994 年 7 月	2001 年 8 月	絆	東浦町	25	3	169,000	96,000
1994 年 12 月	1999 年 8 月	りんりん	半田市	25	3	170,000	117,000
1996 年 10 月	2000 年 2 月	あかり	常滑市	23	6	81,000	79,000
1999 年 5 月	1999 年 9 月	ベタニアホーム	半田市	20	2	179,000	162,000
2001 年 11 月	2001 年 11 月	菜の花	半田市	18	2	100,000	70,000
2002 年 8 月	2003 年 1 月	ゆめじろう	武豊町	17	1	161,000	65,000

携するためのプログラム構築の際に，①連携すべき「社会」とはどの範囲をさすのか，②学生の社会的責任を育む教育の現場は大学以外にあるのかという2つの疑問について，当時の松下代表理事は，「学生にとって学ぶべき学問は大学が責任をもち，学生が学ぶべき市民性は市民の責任」と断言し，年間約100人の学生をNPOが受け入れることとなった。受け入れてもらうNPOとの調整を進めていくためには，新たに受入するNPOの開拓も必要として事業協力へ呼びかけをした結果，NPOがもつ市民性の優位性や市民が育ちあう場としての教育的価値，さらに社会的責任を再確認していくことにつながっていった。この「社会的責任」をもつということがNPOの存在意義を明確にし，事業継続に大きな意味をもってくる。そのためには，次世代継承が課題となるが，知多地域の特色ある2つの成功事例を紹介する。

[事例1] 特定非営利活動法人あかり（以下，「あかり」）

代表交代回数が最も多い「あかり」では，今も会員一人ひとりの合意形成の下に意思決定を進める独特の文化を育んでいる。

1995年に常滑市内の公民館に複数の市民グループが定期的に集まり，女性問題について話し合っていた。やがて「女性への差別や不平等を無くそう」へと変化していく。このとき，常滑市に隣接する知多市でゆいの会を立ち上げた松下典子氏と「あかり」の初代代表である水上規子氏の二人が出会い，介護へと関心が移っていく。

さらに，当時特別養護老人ホームむらさき野苑に勤務していた磯部栄氏（現在は，社会福祉法人知多学園理事長）を講師に招き，介護や組織運営方法について学び，1996年10月に組織化した。

ゆいの会もそうだが，2代目代表には男性が就任している。つまり，活動の根底に流れるフェミニズムは，よりよい暮らしづくりが目的であり，男女にかかわらず組織の誰もが責任をもつ，社会運動体になっている。また，現在は6代目の代表とともに歴代の代表も理事もしくは職員として活動している。

[事例2] 特定非営利活動法人りんりん（以下，「りんりん」）

1994年に地域の7人の女性が始めた独居男性の家事援助ボランティア活動からスタートした「りんりん」は，カリスマ創業者の村上眞喜子氏が2012年

に退任されるにあたり，自身と同じような能力や性格を有する人材ではなく，法人の内外の環境や組織のライフサイクルの状況に即した資質と問題意識をもつ人材を後継者として選定した。現在は，1・2代目を支えた事務局長が3代目理事長に就任し，その手腕を振るっている。

　前身となる団体を立ち上げた当初は，地域の人々の役に立つのではないかと考えたサービスに積極的に取り組んでいたが，介護保険制度がスタートし，組織の規模が拡大するにつれて，新しい事業提案に「できない理由」を探してしまう空気が生まれる。NPOによくある話であり「りんりん」でも起こった。

　しかし，村上氏の代表者交代に向けた動きとは，代表者そのものの人選にのみ注力するのではなく，法人内のヒト・モノ・カネの各要素を整え，「トラブル等による交代ではないか」とのうわさが流れることを防ぐためにも，理事長職を2年で退く宣言を行い，長期的な事業継続が可能な組織を構築していった。あわせて，理事によるサポート体制の構築や代表職と現場業務との容認など，次期代表の身体的・精神的な負担を軽減し，モチベーションを高めるための組織づくりへの取り組みが行われている[6]。

　このように，ネットワーク内で複数の団体の次世代継承が経験として蓄積され，多様な事業継承のありように励まされ，知多地域全体で世代交代が少しずつではあるが進んできた。2019年地域福祉サポートちたの理事体制も30〜40歳代の登用が進み，課題設定や事業選択も刷新されてくるであろう。

　知多地域の中間支援機能を維持・強化するうえで，もう1つ加えるべきことがある。先述した知多地域成年後見センターでは，2019年度5市5町の委託を受け，「知多地域成年後見制度利用促進計画」策定のための委員会を立ち上げた。その計画のなかで求められる，権利擁護支援をベースとした地域連携ネットワークづくりのハブ「中核機関」機能が，すでに実践も進めている同法人に位置づけられる。社会で最も脆弱な人たちの人権を守るために，「常に人を育て続けなければならない」と，今井事務局長が，後見人（専門職）研修，後見サポーター（市民ボランティア）研修，法人スタッフ育成等さまざまなかたちで人材育成を重ねる努力を怠らなかった。その結果，知多地域に多重多層ネットワークが生まれ，最終セーフティネットとなり，「誰一人取り残さないまち

づくり」を標榜する SDGs のマルチステークホルダー・パートナーシップを具現化していく。

　常に流れる河川の水のようにとどまることをせず，地域社会の変化に柔軟に対応しながら実践者の声をもとに，すなわち「今現在困っている人」の声に耳を澄まし，ボトムアップの福祉社会を構築していくことが，この地域では可能である。そのために，先輩たちの耕したこの地域を私たちなりに掘り起こし，さらに次の世代へと「よきもの」として手渡しつつ，その責任を市民自らが負う体制を整えることが今後の課題である。

［岡本 一美・市野 恵］

本章を深めるための課題

1. 知多地域では，どんな人たちがどんな思いで福祉 NPO を立ち上げていったのだろうか。
2. 地域円卓会議が活用された地域はほかにもあるが，どんな成果が生まれているか調べてみよう。
3. 地域福祉における協働やマルチステークホルダー・パートナーシップを実践するために必要なマインドやスキルは何だろうか。

注
(1) 知多統計研究協議会『平成 30 年版　知多半島の統計』2018 年。
(2) 牧里毎治監修『福祉系 NPO のすすめ―実践からのメッセージ』ミネルバ書房，2011 年。
(3) 知多地域成年後見センター『特定非営利活動法人知多地域成年後見センター設立 10 周年記念誌』2017 年。
(4) 特定非営利活動法人地域福祉サポートちた「地域が変わる地域円卓会議を開いてみよう！」平成 24 年度 愛知県新しい公共支援事業「NPO 等活動基盤整備支援事業」https://sunnyday-cfsc.ssl-lolipop.jp/H24newkokyo/H24newkokyo_tool.pdf 。
(5) 岡本一美「0 歳から 100 歳の地域包括ケアのまちづくりに向けて」日本福祉教育・ボランティア学習学会監修『ふくしと教育』第 21 号，大学図書出版，2016 年。
(6) 田中知宏（株式会社浜銀総合研究所地域戦略研究部副主任研究員）「『福祉の担い手としての特定非営利活動法人における長期的な事業の継続およびその核となる後継者人材育成・確保に向けた取り組みの現状と今後のあり方に関する調査研究』成果報告―NPO 法人における『後継者育成・確保の手引き』」2011 年度厚生労働省社会福祉推進事業，2012 年。

第5部
人類成長と社会存続のための パートナーシップ

第15章
運営基盤の整備と順応的ガバナンスの構築

KeyWords

□グッド・ガバナンス　□ガバナンス不全によるリスク　□「統治の共有」としての
パートナーシップ　□団体自治偏重から住民自治拡充へ

　すでにある問題だけでなく，今後も次々と起こりうる問題を解決するとともに，その予防も可能にする社会的な基盤を整備するうえで，組織や社会の適切なガバナンスの重要性は，さらに高まっている。しかし現実には，適正性を欠くものも，また，十分条件としての適正性は確保されているものの，社会の変化に対して資源や潜在的な可能性を活かせずに適切に対応しうる順応性を欠くガバナンスが多いことが，行政や民間（営利も非営利も）も共通して，我が国の最大の問題の1つと指摘せざるを得ない。

　本章では，よいガバナンス（グッド・ガバナンス）のあり方を確認したうえで，変化が大きく，不確実性が高まる社会におけるよいガバナンスを実現する順応性を高めるための要件や進め方について述べたい。

1 よいガバナンスとは─多様なステークホルダーとの協働による持続可能性の向上

　個々の現場の日常的な運営をマネジメントと呼ぶのに対し，組織・機構，ときには社会全体の運営・統治はガバナンスと呼ばれる。

　企業のみならず行政や非営利組織など，すべての組織の社会責任に関する国際規格 ISO26000[(1)] は，組織のガバナンス（organizational governance）について，「組織が目的の追求のために行う判断とその実践を行うシステム」(2.13) と定義し，「定義された体制と手続きに基づく公式なガバナンス機構と，往々にして組織を導く人々による影響を受ける組織の文化や価値にもとづいて生まれる非公式な体制の双方が含まれる」(同 6.2.1.1) としている。

また，OECD[2]は，よいガバナンスについて「Good governance is about whether people have a say in decisions that will affect them, whether such decisions are taken behind closed doors, whether laws are administered fairly and whether funds are used efficiently.」（グッド・ガバナンスとは，国民が自身に影響を及ぼす決定について発言できるかどうか，そうした決定が密室で決められるかどうか，法が公平に運用されているかどうか，資金が効率的に用いられているかどうかという問題である）と定義している。

　さらに東京証券取引所は，コーポレート・ガバナンスについて「会社が，株主をはじめ顧客・従業員・地域社会等の立場を踏まえた上で，透明・公正かつ迅速・果断な意思決定を行うための仕組み」と定義するとともに，5つの基本原則の2つ目に「株主以外のステークホルダーとの適切な協働」をあげ，「上場企業は，会社の持続的な成長と中長期的な企業価値の創出は，従業員，顧客，取引先，債権者，地域社会をはじめとする様々なステークホルダーによるリソースの提供や貢献の結果であることを十分に認識し，これらのステークホルダーとの適切な協働に努めるべきである。（後略）」[3]と，多様なステークホルダーによる資源の提供や貢献が，企業の持続的な成長の源泉であることを理由として，協働の必要性について述べている。

　このように，よいガバナンスとは，定められた規則や手続きのとおりに執行されているかどうかの問題ではなく，組織の規模の大小を問わず，組織の構成員や，その活動の対象となる人々も含む多様なステークホルダーが，自らに影響を及ぼす決定が開かれた場で行われ，それに発言することができ，決められたことが公平に運用され，資金をはじめとする限りある資源が効率的に用いられるよう協働していることが重要である。

　しかし日本，とくに行政機関においては，定められた規則や手続きのとおりに執行することや，決められたことの一律的な運営だけが強調されてしまっており，社会の状況の変化や進展に対応し，さらに予測して備えるために，多様なステークホルダーから積極的に意見を求め，資金や時間やエネルギーをはじめとした資源が，社会の持続可能性を高めるために最適の効率で活用されることを促しているとは言いがたい。

② ガバナンスの進化不足・劣化がもたらすリスクと損失

　日本において，国や地方自治体といった行政でも，小学校区や自治会・町内会の連合会といった地区の範域内の地域経営においても，持続可能性の向上を可能にするよいガバナンスが実現されるための順応性を高めるには，従来型の考え方や進め方を進化させる必要がある。しかし残念なことに，現実には，ガバナンスの進化不足や劣化によって，多くの犠牲や機会の損失が重ねられてしまっている。

　規制は，法令などに基づいて行政が担う最も重要な役割の1つだが，日本においては，特定の利害をもつ事業者などへの配慮が強すぎるがゆえに，その緩和も強化も進んでいない。山間部など公共交通機関へのアクセスに課題をかかえる高齢者らを支援するための交通や，高齢者や障碍者のためのグループホームなど小規模な福祉施設に関する建築基準などでは規制の緩和が，逆に犬や猫などの福祉に反する販売や，海・湖・川などで深刻なごみ問題の原因となる使い捨て型のプラスチック容器包装やストローなどの使用，さらに住宅の断熱性能基準などでは規制の強化が，それぞれ進んでいないために，声の小さな人々や生き物，そして現代に声をもたない未来が，犠牲を押しつけられつづけている。

　もし，悲惨な犠牲が相次いでいる後期高齢者による交通事故を防ぐために，その免許の更新要件を厳しくするとともに，2人まで乗れて日常的な買物程度の荷物も積める電動コンパクトカーの自動運転を，精度の高いGPSや，信号機に取り付けられたETCシステムとを連動させるかたちで，世界で初めて実装させることができれば，さらなる犠牲者を減らすとともに，急増する後期高齢者のみの世帯のQOLを，むしろ高めることができる。こういった，一時の不便や投資を負担して，将来的な利便性や効果を最大化させる「投資」を行う判断力が，日本の政治家や行政職員をはじめ，経営者や地域の役員にまで，悲しいほど不足している。

③ 官民協働による順応はなぜ進まなかったのか

　では，なぜ現在の日本において，順応的なガバナンスが進んでいないのか。その原因について筆者は，現在の「過去からの継続・延長線上」的な体制や判断の前提がすでに崩壊していることへの理解不足と，多様なステークホルダーとの協働，とくに状況の共有から判断，実践，検証と，改善策についての統合的な協働の仕組みが確保されなかったことの2点が，最大の要因であると考える。

　前者については，すでに第2章で詳しく述べたとおり，「これから」は「これまで」の延長線上にはなく，超高齢と人口減少が同時に深刻化する今後の見通しを，正確に共有する機会を設けつづけるしかない。とくに，判断する権能や機会がありながら，先送りしたり，気づかないふりをしている政治家や行政職員，経営者や地域の役員といった人々に対してこそ，「誰一人取り残さない」よりよい未来づくりへの判断を促すために，働きかけつづける必要がある。

　後者の，統合的な協働の仕組みが確保されなかったことについては，その問題を指摘し，改善を働きかけ続けてきた筆者も，力不足を強く反省している。

　特定非営利活動促進法が制定・施行された1998年以降，日本でも官民協働の可能性に対する期待が高まった。とくに翌1999年に横浜市が「横浜市における市民活動との協働に関する基本方針」(横浜コード)[4]が制定されて以降，これをモデルとした指針を掲げて，また多くの自治体では，明文化された条例や指針，基本計画などを持たないままに，協働の名のもとに，市民活動団体との連携を進めようとした。

　しかし今日，そのほとんどは，跡形もなく消え去ってしまっている。その原因は，行政が「状況の共有から判断，実践，検証と，改善策についての統合的な協働の仕組み」を設けることのないままに，コスト削減を目的とした安価な下請け先を探したこと，そして，一部のNPOが，金額や手続きへの不満を抱きながらも，事業費や人件費を求めて，行政が一方的に設けた「協働という名がついただけの補助・委託」を受け，その制度の利用者になってしまったがゆえに，統合的な協働の仕組みについて提案も改善の働きかけも行わなかったこ

とにある。

こういった事態を予測していた筆者は，「都道府県・主要市におけるNPOとの協働環境に関する調査」[5]と題した，すべての都道府県・県庁所在地市・政令指定市を対象に，指針・条例の策定から協働事例の評価，指定管理者制度の監査など計20項目（表15-1）について，あらかじめ7段階の評価基準を設定し，どの水準に達しているかを，各自治体のウェブサイト上に公開されている情報をもとに採点し，各自治体の確認を求める方法により，9割以上の回

表15-1 「都道府県・主要市におけるNPOとの協働環境に関する調査」の設問項目

設問項目
(1) a 指針・条例，推進評価体制
(1) b 仕組みのプロセス公開
(1) c 評価・見直しへの市民参加
(2) a 協働推進部署の機能
(2) b 職員の全庁的育成
(2) c 全庁的な推進体制
(2) d 庁内での協働事例共有・活用
(3) a 市民からの提案受け止め
(3) b ア 協働事業の審査公開
(3) b イ 審査機関への市民参画
(3) b ウ 選考のフィードバック
(3) c 事例の公開・活用
(3) d NPOとの研修
(4) a 協働事例の評価実施
(5) a ウェブサイト上の協働情報入手しやすさ
(5) b NPO等の情報整備・公開
(6) a 指定管理選定プロセスへの市民参画
(6) b 指定管理の監査機関の有無，市民参画
(7) a 市区町村のみ：小規模多機能自治
(7) b 都道府県のみ：市町村とNPOとの協働推進

答を得た調査を，2014年まで計5回実施した。設問項目に評価基準を設定したのは，ランキングや格付けするためではなく，各自治体が各項目について「自分たちはどの水準をめざすのか」と「実現できているのはどの水準か」，そして，ベンチマークすべき，あるいは，ライバルと目する自治体が実現している水準を確認して，その差を課題として取り組みを進めてもらうためだ。

この結果をもとに，延べ200回近くに及ぶ報告会・勉強会を，調査に協力くださった全国各地の市民活動支援センターのみなさんとの共催などにより積み重ねてきたが，本当に残念なことに，ほとんどの自治体において「状況の共有から判断，実践，検証と，改善策についての統合的な協働の仕組み」は構築されないうちに，協働への意欲も，取り組みの数も，小さく萎んでしまっている。

4 社会の変化に対応する順応的ガバナンス─その課題と展望

⑴ 「統治の共有」としてのパートナーシップ

　事態の悪化を予測し，それを予防するための手を尽くしながら，結果として状況を改善できなかったことについては，力不足を恥じるしかない。本当に残念だったのは，社会に新しい仕組みをつくり，主体的に改善を提案しつづける存在であるべき団体の多くが，行政がつくった制度の利用者でありつづけたことだ。

　パートナーシップ，とくにセクターを超えたパートナーシップにおいては，それが目的ではなく手段である以上，よりよい社会づくりや持続可能性の向上といった目的の実現のために，手段であるパートナーシップ自身の改善や進化が，当然に求められる。しかし一方の当事者である行政が一方的にその仕組みを設け，もう一方の当事者である団体がその利用者でありつづければ，改善や進化はもたらされにくくなる。筆者はその問題の原因が，官民双方が，自分たちの協働の仕組みや運用の状況に関する，絶対的な水準（自分の県・市の達成水準）や相対的な水準（全国的に，あるいは同様の自治体との比較でどういう水準にあるか）に関する情報が与えられていないことにあると考えて，協働環境調査を実施しつづけたわけだが，本当の問題は，むしろそれ以前の，団体側が主体的に，仕組みの改善の提案をしつづける存在でなかったことにあった[6]。

　国際科学会議（ICSU）などが提唱し，2015年から本格的に始動した「フューチャー・アース」（Future Earth）は，持続可能な地球社会の実現に向け人々の生活や意識の変革を促すために，科学分野の枠を超えた研究者コミュニティと社会のステークホルダーとのネットワークを促進し，ともに知とイノベーションを提供することを目的とする国際的な研究プラットフォームだ[7]。ここでは研究テーマの選定・計画立案（co-design）から研究の実施（co-production），研究成果の社会実装（co-delivery）までを，ステークホルダーとともに協働で行うことを特徴としている。しかし研究者が果たすべき役割は，調査・研究から開発・実装の段階までであり，主にその後の普及・展開の段階の場となる市場と社会を担う企業と消費者・市民と行政にとっては，市場と社会の統治の共有（co-governance）も重要である。

⑵　団体自治偏重から住民自治拡充へ

　よいガバナンスの要件である「判断から実践までの統合的な協働」について，株主が所有者である企業においては，消費者や取引先をはじめとする多様なステークホルダーは，あくまで判断から実践までに「参加する」という立場にすぎない。しかし，市場や社会といった，まさに多様なステークホルダーによって共有されている場や機構においては，ステークホルダーは判断から実践，そして，その継続的な改善や持続可能性の向上といった運営の全般に参画し，自ら主体的に統治することが求められている。

　そのとき，人々が，与えられたものを選び使うだけの消費者にとどまるのか，それとも，自ら民主主義の当事者として，責任と役割を担う市民となるかが問われることになる。

　民主主義とは，物事を決める際に，特定の誰かが決める（＝専制主義）のではなく，みんなで決めるという，意思決定のあり方の1つだが，「こうしてほしい」と要望して投票に参加するだけでなく，決めた結果の実現にも責任を負うことが，民主主義の確立には不可欠だ。つまり，決める権利だけではなく，実現の責任も負うからこそ，民主主義は，全体にとって，長期的な視点で，よりよい判断を導く。市民社会とは，「誰かが用意してくれたサービスを受け取るだけ」という消費者のために，一部の人だけが汗をかくのではなく，民主主義の当事者としての市民が，心と力を尽くして運営する社会を意味する[8]。

　このように，社会の変化に対応する順応的ガバナンスを可能にし，問題解決の運営基盤を整備するためには，判断から実践までの統合的な協働を実践できるよう，参画の機会を開くとともに，人々がその担い手となれるよう，育てる必要がある。地域の暮らしに結びつけていえば，行政だけが決め，住民にサービスを届けてきた「団体自治」偏重から，行政と住民がともに未来を考え，必要な判断と実践をともに行う「住民自治」拡充への進化が求められている。

表15-2 小規模多機能自治・地域経営を始める・進める・育てるために行政・住民がすべき88項目

【行政がすべきこと 42項目】	【住民がすべきこと 46項目】
<u>自治体アセスメントで，これまでとこれからの推移を正確に知る</u> ①人口・世帯構成，財政（福祉，公共施設），職員数の推移を示す。 ②施策アセスメントで，課題（＝理想と現実の差）を明らかにする。 ③トップを本気にする。 ④議員や住民組織の役員に，今後の見通しを正確・詳細に伝える。 <u>基本方針を示す</u> ⑤姿勢・方針を示す。 例：「〇年後までをめどに市内全地域で設立」 ⑥上級管理職に邪魔をさせない。 <u>施策体系を整える</u> ⑦目的，拠点，資金を含む推進計画，要綱・指針を策定する。 ⑧小規模多機能自治を進める10年間ロードマップを策定する。 <u>全庁的な体制を整え，各課と連携して推進する</u> ⑨管理職級中心の推進組織を設け，全庁的な課題や対応を協議する。 ⑩実務担当者中心の会議体を設け，日常的な課題や対応を協議する。 ⑪部門横断的な連携により，地域の課題や希望に対応する。 <u>支所など地域担当部署が，地域運営組織の支援を業務として行う</u> ⑫各地域運営組織との協議を毎年複数回行い，必要性の高い課題への取り組みを支援する。 <u>住民を「お客様」ではなく「株主・投資家」と位置付ける</u> ⑬人口・世帯，財政（福祉，公共施設），職員数の推移を正確に伝える。 ⑭公共施設等総合管理計画を詳細に伝える。 ⑮行政が実施・提供している各業務の費用を示す。 <u>小規模多機能自治を担う地域運営組織の設立を促す</u>	<u>地域アセスメントで，これまでとこれからの推移を知り，備えていく</u> ①人口・世帯構成の推移を知る。 ②行事・会議・組織を棚卸しして時間の使い方を知り，変えていく。 →③地域の組織・行事・会議の一覧表を全戸に配布する。 →④行事の共有を進める 例：運動会に防災系プログラムを組み込む。 文化祭と敬老会を併催する。 →⑤会議の共有を進める。 例：総会など会議の同日合同・連続開催 →⑥事務の共有を進める。 例：会計の共有 ⑦中学生以上全住民対象の調査を数年おきに定期的に実施する。 →⑧調査結果を全世帯に配布する。 →⑨報告会 兼 意見交換会の開催を積み重ね，共有と提案を促す。 →⑩調査結果をもとに，事業を見直す。 <u>意思決定と事業実施の体制を整える</u> ⑪議決機関の人員構成を決める。 →⑫組織代表の充て職より実力重視で。 →⑬女性役員比率を高める。 →⑭簡単な会議録を広報などで随時共有する。 ⑮部会の人員構成を決める。 →⑯単純継続せず，2年ごとに見直す。 ⑰事務局員を決める。 →⑱就業規則，雇用条件，求められる姿勢，担当業務，権限，目標などを文書で定め，予め合意し署名する。 <u>他の地域組織と学び合い，磨き合って人材を育てる</u> ⑲自慢大会（地域組織の取り組み発表会）に参加し互いから学び合う。 ⑳円卓会議（部会役員同士の事例共有会議）に参加し互いから学び合う。

⑯住民対象の説明＋意見交換会を積み重ねる。

⑰疑問や不安をすべて出し尽くしてもらい，解消しながら進める。

⑱地域（集落）アセスメントの実施を促し，集計し，傾向・特徴を示す。

公民館などの施設を，地域自治の拠点として小規模多機能的に運営する

⑲地域運営組織による管理運営を進める基本方針を定める。

⑳防災やバリアフリー，セキュリティなどの観点から整備する。

個人情報保護法を正しく理解し，管理・利用する体制づくりを促す

㉑「地域団体のための個人情報の取り扱いに関する手引き」を策定する。

㉒「福祉・備災カード」など地域運営組織としての住民台帳づくりを促す。

補助や事務委託などを通じて，資金面で小規模多機能自治を促す

㉓人口割・世帯数割などに基づく固定的な補助制度を，事業費申請型に是正する。

㉔行政直営や企業委託していた業務の，地域組織への委託を検討・推進する。

㉕ふるさと納税を活用して，事業資金を補助する。

㉖小商いを促す。

地域運営組織同士が，学び合い，磨き合って人材を育てる機会を設ける

㉗自慢大会（地域組織の取り組み発表会）を開催する。

㉘課題別の円卓会議（部会役員同士の事例共有会議）を開催する。

㉙相互視察を促す。

㉚若者のチャレンジを支援する施策と連動する。

㉛「地域経営研究所」を設けて，次の担い手の育成を横断的に行う。

地域運営組織の発信や事務などを支援する

㉜SNSやポータルなどを設けて，地域運営組織の発信を支援する。

㉝税務・労務・損害保険など，地域運営組織の事務や機能を支援する。

㉑他地域の視察を積極的に行う。

㉒「地域経営研究所」に，将来の担い手候補を送り出して育てる。

「お客様」ではなく，「株主・投資家」として行政に接する

㉓人口・世帯，財政（福祉，公共施設），職員数の推移を正確に知る。

㉔公共施設等総合管理計画を詳細に知る。

㉕行政が実施・提供している各業務の費用を知る。

個人情報保護法を正しく理解し，管理・利用する体制づくりを進める

㉖「地域団体のための個人情報の取り扱いに関する手引き」に基づき，「福祉・備災カード」などを利用した独自の住民台帳づくりを進める。

活動・事業の質的な充実を積み重ねる

㉗健康づくり活動を定期的に行い，体重や血圧などの測定データに基づく専門家の助言も受ける。

㉘寄り合い・サロンなどの活動を定期的に行い，運営協力者を増やす。

㉙見守り・配食などの活動を定期的に行い，運営協力者を増やす。

㉚買物支援活動を定期的に行い，地域住民の生産物も販売する。

㉛子ども向け活動を活発に行うとともに，地域活動の担い手に育てる。

「行事の参加者」ではなく，「地域課題の担い手」を育てる

㉜まちあるき，体験などのコミュニティ観光活動の担い手を増やす。

㉝住宅や仕事の紹介・発信など定住受け入れ活動を行う。

㉞空き家の状況把握を行う。

㉟空き家の片付けボランティアを育て，片付けを実施する。

㊱就農者や職人などを受け入れるために，発信や視察を積極的に行う。

㊲特産品・サービスの販売活動を定期的に行う。

<u>地域運営組織間の連携・協働を促す</u>

㉞地域運営組織の連合組織を結成し，連携・協働を促す。

<u>地域担当制度を設けて，行政職員が地域運営組織を支援する</u>

㉟地域担当職員を各地域運営組織に複数名配置する。

㊱行政と各地域運営組織が，必要性・有効性の確認に基づいて，地域担当職員が担う業務について事前に協定を交わす。

<u>行政職員が，自治会やPTAなど地域内組織の役員を務めるよう促す</u>

㊲行政職員の地域内組織での役員就任状況を把握する。

<u>総合評価方式による入札を活用して，地域貢献企業を優遇する</u>

㊳工事・物品を問わず全庁的に総合評価方式を導入し，環境や労働，人権など，行政が推進する多様な政策の推進に貢献する企業を「地域貢献企業」と認定するなどして優遇する。

<u>進捗，成果や課題を定期的に確認し，制度・施策の改善に結び付ける</u>

㊴各地域運営組織の進捗，成果や課題を毎年確認したうえで改善案を策定し，各組織や全庁推進会議，議会などに報告する（年次レビュー）。

㊵中期的な推進計画や総合計画の見直し・策定時期に合わせて，年次レビューの積み重ねに基づいて，次の目標や計画を策定する。

<u>地域代表性を担保する制度を設ける</u>

㊶住民投票により，地域運営組織の地域代表性の信任を確認する。

㊷信任された地域運営組織と行政とが，包括的な協定を結ぶ。

㊳SNSを活用し，地域の日常や特産品などについて発信する。

<u>発災時に被災者を支援する備災活動や訓練の参加者を増やす</u>

㊴「福祉・備災カード」などをもとに，在宅被災者も支援する「被災者支援拠点」の運営訓練を積み重ねる。

<u>住民自らがつくる・提供するものを販売する「小商い」を促す</u>

㊵つくってみる・売ってみる・買ってみることを促す。

㊶販売傾向や改善すべき点などを共有する会合・研修を開く。

<u>半期ごとに活動・事業をふりかえり，部会・組織の在り方も見直す</u>

㊷子どもや若者にも，活動・事業の企画やふりかえりにも参加を求める。

㊸部会体制や役員構成などの再編・軽減・育成についての基本方針を定める。

<u>主な会議の年間予定を予め示し，重要な議題は事前に意見をたずねる</u>

㊹主な会議の年間予定（日程・議題）を予め示した一覧表を配布する。

㊺重要な議題は，事前に文書で住民の意見をたずねる（予備的な調査）。

㊻地域代表性を確立するために，住民による信任投票を受ける。

出典：「続・小規模多機能自治 地域経営を始める・育てる・進める88のアクション」『ソシオ・マネジメント』第6号，IIHOE

⑶　小規模多機能自治・地域経営を始める・進める・育てるために行政・住民がすべき88項目

　住民自治の拡充は，住民自身がその必要性に気づき，受け止め，判断し，実

践を積み重ねるとともに，行政がそれを促し支える施策体系を基盤として整え
つづけることなくしては実現しない。すでにその必要性を受け止め，真摯かつ
謙虚に，実践を積み重ねつづけている島根県雲南市など，全国各地の地域をお
手伝いをするなかから，小規模多機能自治という地域経営，いわば地域のガバ
ナンスの共有を，始める・進める・育てるために，行政すべきこと 42 項目，
住民がすべきこと 46 項目の計 88 項目にまとめたのが表 15-2 である。

　小規模多機能自治推進ネットワーク会議の構成団体をはじめとして，これら
の項目を参照しながら，現状や今後を住民と共有し，活動や組織のあり方を見
直す地域や，それを促す自治体が着実に増え続けていることは，本当に心強い
限りだ。地域経営の担い手を増やし，育て続けることが，地域と社会の持続可
能性を高めるうえで，最も有効であると信じ，そのお手伝いを続けていきたい。

［川北 秀人］

本章を深めるための課題

1．自分の所属する組織において，よいガバナンスの要件である「判断から実践ま
　での統合的な協働」が実践できているか確認しよう。
2．「判断から実践までの統合的な協働」を担う市民を育てるために，どのような
　資料や機会が有効か考えてみよう。
3．「小規模多機能自治・地域経営を，始める・進める・育てるために，行政・住
　民がすべきこと 88 項目」を，自分が住む自治体や地域の人々と共有しよう。

注
(1) ISO26000 Guidance on Social Responsibility, https://www.iso.org/standard/42546.ht-
　　ml. Organizational Governance (P3, 2.13): system by which an organization makes
　　and implements decisions in pursuit of its objectives.
(2) OECD, "From Aid to Development", https://www.oecd-ilibrary.org/agricul-
　　ture-and-food/development-and-aid_9789264123571-en, 2010.
(3) 株式会社東京証券取引所「コーポレートガバナンス・コード 会社の持続的な成長と中
　　長期的な企業価値の向上のために」https://www.jpx.co.jp/equities/listing/cg/, 2018 年
　　6 月。
(4) 横浜市における市民活動との協働に関する基本方針 https://www.city.yokohama.lg.jp/
　　kurashi/kyodo-manabi/shiminkyodo/kyodo/jourei/code.html, 1999 年。
(5) IIHOE［人と組織と地球のための国際研究所］「都道府県・主要市における NPO との

協働環境に関する調査」，第 1 回（2004 年），第 2 回（2005 年），第 3 回（2007 年），第 4 回（2009 年），第 5 回（2014 年），http://blog.canpan.info/kyoukantyou5/

(6) 行政と市民活動団体との協働が進まなかったもう 1 つの大きな原因として，行政側の期待が「面的な協働」，つまり域内全体を網羅した活動を期待したのに対し，団体側は点を掘り下げ，深める協働を志向したことによる，思惑のずれがあったと筆者は考える。この点については，株式会社ぎょうせい「月刊ガバナンス」2019 年 3 月号「『選べる協働』から『住民自治を拡充する』総働へ」に詳しい。

(7) 国立研究開発法人科学技術振興機構（JST）社会技術研究開発センター（RISTEX）フューチャー・アース構想の推進事業において，筆者は委員を務めている。https://www.jst.go.jp/ristex/examin/fe/fe.html.

(8) 「消費者ではなく『市民』を育て，活動ではなく『しくみ』をつくる」については，IIHOE［人と組織と地球のための国際研究所］刊「ソシオ・マネジメント」第 1 号「社会に挑む 5 つの原則，組織を育てる 12 のチカラ」に詳しい。

第16章
問題解決の推進力を強化する場づくり

KeyWords

□共有ビジョン □メンタルモデル □対話（ダイアローグ） □緊張感ある信頼関係 □課題創造型社会 □学習する地域 □環境学習エコシステム

　今，環境問題は温暖化，生物多様性危機，人権問題のかたちで私たちの眼前に現れている。いっぽう，公害問題はすでに過去の事として捉えられているが，現在でも多くの人々に苦しみを与えつづけ，地域のなかに大きな分断と対立の構造を生み出している。筆者は，約10年前から新潟水俣病の阿賀野川流域の地域再生のお手伝いをしている。新潟県ではこれまで「もやい直し事業」として2005年より地域の分断を乗り越えるため事業を行っている。

　いっぽう，四大公害訴訟でも，富山県のイタイイタイ病は被害者団体と原因企業の間で全面的な解決を迎えた。これは公害における対立を乗り越える画期的な事であった。富山では原因企業と被害者団体の間に「緊張感ある信頼関係」（被害者団体の言葉）の構築がなされ，この関係性から全面解決が導かれた。

　筆者の属する「一般社団法人あがのがわ環境学舎（以下，あがのがわ環境学舎）」は「もやい直し事業」を発展させ，行政，教育委員会，専門学校，原因企業が共同で新潟水俣病の教材をつくり，流域の小中学校で環境学習に共同で活用していくコンソーシアム事業を実施している。その特徴は公害の影の部分だけはなく，地域の宝物として地域資源にも光を当ててきた。地域が再び，自らかけがいのない存在としての意味を取り戻すことに協力してきた。このなかで，さまざまな団体からなるコンソーシアム形式で教材を作成した事例を述べる。

　最後に立場のちがいのある団体が，自組織の目標より高次の共有ビジョンを設定し，共同学習し，これを行動の規範とし，「対話」（ダイアローグ）を行い対立を超え未来を創造していく可能性に言及する。住民自身が自ら学んでいく「学習する地域」「学びあいの地域」のあり方，環境学習のエコシステムの構想を述べたい。

1 新潟水俣病の歴史と経過

「公害」とは1950年台後半から1960年代の日本の経済復興の時期に，各地で起きた工場から排出された有害物質により水，空気が汚染され，住民の健康に深刻な被害を与えた事件である。

教科書にある四大公害病は，熊本県の水俣市で起きた水俣病，富山県の神通川のイタイイタイ病，三重県の四日市コンビナートの煤煙によるぜんそく，そして新潟県阿賀野川流域での新潟水俣病である。これらは戦後の日本経済が急速に回復する過程において，産業構造上の必要性から重化学工業化が推進され，高度経済成長の過程における歪みとして捉えられている。時代のなかでの不幸な事件で，現在は解決された過去の問題と考えられている。

水俣病はメチル水銀化合物に汚染された魚介類の長期間摂取による，中毒性の神経疾患である。発生源は，水俣の場合がチッソ水俣工場，新潟の場合が昭和電工鹿瀬工場であった。典型的な症状として手足の感覚障害に加え，運動失調，平衡障害，求心性視野狭窄，聴力障害などがあげられるが，現在の被害者の大半は手足の感覚障害に苦しんでいる。

新潟水俣病は熊本で水俣病が公式発見されてから9年後の1965年5月31日に，新潟県によって公式に確認された。すでに前年から阿賀野川下流沿岸で熊本と同様な症状が相次ぎ，当時鹿瀬町（現阿賀町）にあった昭和電工鹿瀬工場がメチル水銀の排出源として疑われ，1968年に政府の統一見解によって公害として認定された。

2018年10月現在での被害の実態は，法律によって認定された被害者（いわゆる認定患者）が714名，水俣病総合対策医療事業の対象者が2980名の大きな被害を生んでいる。被害者の多くは高齢のため，すでに亡くなっている人も多いが，現在でも国や新潟県，昭和電工を相手取った訴訟が続いている。新潟水俣病も，現在進行形の問題である。

新潟水俣病では，被害者が救済を求め，原因企業の昭和電工や国，県を相手取り，これまで何度も訴訟（新潟水俣病第1次訴訟，同第2次訴訟，同第3次訴訟，ノーモア・水俣新潟全被害者救済訴訟）を提起し，損害賠償を求めた。1次訴訟

は 1971 年に原告勝訴として結審したが，第 2 次訴訟では解決が長引くなか，早期解決のため，与党 3 党から最終解決案が示され，この内容をふまえ 1995 年に被害者団体と昭和電工との間で解決協定が締結された。また，被害者の救済制度として 1969 年に成立した法律に基づく認定制度が発足し，その後認定患者には，1973 年に締結された補償協定に基づいて昭和電工から医療費や補償費が支給されるようになった。また，認定はされないものの，水俣病にもみられる症状を有する被害者に対して国の水俣病総合対策医療事業に基づく療養費などが国や県から支給されている。いっぽう，この水俣病総合対策医療事業の対象となる給付申請の受け付けは，これまで何度かの申請の締め切りと再開を繰り返し，2012 年で申請が締め切られた。今でも差別や偏見を恐れて被害の声を上げられない人や，自分の症状が水俣病と気づいていない人がいると考えられ，継続中の訴訟や新たな裁判の提起も続いている。

　このように，裁判過程や救済制度がたいへん複雑になったのは，裁判の過程におけるさまざまな局面で，被害者側の要求と政府の対応，最高裁の判決が喚起する新たな訴訟の動きなどが複雑に絡み合った結果といえる。こうした状況の副作用として風評被害が起きた地域で被害者が声を上げにくい雰囲気が醸成され，一部で被害者間あるいは支援者間の対立なども生まれ，「偽患者」「金目当て」などの差別・偏見が地域社会のなかで発生するなど，さまざまな分断が引き起こされた。このように健康被害だけでなく，さまざまな分断などにより，阿賀野川流域に暗い影を落としてきたが，近年は患者の高齢化や水俣病を知らない世代もあり事件の風化も進んでいる。

　新潟水俣病に限らず，公害は単純に被害者と原因企業という対立構造だけではなく，被害者間の対立や，一般市民から患者への差別や誹謗，公害発生外地域から公害発生地域への偏見や風評被害などさまざまな複合的対立構造を呈し，地域へのダメージは公害発生後も長く続いている。

　いっぽう，阿賀野川流域でも少子高齢化，過疎化などの影響で，経済的な地盤沈下も進み，地域おこしや阿賀野川ブランド構築にも取り組みたい気運も生じ，新潟水俣病を過去のものとして扱いたいという思いもある。また，原因企業の昭和電工鹿瀬工場では　1965 年に実質的にメチル水銀の排出源となった

アセトアルデヒドのプラントでの生産を終了。1986 年から現在までは関連会社の新潟昭和㈱が建材製品の生産を行っている。最盛期は旧鹿瀬町で 2000 名を超える従業員を擁していたが，現在では協力企業を入れても 100 名程度となっており，地域経済における重要性は，全盛期に比べ著しく低下している。このように新潟水俣病は，現在に至るまでさまざまな場面で地域になお影響を与えている。

2 もやい直し事業

　このように地域の再生，振興が必要な状況において，新潟県としても水俣病の教訓を生かすさまざまな取り組みを行ってきた。患者の「語り部」による体験談を話す機会を設け，県内小・中学生を対象に新潟水俣環境賞作文コンクールなども行われている。

　さらに，新潟水俣病被害者の会，阿賀野患者会，新潟水俣病共闘会議の 3 団体は毎秋に，一般市民を対象に工場周辺の視察や被害者などと交流を図る「現地調査」を行っている。この 3 団体は水俣病の教訓と経験をいかすシンポジウムや集会も開催している。また，1995 年に新潟水俣病被害者の会，新潟水俣病共闘会議と昭和電工との協定に「昭和電工は地域の再生・振興に参加・協力する趣旨から新潟県に対して 2 億 5000 万円を寄付する」ことが盛り込まれ，県はこれを受け入れ「水俣病の教訓を生かす事業」に取り組んだ。これにより「環境と人間のふれあい館」の建設，新潟水俣病の書籍，小学校の副読本の出版を行った。

　2005 年 6 月 6 日，新潟水俣病の発生が公式に確認されてから 40 年を迎えることを契機に，当時の泉田新潟県知事が「ふるさとの環境づくり宣言」を発表し，新潟水俣病が発生した地域での「もやい直し」の推進や教訓の伝承などを表明した。当時の泉田知事は「ふるさとの自然を二度と汚さない」ことを行政運営の基本方針とし，①阿賀野川流域や社会全体で新潟水俣病に対する正しい理解が広まること，②水俣病の教訓が生かされ被害者が安心してくらしていけるようになることを目標として明示された。この 2 つの目標はまとめて「地域

社会の再融和を図るもやい直しの推進」として位置づけられた。

　翌2006年には，同宣言などに基づき，「もやい直し」の推進と福祉対策の各施策を盛り込んだ「ふるさとの環境づくり宣言推進事業」をスタートさせ，2007年より本格的に「阿賀野川え〜とこだプロジェクト」は「もやい直し」推進の中核的な事業に位置づけられた。

　新潟水俣病に向き合い，これを乗り越える「阿賀野川流域地域フィールドミュージアム事業」（略称：FM事業）が新潟県の主導で始まった。ここで総合プロデューサーを擁立し，流域市町，有識者，流域関係者などが参画する「FM事業実施検討会」を立ち上げ，筆者も参画した。この検討会で意見集約を行い，FM事業の事業理念として以下を策定した。

　阿賀野川え〜とこだ憲章
　　私たちは新潟水俣病に学び教訓を伝承することで，負の遺産から新たな価値を創造していくことを目指します。阿賀野川流域の宝物を広く内外に発信しながら，公害により失われた人と人，人と自然，人と社会の絆を紡ぎ直し，地域を愛する人が地域の未来を創る「流域自治」の確立に向けて行動します。

　2008年，実施検討会は推進委員会に名称変更し，個別事業を企画し上流地域から事業を施行した。そこで，さまざまな個別事業を「イベント」「環境学習」「情報発信」の3分野に分類して，それぞれに「プロジェクトチーム」を立ち上げた。地元との対話の場を設け，少人数で対話する「ロバダン！」（炉端談義）を多数開催してきた。この対話はすでに400回以上行われ，現在の公害地域を知る大きなきっかけとなった。そのなかで地域は公害の影の歴史だけでなく，宝のような資源もたくさんあることに気づいた。そこで「流域の光と影」を題とするさまざまな地域再生の取り組みを展開し，環境教育のための紙芝居の上演や流域地域の歴史のパネル巡回展の開催など行った。また，「阿賀野川え〜とこだ　だより」を発行（2019年7月現在28号）して流域各戸に配布した。

　2010年度はパネル展「鹿瀬・昭和電工・阿賀野川　光と影を織りなしてきた歴史」を流域で巡回し，地域の今昔の光と影を見つめ直す「地域再発見講座」

の開催，年度末にFM事業の1年を振り返る「フォーラム」を開催した。環境教育分野では基本理念を策定したうえで「新潟水俣病スタディーツアー」の企画運営への協力などを通じて公害学習プログラムの開発実施などを行った。この事業を発展的に継承し2011年より受託しているのが，筆者が共同代表を務める「あがのがわ環境学舎」である。

写真16-1　ロバダンの様子

　ほかに，水俣病の理解を促進するための，教職員研修，地域市町村職員の研修やほかのNPO団体との協力で小中学校における地域学習を共同で進め，「新潟県立 環境と人間のふれあい館」への協力，水俣病を題材に企業のCSR研修，大学生対象の「あがのがわ環境学習ツアー」，新潟大学の集中講義などを実施している。私たちの活動の特徴に地域の埋もれていた宝（特産品）などを発掘しそれを再びまちおこしや収益源とする事業がある。それが「蒸竈（むしかまど）」である。これは素焼きのカマドで，阿賀野市の小田製陶所が70年前につくっていたものであるが，これを復刻し，現代の生活に合わせ小型にリニューアルして販売を開始，その販売を手伝っている。このように「あがのがわ環境学舎」は自身の持続可能性を確保するため収益事業も併せて行っている。

　また，阿賀町の歴史に，その発展の元に草倉銅山の存在を見いだしたのも私たちである。草倉銅山は古川財閥の祖でのちに足尾銅山の開発を行った古河市兵衛が最初に手掛けた銅山であり，足尾銅山の鉱毒事件にもつながることが判明した。

　このようにロバダンを行うことにより，地域のさまざまなステークホルダーと対話し，地域の歴史，文化，産品を掘り起こしながら地域の住民自身が学びあっていく「学習する地域」「学びあいの地域づくり」を行っている。

3 イタイイタイ病のケース

　イタイイタイ病は，新潟水俣病と同様に四大公害病として認定されたもので，富山県の神通川流域で発生した。この流域での鉱山開発の歴史は古く，江戸時代から銅，銀，鉛などの採掘が行われていた。イタイイタイ病の被害自体は大正の頃からすでに発生しており，ほかの公害が高度経済成長期にあったのとは事情を異にしている。病気の原因は三井金属鉱業株式会社，神岡鉱山（岐阜県飛驒市）の亜鉛を採掘する過程から排出されたカドミウムが神通川の水や流域，水田を汚染し，この川の水や汚染された農地に実った米などを通じて体内に入ったことである。患者は腎臓の機能障害によりカルシウムがうまく骨に取り込めなくなり，骨折しやすく「イタイイタイ」と言って亡くなっていくことから「イタイイタイ病」と名付けられた。公式な患者数は 200 名，内女性が 195 名である。

　このイタイイタイ病は，数次による訴訟が行われてきたのであるが，2013 年に全面解決を迎え，三井金属鉱業と被害者団体の間で合意書が交わされている。被害者住民団体は，1972 年直接交渉によって締結した誓約書および協定書を破棄せず，患者賠償と土壌復元，三井金属の子会社・神岡鉱業による発生源対策が一定の基準値になったとして，三井金属鉱業の謝罪を初めて正式に受け入れた。その際，国の基準では救済されないいわゆるカドミウム腎症の患者に 1 人 60 万円の一時金を支払うと合意された。

　公害の裁判のなかでほぼ唯一といえる全面解決されたイタイイタイ病訴訟は，なぜこの結果に至ったのだろうか。訴訟は患者団体の完全な勝訴となり，三井金属鉱業は第 7 次訴訟まで総額 23 億 5633 万円の損害賠償金の支払い，農業被害の賠償と汚染土壌の復元義務，住民の立ち入り調査権を認めた公害防止協定書の締結の 3 点を内容とする和解に応じることとなった。三井金属側はこの立入調査権を認め，その協定から 1 年に一度，神岡鉱業を全面開放して専門家，弁護士，被害者団体の 3 者を受け入れて徹底的に調査を受ける，さらに年 6 〜 7 回詳細に調査を行う「専門立ち入り調査」が実施されている。これは 1972 年から現在に至るまで行われてきており，現在も終わったわけではない。

筆者が富山のイタイイタイ病の地を訪ねたのは2009年，財団法人公害地域再生センター（通称：あおぞら財団）の主催する「公害地域の今を伝えるスタディーツアー2009」に参加したのが縁である。このときのメンバーが中心となって集まって公害教育を実施している組織の交流を図ることを目的として2013年度に結成されたのが「公害資料館ネットワーク」である。その協働ビジョンは「各地で実践されてきた『公害を伝える』取り組みを公害資料館ネットワーク内で共有して，多様な主体と連携・協働しながらともに二度と公害を起こさない未来を築く知恵を全国，そして世界に発信する」ことを目的としている。ここには地球規模の環境問題の解決には，人権や社会的公正の問題がかかわっているという「持続可能な開発のための教育（ESD）」としての意味をもっている。

　このスタディーツアーで富山を訪問したときに強い印象を受けた。ツアーで神岡鉱業（三井金属より1986年から子会社化された神岡鉱業株式会社）の工場のなかに入り，現在の工場の説明を会社担当者から受けたことである。現在，工場は亜鉛，鉛の採掘は行われておらず，鉛のリサイクル，廃バッテリー処理，亜鉛精錬工場，石灰の採掘などが行われている。また，砕石跡をカミオカンデ，スーパーカミオカンデの研究の場として利用されている。とくに環境対策に細心の注意を払っており，環境認証ISO14001の取得も行われていた。見学会のあとの質問の時間でも，当時の職員の案内や説明もなされた。

　原因企業が一般の人に対し，工場を公開して説明を行うということ自体たいへん驚いた。というのも，新潟水俣病，水俣病などではその当時，公害原因企業でこのような対応はされていなかった。被害者の数，対象地域の広さ，さらに訴訟が継続中ということもあるが原因企業と被害者は富山のような関係は存在しなかった。いっぽう，イタイイタイ病対策協議会と三井金属鉱業との間は，すでに「緊張感ある信頼関係」（被害者団体の言葉）が築かれていた。筆者は，そのことをこのツアーで初めて理解できた。このときから企業とステークホルダーはいかなる関係性が望ましいのかという問題意識をもつようになった。これを契機として2010年にはスタディーツアーは新潟水俣病の地で行われた。

　この流れが「公害資料館ネットワーク」として設立されたことは前述のとお

りである。そして，2013年再び
新潟で「公害資料館連携フォー
ラム in 新潟」が開かれ，このと
き，今の企業分科会（当時は
「CSR と公害教育」）で筆者が担当
委員の一人としてこのイタイイ
タイ病の事例を取り上げ参加者
とともに事例研究を行った。
2014年12月，「公害資料館連携
フォーラム in 富山」において

写真 16-2　公害資料館連携フォーラム in 富山

「企業との関係づくり」という分科会において神岡鉱業㈱の中山惠造常務取締役，
森瀬良一取締役技術部長（ともに当時），神通川流域カドミウム被害者団体連絡
協議会（被団協）高木勲寛代表，富山県立イタイイタイ病資料館　村田真一副
館長（当時）の三者と筆者がコーディネーターとしてパネルディスカッション
を行った。当時でもこの三者が出演するパネルディスカッションは画期的なこ
とと思われた。このなかでなぜ，2つの団体が「緊張感ある信頼関係」をつく
りえたのかということをディスカッションした。この関係の特徴として5つが
あげられる。

①企業側のオープンで正確な必要とされるすべての情報提供とその共有
②真摯な対話の継続
③互いのメンタルモデルの理解，受容
④共有ビジョンの明確化と共有
⑤ビジョン実現のための共同学習，共同行動

　裁判の結果を受け1972年から現在まで続いている立入調査は，専門家の年
数回の立ち入り調査と，年一度行われる全体立ち入り調査の2つがある。とく
に全体立入は地元住民，学者，弁護士，被害者団体など200名近くが調査する。
三井金属側に対し当初はたいへん厳しい視線が注がれていた。この調査は，問
題を発掘，指摘するものであったからだ。そこで徹底的な情報の共有がなされ
たことは重要である。

1990 年代以降，徐々にこの調査結果に基づき対話が繰り返された。ここに
お互いの信頼関係の構築がみられる。この過程で，互いのメンタルモデルの理
解と受容があったと思われる。メンタルモデルとは現実の世界をどのように認
識し解釈するのかの認知モデルである。原因企業のメンタルモデルは，「企業
自体の存続を第一に考え，被害者団体の要望はすべて受け入れなければならな
い」というもの。被害者団体のメンタルモデルは，「企業は何か都合の悪いこ
とを隠し，協定に違反していることをしているのではないか，それを監視しな
ければならない」というものであった。これらのメンタルモデルが，対話を継
続するなかで，企業側は自分たちのできないことや不況における企業の窮状も
率直に話していいのだということに気づいた。いっぽう，被害者側も水質の達
成目標が次々に改善していくことにより，企業の事情にも理解を示せるように
なった。そして 2 つの団体とも，共有するビジョンが明確化し，一方的に糾弾
する関係ではなく，互いに「下流に命ありき」(被団協)，「神通川の水質維持管
理」(神岡鉱業) を「共有ビジョン」として活動が継続されている。団体の目標
がより上位の目標となり，対話を互いに誠心誠意行ってきたことがこのような
関係性を育んだ。

　最終的にその「共有ビジョン」実現のために互いに学びあい協力する関係性
が醸成されていった。被団協の高木勲寛氏の発言で印象に残ったのは，全面解
決に当たり謝罪を受け入れたときの三井金属社長の「未来永劫にみなさんに向
き合っていく」という発言である。この発言に筆者は深い感銘を受けた。三井
金属鉱業は公害を発生させた企業ではあるが，被害者に誠実に向き合っていく
姿勢を感じた。まさに，企業の CSR，環境倫理を果たす姿勢がトップにより
なされたのである。

　2018 年の「公害資料館連携フォーラム in 東京」において，企業分科会
「SDGs の視点でイタイイタイ病の経験から学ぶ」と題して渋江隆雄氏 (神岡鉱
業㈱元代表取締役社長) と高木勲寛氏の 2 人を招いてシンポジウムを開催し，当
時の関係性を詳しく話してもらった。このなかで，全面的な解決に向かってい
けたのは，上記の要因以外に 2 人のリーダーシップの存在があった。問題解決
に真摯にあたる。これをリーダー 2 人が誠実に行っていたことが全面解決の大

きなポイントであったと思う。

　ほかにも三井金属鉱業のイタイイタイ病に対する姿勢として，新入社員の研修に富山の県立イタイイタイ病資料館を訪問し，過去の教訓を伝承する努力を行っている。さらに企業の CSR レポートにもイタイイタイ病に関することを過去の教訓として継続的に記載している。これもほかの公害原因企業にみられないことであった。近年，SDGs の目標と企業の事業の整理，関連づけがなされているが，三井金属鉱業においてはすでにパートナーとしての関係性が被害者団体側と成立しているといえるのではないだろうか。SDG17「パートナーシップで目的を達成しよう」の観点からこのイタイイタイ病の事例とその成果に関してさらに学んでいくことが必要であろう。

4　ESD コンソーシアム事業の SDGs としての位置づけ

　SDGs のなかでも公害に関する目標として，環境，人権，産業，市民社会があるが，これらの中心に SDG4「質の高い教育をみんなに」がある。私たちはこの「教育」を中心とした事業を展開している。

　2018 年「あがのがわ環境学舎」が文部科学省所管のユネスコ活動費補助金を活用した「『阿賀町近代化遺産の光と影を通じた ESD − SDGs』小・中学校向け教材化プロジェクト」という新潟水俣病関連教材の作成事業を申請し採択され，多様な関係者とコンソーシアムを形成・協働して行った（本事業は 2019 年度も事業実施範囲に新潟市が加わって拡大・継続し，「『阿賀野川流域地域光と影を通じた ESD-SDGs』教材化プロジェクト」として採択された）。このプロジェクトは，2018 年度は 5 つの構成団体，「一般社団法人　あがのがわ環境学舎」「阿賀町」「阿賀町教育委員会」「昭和電工株式会社」「学校法人日本自然環境専門学校」で取り組んだ。コンソーシアム内は図 16-1 のとおり三層構造に分かれ，まず①コンソーシアム構成団体が一堂に会する全体会議，②コンソーシアムを構成する各団体が各自に与えられた役割や業務を遂行する部分，③コンソーシアム全体を下支えする事務局機能（「あがのがわ環境学舎」）である。水俣病の複雑な内容を有する学習対象を先生も生徒も感覚的に理解可能なように，阿賀野

川を主人公にした「阿賀町の近代産業の光と影」をテーマとしたデジタル紙芝居作品を地元大学生と作成し専用のウェブサイトを作成した（https://www.agastudy.info/）。

また，このデジタル紙芝居を使った授業を阿賀町の小中学校で実施，この内容を副読本として流域の市町村小中学校に配布した。このデジタル紙芝居は阿賀町の高校と共同で英訳も行うことになった。こうした成果を受けて，2019年度からは阿賀町内のほぼすべての小・中学校，高校においてこれまでほとんど実施されてこなかった新潟水俣病学習が毎年継続的に実施されることとなった。

このコンソーシアムに原因企業である昭和電工㈱が入っていることは，特筆すべきである。富山のケースと同じく，「あがのがわ環境学舎」は2010年より昭和電工とも対話を通じ，環境教育で協力関係をもっている。

スタディーツアーで阿賀町にある昭和電工鹿瀬工場跡地（現新潟昭和工場内）

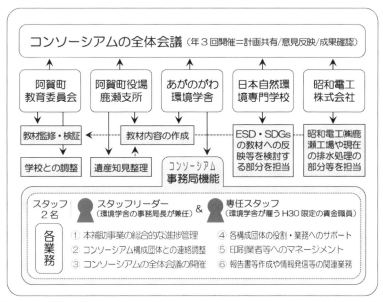

図 16-1 「阿賀町近代化遺産の光と影を通じた ESD-SDGs」小・中学校向け教材化プロジェクト・コンソーシアム

を視察し，現状の水質の説明や案内をしてもらえる関係性ができた。また2018年のCSRレポート「昭和電工レポート2018」においても水俣病の記載がされるようになった。現在の昭和電工の積極的な環境対策に関してレスポンシブル・ケア活動は水俣病を原点として行われている。

「あがのがわ環境学舎」は，阿賀町の小・中学生に町の近代産業の変遷が日本の近代化に貢献したこと，そして自らが生まれ育つ郷土への誇りや愛着を失うことなく，近代化の過程で発生した環境問題からも教訓を学び取る力を涵養するため，小・中学生向け教材を開発した。

この教材開発と活用をさらに拡大させ，阿賀野川流域市町に所在する小・中学校において，地域の環境学習等の一環として新潟水俣病学習の継続的な実施を行うことを目標にしている。そのため授業で活用しやすいよう，かつ，それぞれの地域の光と影を反映させた，ESD － SDGsに基づく教材開発および情報発信などを，2019年度は新潟市をメインエリアとして，同様にマルチステークホルダーで協働して展開する予定である。

5 問題解決の推進力を強化とこれからの展望―未来を創造する学習共同体としての地域

公害のような被害者と加害者という対立構造が起きるなかでは，関係性をつくっていくことはむずかしい。そのためには長い時間と真摯な対話が必要である。イタイイタイ病問題解決の過程は先鋭的対立から協働による問題解決から未来課題への解決へと発展するソーシャル・プロジェクトとしての可能性をもっている。被害者団体と原因企業が互いの努力により「緊張感ある信頼関係」を築いてきたことが大きい。この関係が醸成されたのは公害防止協定が裁判により決まり，毎年の立入調査により完全なる情報開示が行われてきたこと，定期的に協議を行い，企業側も必要なことは率直に被害者団体に要望し，互いのメンタルモデルを理解した関係が確立したこと。「下流に命ありき」という共有されたより上位の目標のために互いに協力するという合意ができてきたからである。

対立構造になるのは，それぞれの「メンタルモデル」の対立が表面的な問題よりも，より根深い問題として生じるからである。これを超えるために「対話」いわゆる「ダイアローグ」が必要である。「ダイアローグ」とは共有可能なテーマの下で，聞き手と話し手で担われる創造的なコミュニケーション行為と定義される。このような創造的なコミュニケーションができて初めて新しい関係性のうえで未来が創造されるのではないだろうか。

　現在，富山では今後は当事者以外のステークホルダーとの関わりが課題となっている。今までは行政以外の一般住民や一般企業などの参加はむずかしかった。これに関しては公害資料館，NPOなどが積極的に仲介することが望まれる。より広いステークホルダーの参加と上位目標，たとえばSDGsなどを共有目的とすることが必要である。

　現代はSDGsはじめとする社会的課題は複雑さを増しており，1つのセクターだけでは解決できないものが大半である。だからこそ，多様なセクターによる協働によって解決を図らなければならない。しかし，協働のあり方こそが最もむずかしい課題である。複雑な問題は技術的な問題ではなく，適応を要する問題。つまり，自分も問題の一部であることを理解し，自己変容を必要とする問題であるからだ。

　「あがのがわ環境学舎」は，「教育」が果たす役割を中心にしたいと思っている。人は人生をかけて成長，発達していく存在である。そのなかで，自分の価値観や認知を変容させるのは他者とのダイアローグと共同学習である。炉端談義（ロバダン）によって私たちは阿賀野川流域のさまざまな人のさまざまな考えを聞いてきた。まさに多様な視座を得ることができたのである。そこでの原則は「大事なことを少人数で自由な雰囲気で話し，ロバダンの目的（水俣病のもやい直し）の明確化，相手の言い分を否定せずに傾聴する，共通の価値観を探る」ことである。ここから現在の私たちの方向性や事業展開が生まれてきたのである。

　私たちは阿賀野川流域を「学習する地域」として「学びのエコシステム」の構築をめざし，手始めとして流域で小・中学校に使われる新潟水俣病の教材，副読本を流域全体で使ってもらい，その学習支援を行う。その過程で昭和電工

や一般企業，地域，行政，学校，環境系 NPO などとのネットワークをつくり，公害を超えた SDGs を含む，より広い環境学習の支援ネットワークを構築する。そこには学習者が，学びあいのネットワーク，教えあいのネットワークでつながっていくことをめざす。これを全国に発信して，新潟水俣病学習を含む「阿賀野川流域の環境学習」というより広い観点から全国の他地域からの視察対象となるよう「環境学習エコシステム」の構築・運営に努めたい。

　さらに，この学びのためのエコツーリズムがソーシャル・プロジェクトの成功のためのラーニングジャーニーとなる可能性もある。私たちは SDGs の目標を達成することにばかりとらわれることなく，問題解決型社会から新たな価値創造を行う課題創造型社会をめざすべきと考える。課題は与えられるのでなく，自ら創造し，これを解決するということである。そのためにはチェンジ・エージェントは単なるファシリテーターではなく，ジェネレーターとして参加する必要がある。

　私たちは，地域のあり方と SDGs との間の創造的な学び，クリエーティブ・ラーニングを行いながら，自らもジェネレーターとして参加するチェンジエージェントの育成の必要性を感じている。そのため今後とも阿賀野川流域の光と影をテーマにして新潟水俣病を含む環境プログラムの実践内容のモデル化について，同一の水系でつながる流域を単位とした「環境学習のエコシステム」をつくりたい。これは「阿賀の学習教材サイト」に関連して前述したとおり，流域内で展開される環境学習の情報プラットフォームを活用して，流域に所在する小・中学校の環境学習を活性化させるモデルである。そのなかでアクティブラーニングの手法も取り入れていく。このように一般化されたモデルであれば，新潟県外地域への水平展開も視野に入ってくるであろう。公害地域のエコツアーを災害被災跡地，戦争跡地など，死や悲しみを対象にした「ダークツーリズム」ではなく，「光と影のエコツーリズム」として位置づけたい。まさに多様な主体間で協働ガバナンスを学ぶことにより私たちは対立を乗り越えてコレクティブインパクトを実現できる。その挑戦をこれからも行っていきたい。

［五十嵐　実］

本章を深めるための課題

1．感情的な対立関係を解消するための対話のあり方を考えてみよう。
2．自分の価値観を留保するとはどのようなことだろうか。そのときどのように感じるだろうか。
3．公害における「被害者の立場」と「加害者の立場」それぞれの視点から未来を考えてみよう。

参考文献

井庭崇編『クリエーティブ・ラーニング』慶應義塾大学出版社，2019 年
財団法人公害地域再生センター「公害地域の今を伝えるスタディーツアー 2009 —富山・イタイイタイ病の地を訪ねて」
——「公害資料館連携フォーラム in 新潟 2013　報告書」
——「公害資料館連携フォーラム in 富山 2014　報告書」
——「新潟水俣病公害スタディーツアー 2018」
佐藤真久・田代直幸・蟹江憲史編著『SDGs と環境教育』学文社，2017 年
佐藤真久・広石拓司『ソーシャル・プロジェクトを成功に導く 12 ステップ』みくに出版，2018 年
デイビッド・ピーター・ストロー／小田理一郎監訳『社会変革のためのシステム思考実践ガイド』英知出版，2018 年
新潟県福祉保健部生活衛生課編『新潟水俣病のあらまし（平成 27 年度改訂版）』
モニターデロイト編『SDGs が問いかける経営の未来』日本経済新聞出版，2018 年

第17章
有事に対応できる関係性の構築

KeyWords
□東日本大震災 □東北の教訓 □顔の見える関係性 □日頃のつながり □情報発信 □中間支援組織 □協働 □関係性の継続 □非常時に生きるネットワーク

　環境パートナーシップオフィスは，環境省が全国8カ所に設置した環境分野専門の中間支援組織である。NPO，企業，行政，大学，専門機関など，環境活動にたずさわる多様な主体による連携・協働の創出を目的に相互交流や学びあいの機会を提供し，マッチングやコーディネートに取り組む。

　2011年3月11日に東日本大震災が発生した。東北環境パートナーシップオフィス（EPO東北）はこれまで環境活動にたずさわってきた人々にヒアリングを行い，現場の状況を伝える活動に取り組んだ。「3.11 あの時」と題したレポート集[1]には，当時の克明な様子と，その後の支援活動の内容や現場で生じた課題，さらに震災を振り返っての教訓がつまっている。このヒアリングをきっかけに，東北各地の知見を共有する交流会事業にも取り組んできた。本章では，これらの活動を通して得た情報をもとに有事と平時のパートナーシップについて考える。

1 東日本大震災を振り返る

(1) 東日本大震災の概要

　2011年3月11日（金）14時46分，三陸沖の深さ24kmを震源とするマグニチュード9.0の東日本大震災が発生した。宮城県栗原市で震度7を観測し，宮城県，福島県，茨城県，栃木県の4県37市町村に及ぶ地域で震度6強を観測した。『未曽有の大震災』と呼ばれた災害は，青森県八戸市から岩手県，宮城県，福島県，茨城県，千葉県まで直線距離500km以上にわたる広域被害をもたらした。大地震によって大津波が発生し，さらには石油タンクや船舶・車が流され，漏れ出た燃料がほかの漂流物との衝突などによって火災が発生する「津波

火災」も多数発生した。死者および行方不明者の数は 2 万 2252 人 (2019 年 3 月 1 日時点，震災関連の死者を含む) に上る。被災地は混乱を極めた。電気，電話，上下水道などのライフラインが停止し，復旧の目処が立たない。鉄道は地震や津波による被害を受け不通区間が生じた。支援には車でなければ被災地に入れなかった一方，道路の崩落やがけ崩れなど地震や津波の影響で大きな被害が生じていて，流通が麻痺したことから深刻なガソリン不足も起きていた。震源から遠く離れた場所でも地震の揺れによって液状化が生じ，住宅や生活インフラに大きな被害を与えた。被災地には，戦争を経験した世代が「戦後の焼け野原のようだ」と言い表した光景が広がっていた。発災後から 4 月末にかけては震度 5 弱以上の余震が頻発して予断を許さない日々が続き，被災者は毎日を生きることに精一杯だった。

　全国から多くの人々が駆けつけたが，自衛隊によって道が整備されるまでの初動期においてはとても厳しい条件のなかでの支援活動が展開された。また，現場では刻一刻とニーズが変わり，朝に必要だったことは夕方には遠い昔のことになっていた。そして，被災者は避難所にいる人ばかりではない。病気や障がいをかかえている，乳幼児やペットがいて避難所では迷惑をかけるなど，さまざまな理由から避難所へは行かず半壊した自宅に留まる被災者もいたため，支援が必要な人がどこにいるのか，全容を把握することはむずかしかった。

　東日本大震災を機に，ではどんな備えをしておけばよかったのか，どんな支援が必要だったのか，各所でさまざまな視点から議論が行われた。行政の支援である「公助」には限界があり，自分の身は自分で守る「自助」と，近所や地域の人々と助け合う「共助」の重要性が指摘され，東日本大震災以降，「自助・共助・公助」の単語が急速に広まったように感じている。

⑵　市民セクターの支援の動き

　1990 年代以降，自分たちの力で社会課題に取り組もうとする人々が増え，社会のなかに公共的な活動の主体として NPO の姿が現れるようになった。1998 年には特定非営利活動法人法 (通称：NPO 法) が制定され，多くの NPO が誕生している。そしてこの市民活動を応援するために，異なるセクターとの

仲介を行う団体として全国各地に登場したのがNPO支援センターなどの「中間支援組織」だ。さまざまな主体をつなげるネットワーク支援やNPOのスキルアップを目的とした講座の開催，相談対応に取り組んでいる。

　東日本大震災における支援活動においては，NPOによる柔軟でフットワークの軽い支援活動や，人々に寄り添った支援が注目され，一般市民にもNPOの認知と理解が広がった。そして最前線で活動に取り組むNPOや企業，公的支援を行う行政とのつなぎ役として，中間支援組織による後方からの支援が大きな役割を果たした。まさに本書のテーマである，多様な主体によるパートナーシップが実践された現場だ。

　被災地では刻一刻とニーズが変わり，さまざまな団体が支援に赴いている。誰がどんな支援をしているのか，どの地域に支援に入っているのか，情報共有もままならない。そこへ，支援活動に取り組む主体が情報共有するための場を提供したのが中間支援組織だった。支援者どうしが顔の見える関係性を構築し，課題を共有することで現場の連携を後押しした。同時にこれらの現場の情報や外部からの情報，行政の支援情報などを一元化して発信する役割も担った。こうした動きから，必然的に県外から支援にやってきたNPO，企業，ボランティアと現場のマッチングやコーディネートにも従事している。特筆すべきは，これまでのネットワークを活かして，セクターを超えたマッチングやコーディネートを行った点である。行政との連携にとどまらず，協定を締結して活動に取り組んだ事例もあった。協働の現場を生み出した重要なキーパーソンとして，後方支援に徹した中間支援組織の役割の大きさに注目したい。

⑶　広域災害で起こった地理的な要因

　東日本大震災の支援活動を振り返るうえで，地理的な要因はふまえておきたい。太平洋側の沿岸部は大津波と津波火災による被害が大きく，福島県では東京電力福島第一原子力発電所の事故により2011年3月12日に国が20km圏内に避難指示を出した。前述したように広域の被害であり，同じ地域でも場所によって被害の内容は大きくちがう。現場に行かなければと全国から集まった支援者が最初に頭を悩ませたのは，支援拠点の設置場所だ。被災地では支援者自

身の水や食料，寝床の確保がむずかしい。広域被害であることから多くの支援
はできないと判断し，支援する地域を特定した団体もあれば，できるだけ広域
的な支援を行えるように移動ルートを考慮したうえで内陸部に拠点をおく団体
も現れた。岩手県遠野市，宮城県登米市に拠点をおいた事例はよく知られてい
る。隣県の秋田県や山形県の県境に拠点をおく団体もあった。結果的に，青森
県・秋田県は岩手県の支援・流通の拠点となり，山形県は宮城県・福島県の支
援・流通拠点となった。

　多くの被災者は沿岸から内陸へと避難したが，岩手県，宮城県，福島県では
大震災の影響が大きく，さらに隣県へと移動していった。とくに福島県からの

図 17-1　各県の支援拠点と支援の動き

避難者は，地理的には宮城県のほうが近いが宮城県県南は甚大な津波被害を受けていたため，会津地域から山形へと抜けるルートを通って山形県へ避難した。山形県南の受け入れはすぐに飽和状態となり，福島からの避難者は徐々に北上し，秋田県にまで広がっていった。

　こうした背景もあり青森県，秋田県，山形県では当事者としての感覚をもち，「被災した県と支援している県」といった認識はなく，「運命をともにしている隣県」という思いが強かった。当事者として大学や企業などさまざまなセクターが被災地のために一緒になって動いたことは，有事の際のパートナーシップ形成の際に重要な礎となった。また，これらの動きは中間支援組織の活動にも影響を与えている。「被災県」である岩手県，宮城県，福島県の中間支援組織は現場でのネットワーク構築やマッチング支援に取り組み，さらに現場の情報を伝えるための情報発信に力を入れていた。活動を円滑に行うために，早い時期に多様な主体が参画する連絡復興会議が立ち上がった。「非被災県」である青森県，秋田県，山形県の中間支援組織は，県内のネットワークを活かし，集まったボランティアを被災地へ派遣するコーディネートや，避難者を長期的に支援するための活動に取り組んだ。避難者の孤立を防ぐために地域住民との交流の場を設け，子どもの遊び場や学習支援，さらには避難者向けの広報誌の発行など，多岐に渡るアプローチが行われた。

２　支援事例に学ぶパートナーシップ

⑴　NPO法人あきたパートナーシップの支援活動

　あきたパートナーシップは，秋田県が余暇活動の拠点として秋田市内に設置した「秋田県ゆとり生活創造センター『遊学舎』」の管理運営を担っている。当初は遊学舎が拠点であることを知らない人が多く，利用者のほとんどがサークル活動の場だと思っていた。そこで，歌のサークルに福祉施設で歌ってくれる人を探していると声をかけたり，登録しているサークル約80団体に対してこんな活動に参加してみないかと声をかけることで，地域のなかで顔の見える連携につなげてきた。事務局長の畠山順子氏は「小さなことの積み重ねをして

きた。いかに皆さんを市民活動に巻き込んでいくかを考えて取り組むと，“橋渡し”がどれほど大事かが見えてくる」と話してくれた。地域のなかで皆が参加できることを考えながら1つひとつの課題に寄り添い，一歩ずつ地域づくりに取り組んできた。

　東日本大震災が発生し，団体としてまずは遊学舎の運営が優先される。当日は館内の利用者を安全に避難させることが第一だった。秋田県は被害がほとんどなく，被災地の情報がどんどん入ってくる状態で，「自分も何かしなければ」と感じる人が多かったようだ。現地に行きたい，何かしたい，遊学舎は何かしないのかといった問い合わせや，被災地に支援に行ったなどの情報が集まってきた。いっぽうで，被災地の状況が把握できないことからボランティアの派遣体制を整えることもむずかしく，ボランティア活動には危険が伴う。「右往左往するしかなかったし，一人ひとりに気持ちを寄せていくことしかできることはなかった」と当時を振り返る。まずはボランティア希望者の登録，募金箱の設置を行い，大震災から1カ月も経たない4月上旬には現地の状況を把握しようと職員6名を被災地に派遣した。宮城県気仙沼市を訪れて，あまりの悲惨な光景に驚き，ショックを受けたという。川に船や家の残骸が重なり合い，車が店舗に刺さり，魚が道路に散乱して異臭を放っている。地盤沈下で水が引かず，道路はめちゃくちゃで迂回を繰り返した。元に戻るには相当の時間がかかる。秋田で何ができるかを考えたとき，被災地に入る危険性を考慮して，直接現地へ行くのではなく秋田で物資を集めることを決めた。被災地での支援活動は専門性をもった人たちに任せ，そうした人を通じて物資を必要としている人に届けてもらうことにした。また，被災地の現状を秋田で暮らす人たちにも伝える必要があると考えた。被災地への職員とボランティアの派遣，気仙沼市内の中学校や仮設住宅の訪問を行うなかで気仙沼の住民とのつながりができ，秋田駅前に気仙沼のアンテナショップを開店した。

　2011年5月には「あきたスギッチファンド」を活用した支援活動への助成を始めた。あきたスギッチファンドは，秋田県内の3つの中間支援組織が核となって秋田県と協働し，市民や企業からの寄付をもとにNPOなどに対して資金面で支援を行う仕組みだ。ある企業から「緊急性のあるものに使ってほしい」

と寄付を受けたことをきっかけに，震災避難者を支援する団体への助成を行った。このころには秋田県への避難者も増えており，避難者に対する支援活動が必要になっていたし，活動の継続には資金が必要だ。ファンド事業を通して助成団体とのつながりができ，団体を通して被災地のニーズや課題など多くの情報を得ることができた。また，銀行や商工会議所，ロータリークラブなど寄付団体に現状を話す機会もあり，現在も積極的に情報を出すことで関心をもちつづけてもらう働きかけをしている。大震災から8年が経過しても支援が必要であることに驚かれるが，顔を合わせて話をすることで「何かできることはありますか」と声をかけてもらえるのだという。また，秋田県内の3つの中間支援組織による協働の取り組みは現在（2019年8月）も続いており，秋には3者合同で「あきたNPO会議」という催しを開催している。全国的にみても県内の中間支援組織が連携して事業に取り組むことは珍しいという。

　東日本大震災における支援現場においては，被災者のニーズと支援をしたいボランティアの熱い思いのすれ違いが発生し，大きな課題となっていた。災害

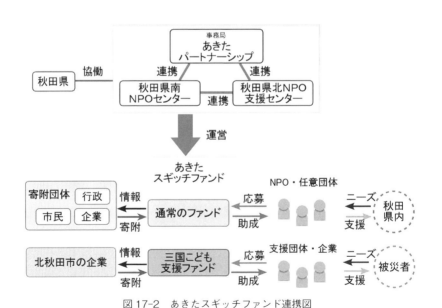

図17-2　あきたスギッチファンド連携図

出典：EPO東北が作成

ボランティアセンターでは，ボランティア向けにルールやマナーを大きく掲示し，SNSでも事前に「ボランティアの心得」を読んでから来てほしいとの呼びかけがみられた。あきたパートナーシップでもこの情報を把握しており，被災地での支援活動を行う学生向けにボランティアマナーを学ぶ機会の提供を考え，行政，大学，NPO，中間支援団体との協働による「災害ボランティア活動支援ネットワークあきた」を立ち上げた。学生ボランティア派遣の仕組みづくりをめざしたもので，支援活動の状況や活動における課題を共有し，学生を対象にボランティアの心得や知識を学ぶ学習会を実施した。その後，支援活動でつながりができた学生たちが自主的に「秋田学生復興支援ネットワーク」を立ち上げ，2011年以降も活動を継続させた。いっぽうで，災害ボランティア活動支援ネットワークあきた自体は，多様なセクターの団体が集まったことで小回りがきかなくなり，役割分担がうまくいかず，結果的に「学生ボランティア派遣の仕組みづくり」という当初の目的は果たせなかったという。東日本大震災の支援の動きのなかでは多くの協働が生まれたが，うまくいかなかった事例も多くあった。

(2) 東日本大震災の支援における成果と課題

EPO東北では東北6県の中間支援組織の協力のもとで，各組織が取り組んだ支援活動についてヒアリングを行い，各地域で誕生した協働取組について整理を行った[2]。セクターを越えたマッチングやコーディネート支援，多様なセクターによる課題共有の場づくり，新たな連携の創出ができたなど，中間支援組織としての機能をおおいに発揮した成果があげられている。日頃の連携事業やネットワークが協働へとつながった事例もあった。

他方で，課題も多く出された。その1つとして，事前にスタッフが被災することを想定している組織がどれほどあるだろうか。支援するほうも被災していて思うように動けなかった実情があり，今後の備えとして有事の際の組織体制を想定しておくことの重要性が指摘されている。また，ポータルサイトを設置するなど情報の拠点として機能した一方で，NPO間の円滑な情報共有には至らず日々変化する情報への対応や情報集約のむずかしさが反省点としてあげら

れている。異口同音に「顔の見える関係性が構築できておらずに連携には至らなかった」「震災前からのネットワークしか活かせなかった」と語られている点も心に留めおきたい。

(3) 広域連携による学びの活用

　東日本大震災の教訓を共有しようと，EPO東北では2013年6月に東北の中間支援組織が集う交流会を企画した。各組織で東日本大震災後の支援に関してどんな取り組みを行ったのか，どんな効果や成果，課題や反省があったのかを共有し，課題解決に向けた議論を深めた。この取り組みは全国EPOネットワークを通して広域連携が生まれ，翌年に中国地方でも同様の交流会の開催に至っている。東北の中間支援組織から代表3名を話題提供者として派遣し，中国地方の中間支援組織と意見交換を行い，今後の備えについて議論を深めた。交流会の約2週間後，2014年8月豪雨による広島土砂災害が発生した。即座に東北と中国地方の中間支援組織の連携が生まれた。その後の支援活動を振り返って，中国地方の主だった中間支援組織の関係者が直前に顔を合わせていたこと，東北の教訓を聞いていたことが役立ち，地域内での円滑な連携・協働につながったと報告を受けた。

　首都直下地震，南海トラフ巨大地震の予測が次々に発表されるなか，この一連の動きは他地域へも波及をもたらした。翌年には関東地方で，さらに翌年の2016年には四国地方で，各地方EPOと連携して同様の中間支援組織交流会を開催した。経験者の話を真摯に受け止め，「戻ったらすぐに組織内で対応と備えについて話してみる」と力強く語った参加者の姿が印象深い。

写真17-1　関東ブロック中間支援組織交流会
（2016年1月）

3 日頃からの関係性が重要

(1) 災害時に力を発揮したパートナーシップとは

　東日本大震災後，EPO 東北ではさまざまな主体に対してヒアリングを行った。中間支援組織に限らず NPO や個人からも，異口同音に日頃のつながりが重要だとの声が寄せられた。ネットワークはあったものの活用には至らなかった事例もあり，「非常時に生きるネットワーク」は共通して聞こえてきたキーワードだ。

　「奇跡の一本松」で有名になった岩手県陸前高田市には，中心部から車で 30 分走った先に広田半島がある。岬になっており，東日本大震災では津波の影響で道路が寸断されて孤立状態となった。物資や食料はいつ届くかわからないなかで，住民どうしが協力しあって生き延びるしかなかった。自治会が中心となって組織的に動き，家を失った住民は高台の民家に分宿し，集落中の食料を分けあって被災生活を乗り切った。被害の少なかった一軒一軒を訪ねて，「食料を自治会に集め，皆で分け合いたい」とお願いして回り，住民の協力を得た。発災から 2 日目，住民全員が 1 カ月は食べていける量の米があるとわかり，数日間は住民から集めた食料を分け合って凌いだ。その後，住民自ら地権者や市，県と交渉して集落内に仮設住宅「長洞元気村」建設を実現している。地域が一丸となれたのは，過疎化が進み盆踊りなど自治会行事が縮小傾向にあるなかで，集落を盛り上げようと自治会がさまざまな働きかけをしてきたからだ。自治会行事には参加者を労うために豚汁などの昼食を準備するなど，楽しめる工夫を試みた。最初は冷ややかな反応があったものの，声をかけると協力者がたくさん集まってきて，だんだんと自治会行事が賑わうようになった。地域内には自分たちの楽しみを自らが創る空気ができていた。

　広田町には 7 つの集落がある。各集落が 4 年に 1 回，村社である黒崎神社に梯子獅子舞などの郷土芸能を奉納している。長洞集落には人が少ないため，子どもからお年寄りまで総参加でなければ祭りの準備ができない。大人は年長者に習いながら山車をつくり，子どもたちは踊りの練習をする。住民総参加で祭りをつくり上げることで，一人ひとりが集落の構成員であること，それぞれの

役割があるという意識が芽生えていったという。皆でお祭りをつくるのだから
と，祭りに参加した人は子どもも大人も慰労会に参加するよう仕組みを変えた。
慰労会の費用は増えるが，住民それぞれに地域での役割があるという意識や，
地域における自分の存在の明確化につながっていった。大震災後の被災生活を
乗り越えることができたのは，震災以前からの住民どうしのつながりがあった
からだ。

　ヒアリングに取り組むなかで，「祭りは最大の防災訓練だ」という話を何度
か耳にした。大きな被害を受けた集落で祭りが復活したとのニュースを目にす
るたび，モニター越しに地域コミュニティの復活とともに住民どうしのつなが
りを深めようとする熱意を感じた。地域のコミュニティや多様な主体によるネ
ットワークは有事の際に大きな力になる。教訓を活かそうと大震災後，福島県
では非常時に生きる関係構築のための戦略づくりが行われた。山形県では毎月
1回，行政と社会福祉協議会，中間支援組織やボランティアグループなどが情
報交換を行っている。震災前に全国的なネットワークをもっていたことから，
他県から人的な支援を受けることができた団体では，大震災後も継続して広域
的なネットワーク形成に取り組むことに意欲を示していた。

　2019年6月18日に起きた山形県沖地震では，新潟県村上市で震度6強，山
形県鶴岡市で震度6弱を観測した。相撲場の倒壊，道路の液状化，施設の壁や
天井の破損など大きな被害があった。関係者によると，対する支援の動きは非
常にスムーズであったという。皆がどう動くべきかをわかっていたからだ。全
国各地で災害が多発し，災害時の対応についてノウハウが蓄積されていること
はもちろん，「備えること」が浸透していきているのではないかと推察する。

⑵　日頃から有事に対応できる関係性を継続するには

　山形県内には大震災の前から「支え合いリスト」が作成されていた。もし災
害が起きた場合に団体が一番困ること，団体ができることを調査し取りまとめ
たものだ。しかし内容が更新されておらず，東日本大震災の折には機能するこ
とはなかったという。リストの定期的な更新と団体どうしの顔の見える関係が
構築できていていれば，有事の際に具体的な連携ができたろうと関係者は悔や

む。有事の際にも対応できる関係性を継続させるためには，日頃から事業の連携を行うなどの仕掛けが必要だ。定期的に顔を合わせる，連携する機会があれば，担当者が変わってもつながりは続いていくだろう。広島では2014年8月豪雨による土砂災害のあと，関係者が集う交流会が毎月1回開催されている。

「もしも」のときはいつ来るのかわからない。東日本大震災を経験した多くの人々が，関係者と「何かのときはこう動こう」とおおまかな合意形成ができていれば，役割が明確になっていて動きやすいはずだと振り返る。その場にならないとわからないことは多いが，これまでの取り組みやヒアリングを通して，できるだけ備えておく・考えておくことがいかに有効であるかを学んだ。EPO東北では再び東北ブロックで中間支援組織交流会を開催したいと考えている。本書の執筆に当たって，あきたパートナーシップの畠山氏に再度ヒアリングをした際に，「振り返りは備えることにつながる。交流会はぜひやってほしい」との後押しをいただいた。じつは東日本大震災の直前である2011年3月2日に，EPO東北ではまったく別のテーマで中間支援組織交流会を開催していた。EPO東北としては初めて各県の中間支援組織とネットワークをつなぐ機会であり，情報共有と交流を目的とした会だったが，後日談として「あのとき集まっていたからこそ東日本大震災の折に『そちらは大丈夫か』と連絡を取り合ったし，連携につながった」と聞いた。平常時に行った交流会が非常時に活かさ

写真 17-2 「3.11 あの時」シリーズ（EPO 東北編集・発行）

れたことは幸いに思う。

　立場ごとにできること，得意なことが違うからこそ，多様な主体が集まり互いに強みを活かし，弱みを補うことのできるパートナーシップは重要だ。そしてそのパートナーシップの現場には「誰が何をできるのか」を知っていて，間をつなぐ役割を担う存在が鍵となる。大震災直後の初動では，これまで数々の災害ボランティアにたずさわってきた団体はもちろん，サバイバルの装備とノウハウをもつ自然学校系のNPOが活躍した。避難者の心身ケアでは福祉系NPOや医療関係者による支援が大きな助けとなった。中間支援組織は支援活動の受け皿となり，情報や団体をつなげるコーディネーターの役割を果たした。これからの地域防災を考えるとき，有事の際に支援者の立場で活躍する主体は誰なのか，それぞれの役割を考えてネットワークの輪に入るべき人を想像し，積極的に多様な主体に声をかけてほしい。そして，いつ来るかもわからない災害への備えとネットワークの継続のために，平常時の取り組みのなかでできること，顔の見える関係性の継続に向けて無理なく日頃からできることを工夫し，試みてほしい。東日本大震災では多くの尊い命，かけがえのない故郷が失われた。今もなお心に深い悲しみをかかえて生きる人たちが大勢いる。これから起こるかもしれない「もしも」に備えて，東北の人々が大震災から学んだことを参考にしてもらえれば幸いだ。

［井上 郡康・鈴木 美紀子］

本章を深めるための課題

1．「3.11 あの時」シリーズ（注(1)参照）を読んで，東日本大震災時のパートナーシップについて学びを深めよう。
2．大災害が起きたらどうするか。想定される出来事を周囲の人と話し合ってみよう。
3．有事の際に誰とどんな動きができるか役割分担とともに想定し，周囲を巻き込んだ議論をしてみよう。

［謝辞］
　本章で紹介した内容は，EPO東北が2011～2015年にかけて実施した3.11ヒアリングの内容をもとに整理した。また，原稿執筆に際しては改めてNPO法人あきたパートナー

シップ事務局長畠山順子氏にヒアリングを行った。ヒアリングにご協力くださった皆さま，事例集の編集にあたって取りまとめにご協力くださったに皆さまに深く謝意を表する。

注
(1) 3月11日以降の奮闘を克明に記した「3.11あの時」レポートおよび，教訓を取りまとめた事例集はEPO東北ウェブサイト「東日本大震災後のレポート」https://www.epo-tohoku.jp/page4/index.html で閲覧できる。
(2) 同上ウェブサイト「3.11あの時事例集―中間支援組織　1年間の後方支援活動の記録―」(2015年) で閲覧できる。

参考文献
内閣府ウェブサイト「防災情報のページ」東日本大震災関連情報 http://www.bousai.go.jp/2011daishinsai/index.html (2019年8月15日最終閲覧)
気象庁ウェブサイト「令和元年6月18日22時22分頃の山形県沖の地震について」https://www.jma.go.jp/jma/press/1906/19a/201906190030.html (2019年8月16日最終閲覧)

終　章
SDGs時代のパートナーシップ

KeyWords
□VUCA社会　□貧困・社会的排除問題と地球環境問題　□環境・経済・社会の統合　□個人変容と社会変容　□学習プロセスと協働プロセス　□順応的な協働ガバナンス　□パートナーシップの多義性

　終章では，「SDGs時代のパートナーシップ」と題して，本書と本シリーズ書籍のとりまとめとを行うこととしたい。具体的には，本書の軸にある考え方を提示したうえで，本書の各部における論点を整理し，各章で提示されたキーワードの特徴について考察を深める。その後，本書の関連書籍全体をふり返り，各書の構成と特徴，相互の書籍の関連性について述べることとしたい。

１　本書の軸にある考え方

(1)　「社会存続」（自然資本と社会関係資本）を基盤とした持続可能な社会の構築

　本書は，持続可能な社会の構築のための４領域（人類生存，人類成長，社会成長，社会存続：北村　2019）を活かし，「社会存続」（自然資本と社会関係資本）と，ほかの領域（人類生存，人類成長，社会成長）とを関連づけて，多様な角度からパートナーシップを意味づけている。この考え方は，通称「SDGsのウェディングケーキ・モデル」（図終-1）に基づいており，自然資本を基礎としながらも（下段），社会における人と人との関係性（社会関係資本）（中段）が，人類生存，人類

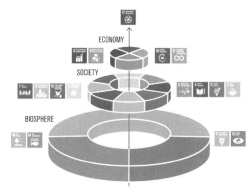

図終-1：SDGsのウェディングケーキ・モデル
出典：http://www.stockholmresilience.org/

成長，社会成長を支える基盤であるという考え方に拠っている。パートナーシップは，図終－1からも読み取れるように，環境領域，社会領域，経済領域の充実において一貫して必要とされていることはいうまでもないが，持続可能な社会の構築のための4領域（人類生存，人類成長，社会成長，社会存続）の充実においても，なくてはならないものであることも読み取ることができるだろう。さらに「パートナーシップの多義性」（手段，権利，目的）が，持続可能な社会の構築にむけたパートナーシップの姿をより豊かにさせているということができよう。

⑵　SDGs の時代認識と SDGs の本質への対応

　佐藤（2019）は，SDGs の時代背景と世界観，特徴について次のように述べている。SDGs の時代背景については，① MDGs（2001-2015）の時代と比較して，世界が直面する問題・課題が大きく変化（貧困から貧富格差へ，気候変動，自然災害，肥満，生物多様性喪失，エネルギー問題，ガバナンス，社会的公正，高齢化など）していること，② VUCA（変動性，不確実性，複雑性，曖昧性）の時代への状況的対応が求められている点を指摘している。また，SDGs の有する世界観については，①"地球の限界"（planetary boundaries）に配慮をしなければならないという「地球惑星的世界観」，②"誰一人取り残さない"という人権と参加原理に基づく「社会包容的な世界観」，③"変容"という異なる未来社会を求める「変容の世界観」があると指摘している。さらに，SDGs の有する特徴については，①"複雑な問題"への対応（テーマの統合性・同時解決性），②"共有された責任"としての対応（万国・万人に適用される普遍性・衡平性）をあげている。

　本書では，上述するような SDGs の時代認識（時代背景や世界観）をふまえたものになっていることが，本書全体から読み取れることができるだろう。さらには，SDGs の特徴（"複雑な問題"への対応，"共有された責任"としての対応）をふまえたものになっている。このような意味においても，本書はこれまでの時代認識のもとでの"これまでのパートナーシップ"とは異なるものであり，SDGs の時代認識（時代背景や世界観）と，SDGs の本質への対応が色濃く出た

これからのパートナーシップとして，"SDGs 時代のパートナーシップ"ということができるだろう。

2 本書の各部論点

「第1部 SDGs とマルチステークホルダー・パートナーシップ」では，「社会存続」と，ほかの領域（人類生存，人類成長，社会成長）とを関連づけて，パートナーシップを考察している。共通している事項として，①SDGs を共通言語として，多様な主体と力を持ち寄る協働（マルチステークホルダー・パートナーシップ）が求められていること，②自己変容と社会変容の重要性，環境・社会・経済の統合，社会的包摂を強調していること，③どの章においても"VUCA 社会"への適応が迫られている点があげられる。第3章でも述べられているように，今日の社会においては，"複雑な社会"に対する解決策が求められており，その解決策を見いだすためにも，さまざまな事柄を相互関係的（システム）に捉え，その変化を時間軸で捉え，意味の多面的に捉え，状況的な対応をしていく点において，共通点を見いだすことができる。

「第2部 社会成長と社会存続のためのパートナーシップ」では，社会成長と社会存続に向けたパートナーシップの事例が紹介されている。具体的には，企業が進めるバリューチェーンの構築／国際規格の策定プロセス（第4章），アクセシブルデザインによる共用品推進／地域スタンダードによる企業認定／公共調達基準の策定（第5章）などを通して，多様な主体とのパートナーシップが紹介されている。地域における取り組みにおいては，環境・社会・経済の統合を意識したエコシステムの構築，チャレンジの連鎖を生み出す仕組みづくり（第6章），市民参加型調査を軸にした流域自治の事例（第7章）が紹介されている。共通している事項として，①チャレンジと好循環を生み出す仕組みづくり，②多様な主体が活き，活かされる社会としてのエコシステムの構築に，共通点を見いだすことができる。

「第3部 人類生存と社会存続のためのパートナーシップ」では，地域社会において顔の見える関係性，世代内・世代間の関係性の構築，リスク社会におけ

る学習・協働プロセスに配慮した事例が紹介されている。具体的には，地域と行政との総働による地縁性を活かした自治力の向上を図る仕組みづくり—小規模多機能自治（第8章），多様な人々の結びつき強化による地域・子ども・未来を変える取り組み（第9章），地域の信頼関係を軸にした学校地域協働（第10章），地域防災を通した持続可能な地域づくり（第11章）が紹介されている。いずれにおいても，リスク社会・危険社会において，日常における顔の見える関係性，信頼性の獲得，学習・協働プロセスへの配慮，世代内と世代間のコミュニケーションの深化，地縁性を活かした取り組みがみられる。テーマ型のパートナーシップというよりむしろ，地縁型のパートナーシップを拡充することを通して，"VUCA社会"への適応をみることができる。

　「第4部　社会存続としてのパートナーシップ」では，「参加の権利」を尊重した事例が紹介されている。「参加の権利」に関する学術的考察（第12章）では，パートナーシップは，SDGsの目標を達成するための手段として位置づけるSDG17「パートナーシップで目標を達成しよう」というよりむしろ，「権利に基づくアプローチ」として，SDG16「平和と公正をすべての人に」を強く意識する重要性を指摘している。さらには，対話の場づくりを通して，多様な主体が参加できる仕組みづくり（第13章），支援の好循環を生み出す地域包括ケアシステムの構築（第14章）が紹介されている。いずれにしても，社会における関係性の構築に最大限配慮をし，多様な主体が参加できる仕組みづくりについて考察している点に特徴がみられる。

　「第5部　人類成長と社会存続のためのパートナーシップ」では，社会の仕組みを構築しながら，人が成長する事例（学習・教育，能力開発）が紹介されている。第15章では，社会の変化に対して順応性を欠くガバナンスが多い日本社会において，統合的な協働の仕組み，順応的な協働ガバナンスの重要性を指摘している。さらに，問題解決の推進力を強化する場づくりとしての「学習する地域」の構築（第16章），日々の共助の仕組みの構築による有事対応（第17章）が紹介されている。いずれも，"VUCA社会"に適応した社会の仕組みと人の成長を促す取り組みであるともいえ，今後の日本社会に大きな示唆を与えてくれている。

3 本書各章にみられるキーワード

本書各章の冒頭に記されたキーワードは各章の筆者により抽出されたものであるが，通してみると，その多様性に特徴がある。いずれも，「社会存続」（自然資本と社会関係資本）と関連づけて考察が深められているものの，テーマの捉え方やみる角度によって，これだけの多様なキーワードが出てくることに，筆者として驚きを隠せない。「パートナーシップの多義性」（手段，権利，目的）については前述されているが，各章のキーワードからパートナーシップの姿をみると，それは，人や社会の捉え方，実施プロセス，探究アプローチ，ガバナンスの姿，自治のあり方，参加・協働のあり方，学習・教育のあり方，コミュニケーションのあり方，リスク社会や危険社会における戦略，学び続ける地域の姿でもあるといえよう。言い換えれば，パートナーシップには，それだけの多義性があるといえる。今後，多様な捉え方，異なる角度からの「パートナーシップの多義性」についてさらなる考察を深めていくことが必要とされている。

4 本書関連書籍のふり返りとその構成と特徴，相互関連性

本章後半では，本書で論じたパートナーシップをより深めて捉えるうえで，関連書籍をふり返り，各書の構成と特徴を述べるとともに，相互にどのように関連しているかについて述べることとしたい。

(1) 『SDGs と開発教育』と『SDGs と環境教育』

本書の関連書籍では，まず『SDGs と開発教育—持続可能な開発目標とその学び』（2016 年刊行），『SDGs と環境教育—地球資源制約の視座と持続可能な開発目標のための学び』（2017 年刊行）の 2 書籍が刊行された。筆者は，「貧困・社会的排除問題」と「地球環境問題」をグローバルな基本問題として「双子の問題」としているが，まさに。この 2 つの基本問題を教育的視点から捉えた 2 書籍であるといえよう。『SDGs と開発教育』は，1948 年の世界人権宣言，1989 年の子どもの権利条約（CRC）に端を発する一連の開発論・教育論をふま

えたものとなっており，『SDGs と環境教育』は，1972 年の国連人間環境会議（通称：ストックホルム会議）とその宣言（国連人間環境宣言），その後の国際環境教育計画（IEEP）に端を発する一連の開発論・教育論をふまえたものになっている。いずれにしても，1992 年の国連環境開発会議（UNCED，通称：リオサミット）における持続可能性と教育に関する国際的議論をふまえ，その後に続く，「国連・持続可能な開発のための教育の 10 年」（国連・ESD の 10 年）の流れを取り扱っており，人づくり（人間開発アプローチ）と持続可能な開発を関連づけた論考として整理がなされている。

　2 書籍ともに，SDGs のさまざまな目標と関連づけて，開発論・教育論が語られており，グローバルな基本問題（貧困・社会的排除問題と地球環境問題）に横断的にかかわるアプローチとして，考察されている点に特徴がみられる。また，［歴史・課題・内容・方法］［開発・環境理論］［特徴として位置づけられる人類共通の課題］［対象と担い手］の視点からの考察を深めており，2 つの書籍を併せてに読むことを通して，開発教育の特徴，環境教育の特徴，開発教育と環境教育の相互関係性を理解するこができる。

⑵　『SDGs とまちづくり』

　上述した 2 冊の出版ののちに刊行されたのが『SDGs とまちづくり―持続可能な地域と学びづくり』（2019 年刊行）であった。当該書は，SDG11「住み続けられるまちづくりを」：目的としてのパートナーシップ―学習する地域，協働ガバナンスに向き合い，人が学び，協働する "場の機能" に焦点がおかれた書籍であった。この書籍は，まちづくりにおいて一般的にイメージしがちなハードなインフラ（鉄道・道路・港湾・ダム・橋梁・上下水道・通信施設などの産業基盤となる社会資本や，学校・病院・社会教育施設・社会福祉施設などの生活基盤となる社会資本）が主ではなく，ソフトなインフラ（人的能力，組織能力，地域能力―ビジョン構築や，学び・協働の場づくり，ケアシステム，社会サービスを含む）に焦点がおかれたものであった。これは，当該書の副題「持続可能な地域と学びづくり」からも読み取ることができよう。当該書では，「持続可能性」を実現するために，まちづくりにおける「ひとづくり」に注目し，環境，福祉，地場

産業，農業・食料，文化などのテーマを扱うとともに，海外とのつながりや世界の課題を意識したまちづくりについて注目（多文化共生，責任ある生産・消費，国際交流）している点に特徴がみられる。さらに，「持続可能性」の実現するためには，住民の楽しみや居場所に配慮したまちづくりに着目している点にも特徴がうかがえる。これまで，まちづくりの主流であったハードなインフラの構築を超えて，人の営み，人と人との関係性に軸をおき，ソフトなインフラを重視している点は，これからの日本の社会における持続可能性の構築と社会的レジリエンスの強化に貢献するといえよう。

⑶ 『SDGs 時代の教育』と『SDGs 時代のパートナーシップ』

　その後，刊行がなされたのが『SDGs 時代の教育—すべての人に資の高い学びの機会を』(2019 年刊行)，『SDGs 時代のパートナーシップ—成熟したシェア社会における力を持ち寄る協働へ』(本書) であった。この 2 書籍は，SDGs の達成において，持続可能な社会の構築と社会的レジリエンスの強化において，最も重要な役割を有する「人」(教育) と「人と人」(パートナーシップ) について考察するものであった。この 2 書籍は，共通して "SDGs 時代" が題目に使用されていること，持続可能な社会の構築のための 4 つの領域（人類生存，人類成長，社会成長，社会存続）に基づく考察がなされていること，教育・パートナーシップともにその意味合いの多義性（目的，手段，権利）が指摘されている点に特徴がみられる。

　『SDGs 時代の教育』では，教育を「人類の成長の基盤としての教育」と「持続可能な社会を創る教育」の 2 つの視座から考察をしており，SDG4 のターゲットと深く関連づけながら，教育の多義性と教育で取り扱う領域の幅の広さを提示している。とりわけ，SDG4「質の高い教育をみんなに」のターゲット 4.7 において指摘されている，「持続可能な開発のための教育（ESD）」と，「地球市民性教育（GCED）」についても政策論的，教育論的な考察を深めている点に特徴がみられる。本書『SDGs 時代のパートナーシップ』では，パートナーシップを SDG17「パートナーシップで目標を達成しよう」：手段としてのパートナーシップとして位置づけるだけでなく，SDG16「平和と公正をすべての人に」：

権利としてのパートナーシップ，SDG4「質の高い教育をみんなに」：目的としてのパートナーシップ―社会的学習，SDG11「住み続けられるまちづくりを」：目的としてのパートナーシップ―学習する地域，協働ガバナンスとしても位置づけている点に特徴がみられる。

　両書においては，共通して「SDGs 時代」が題目に使用されていることからもわかるとおり，これまでの時代の教育，これまでの時代のパートナーシップの文脈を超えて，"SDGs 時代" としての意味合いを強めている。さまざまな "複雑な問題" に向き合い，SDGs の本質に対応し，"VUCA 社会" に対応することが "SDGs 時代" には強く要求されており，従来の線形的思考では通用しない "統合的な問題解決" のあり方の模索，変化の激しい環境下での "状況的な対応力" "変容を促す課題解決と価値創造" が求められているといえよう。

⑷　本書関連書籍に通底してみられる「パートナーシップ」

　本章後半部分では，本書の関連書籍をふり返り，各書の構成と特徴，相互関連性を述べてきたが，これらの書籍全体に通底してみられるものとして「パートナーシップ」があることを改めて強調をしたい。事実，これらの書籍において，「パートナーシップ」に焦点がおかれた論考も多くみられる。例として，SDGs とパートナーシップに関して筆者が総合司会で 1 年を通して実施された国連大学におけるリレートーク[1]については，『SDGs と環境教育』にその概要が提示されているし，まちづくりの実践事例を協働の段階[2]（佐藤・広石2018）と関連づけて整理した論考は，『SDGs とまちづくり』の終章としてまとめられている。これらの指摘は，本章前半（図終 – 1 とパートナーシップの関係性に関する考察）で述べられているように，パートナーシップが，環境領域，社会領域，経済領域の充実において一貫して必要とされており，また，人類生存・成長，社会存続・成長においても，必要不可欠であるからであろう。

5　SDGs とパートナーシップ―その課題と展望

　本書の関連書籍は，一連のシリーズ書籍として出版することができた。前述

のとおり，①グローバルな基本問題（貧困・社会的排除問題と地球環境問題）に基づく開発論・教育論としての『SDGs と開発教育』と『SDGs と環境教育』，②"場の機能"に焦点がおかれた『SDGs とまちづくり』，③持続可能な社会の構築に向けた課題解決と価値創造において，重要な役割を有する「人」に焦点をおいた『SDGs 時代の教育』と，「人と人」に焦点をおいた『SDGs 時代のパートナーシップ』というように，該当する書籍おのおのが，SDGs の文脈において，重要な意味を有している。筆者は，『SDGs と開発教育』の筆頭編者である田中治彦とともに，本書の関連書籍全体のデザインに深く関わった。従来の専門分野・領域の枠を超えて，どのように各書の特徴を出し，関連書籍全体をデザインしていくかは，毎回，多大の深慮を要した。その一方で，各書の編者をはじめ，多くの著者が各書のデザインと執筆に尽力をしてくださり，多義的，多角的な視座によるシリーズ書籍を刊行することができた。言い換えれば，本書の関連書籍全体の作成プロセスそのものがパートナーシップそのものであり，本書の副題「成熟したシェア社会における力を持ち寄る協働へ」に即しているものであるといえよう。

　持続可能性の社会の構築と，社会的レジリエンスの強化に向けて，"複雑な問題"への統合的アプローチが今日求められている。既存の枠組みや，従来の分野・領域を超えて，どれだけ社会全体を相互連関的に捉え，「社会変容」と「個人変容」に向けて，日々の実践と学びを活かしていくことができるかが問われている。本書ならびに関連書籍が，日々の実践と学びに少しでも貢献できれば幸甚である。

［佐藤 真久］

注
(1)「これまでのパートナーシップ」「これからのパートナーシップ」についての考察，パートナーシップの多義性，多様な形態については，佐藤 (2017) に詳しい。
(2)　佐藤・広石 (2018) は，米国保健福祉省 (CDC) などで採用されている「社会生態モデル (SEM)」("個人"，"個人間"，"組織"，"コミュニティ"，"法律・政策"という 5 つの階層を連関させ，社会の問題を統合的に解決しようとするしくみ）や，Nussbaum (2000) が指摘する「結合的ケイパビリティ (combined capabilities)」(内的ケイパビリティが，その機能は発揮するための適切な外的条件が成熟している状態）の紹介を通

して，各々の能力・機能（個人，組織，市民，政策など）の有機的な連関による「システムとしての問題解決アプローチ」の重要性を強調している。さらに，参加のしくみ，協働のしくみ（協働ガバナンス）の構築の重要性について，実際のプロジェクトの経験に基づき考察を深めている。協働ガバナンスを機能させ，効果的に協働を進めるステップとしては，(1) 問題解決の前提を整える協働－課題の再発見とゴールの明確化，(2) 問題解決の運営基盤を整える協働－計画策定と運営制度整備，(3) 問題解決の推進力を強化する協働－継続的改善と中間支援，(4) 成果を生み出し定着させる協働～継続的強化と成果の見える化，を提示している。

参考文献

北村友人・佐藤真久・佐藤学編著 (2019)『SDGs 時代の教育―すべての人に資の高い学びの機会を』学文社

佐藤真久 (2019)「終章：SDGs 時代のまちづくりとパートナーシップ」田中治彦・枝廣淳子・久保田崇編著 (2019)『SDGs とまちづくり―持続可能な地域と学びづくり』学文社，263-278 頁

佐藤真久・田代直幸・蟹江憲史編著 (2017)『SDGs と環境教育―地球資源制約の視座と持続可能な開発目標のための学び』学文社

佐藤真久 (2017)「第 15 章：SDGs とパートナーシップ」同上書，272-294 頁

佐藤真久・広石拓司 (2018)『ソーシャル・プロジェクトを成功に導く 12 ステップ―コレクティブな協働なら解決できる！SDGs 時代の複雑な社会問題』みくに出版

田中治彦・三宅隆史・湯本浩之編著 (2016)『SDGs と開発教育―持続可能な開発目標とその学び』学文社

Nussbaum, Martha, C. (2000) *Woman and Human Development, the Capability Approach,* Cambridge University Press.（マーサ・C・ヌスバウム／池本幸生・田口さつき・坪井ひろみ訳 (2005)『女性と人間開発』岩波書店）

おわりに

　本書は，SDG17「パートナーシップで目標を達成しよう」に指摘されている
マルチステークホルダー・パートナーシップについて，①多様な持続可能な社
会像（人類生存，人類成長，社会存続，社会成長）と，②パートナーシップの多義
性（手段，権利，目的）の視点から考察を深めるものであった。

　佐藤，川北，関の3人の編者はそれぞれ研究者，市民セクター，企業と異な
るバックグラウンドをもつが，等しくこのテーマの検討と実践に長く取り組ん
できた。持続可能な社会を実現したい，そのために不可欠なマルチステークホ
ルダー・パートナーシップを促進したい，という思いの強さも共通している。

　改めてこの書物全体を読んでみると，編者3人や執筆をお願いした共著者の
異なる多様な視点が入り混じっている。ただ，パートナーシップの促進に，唯
一の正解はない。本書の論考の多様性が示すように，まず，パートナーシップ
の捉え方そのものにも多様性があることを理解する必要があるだろう。共同編
者とともに企画を立ち上げ，本書のストーリー展開を描き目次構成と人選を行
った際にも，学文社の編集担当の二村和樹さんを交えて議論を重ね，できるだ
け多様な視点とアプローチを盛り込むべく腐心した。その結果，本書の制作過
程において，パートナーシップの多様な視点とアプローチについて，編者自身
が改めてより深く理解をすることができたことは，この書籍の制作における協
働プロセスの賜物である。また，たとえ異なる視点・アプローチのパートナー
シップであったとしても，いずれもSDGsが提起する持続可能な社会の構築に
資するものである点は共通であることも実感した次第である。果たして，成果
物としての本書が，多様なパートナーシップの価値を伝えることに成功したか
どうかは，読者の判断に委ねるしかない。

　持続可能な社会の構築は，シェア社会に向けた日本の成熟と，多様な主体の
力を持ち寄る協働なしにはなしえない。そしてSDGsは，持続可能な社会の実
現に向けた，世界共通のフレームワーク上でのパートナーシップの創出を求め
ている。今後のパートナーシップを，これまでとは次元の違うパートナーシッ

プにまで高めることができるかどうかが，SDGs 達成の鍵を握っている。本書
には，そのために役立つ，実践と研究のなかから生まれた多くのヒントが満載
である。セクターの壁を超えた気づきと学び，そして何よりも実践にと，本書
が広く活用されることを切に願っている。

2019 年 12 月

関　正雄

索　引

［執筆者一覧］

関　正雄　明治大学経営学部特任教授／損害保険ジャパン日本興亜株式会社 CSR 室シニアアドバイザー（第1章，第5章3・4節）

川北 秀人　人と組織と地球のための国際研究所（IIHOE）代表者（第2章・第15章）

佐藤 真久　東京都市大学大学院環境情報学研究科教授（第3章・終章）

長澤 恵美子　一般社団法人日本経済団体連合会 SDGs 本部統括主幹（第4章）

星川 安之　公益財団法人共用品推進機構専務理事・事務局長（第5章1節）

大川 哲郎　株式会社大川印刷 代表取締役社長（第5章2節）

山内 幸治　特定非営利活動法人 ETIC. 理事・事業統括ディレクター（第6章）

原田 禎夫　大阪商業大学公共学部公共学科准教授（第7章）

板持 周治　雲南市役所政策企画部地域振興課課長（第8章）

栗林 知絵子　特定非営利活動法人豊島子ども WAKUWAKU ネットワーク理事長（第9章）

近江 正隆　株式会社ノースプロダクション代表取締役（第10章）

村野 淳子　別府市役所共創戦略室危機管理課防災推進専門員（第11章）

大久保 規子　大阪大学大学院法学研究科教授（第12章）

石原 達也　特定非営利活動法人岡山 NPO センター理事・事業統括部長（第13章）

岡本 一美　特定非営利活動法人地域福祉サポートちた理事（第14章）

市野 恵　特定非営利活動法人地域福祉サポートちた代表理事（第14章）

五十嵐 実　日本自然環境専門学校学校長（第16章）

井上 郡康　東北環境パートナーシップオフィス（EPO 東北）統括（第17章）

鈴木 美紀子　東北環境パートナーシップオフィス（EPO 東北）スタッフ（第17章）

（執筆順，所属は執筆時）

[編 者]

佐藤 真久（さとう まさひさ）
東京都市大学大学院環境情報学研究科教授

　筑波大学第二学群生物学類卒業，同大学院修士課程環境科学研究科終了，英国国立サルフォード大学にて Ph.D 取得（2002 年）。地球環境戦略研究機関（IGES）の第一・二期戦略研究プロジェクト研究員（環境教育・能力開発），ユネスコ・アジア文化センター（ACCU）のシニア・プログラム・スペシャリスト（国際教育協力）を経て，現職。現在，国連大学サステナビリティ高等研究所客員教授，IGES シニアフェロー，認定 NPO 法人 ETIC. 理事，SEAMEO Japan ESD アワード選考委員（SEAMEO），UNESCO ESD-GAP プログラム（PN1）共同議長，環境省 SDGs を活用した社会課題・環境課題同時解決支援事業委員長などを務める。

　国際的な環境・教育協力のほか，協働ガバナンス，社会的学習，中間支援機能などの地域マネジメント，組織論，学習・教育論の連関に関する研究を進めている。代表著書は，『ソーシャル・プロジェクトを成功に導く 12 ステップ』（共著，みくに出版，2018），『SDGs と環境教育』（編著，学文社，2017），『環境教育と開発教育の実践的統一』（編著，筑波書房，2014），『持続可能な開発のための教育 − ESD 入門』（編著，筑波書房，2012）等。

関　　正雄（せき まさお）
明治大学経営学部特任教授／損害保険ジャパン日本興亜株式会社 CSR 室シニアアドバイザー

　東京大学法学部卒業，安田火災海上保険（現・損保ジャパン日本興亜）入社，2001 年より同社における CSR 推進に携わり NPO との協働に尽力。理事・CSR 統括部長を経て現職。

　あらゆる組織のための社会的責任のガイダンス規格，ISO26000 を策定する作業部会において，世界中の政府・企業・労働・消費者・NGO・その他有識者の代表とともに，5 年間にわたり持続可能な社会構築に向けたマルチステークホルダー・プロセスでの国際基準づくりに関わった。また，SDGs を組み込んだ 2017 年の経団連企業行動憲章改定を座長としてリードするなど，産業界における SDGs 浸透に尽力。経団連 CBCC（企業市民協議会）企画部会長，経団連企業行動憲章改定タスクフォース座長，SDGs ステークホルダーミーティング構成員（環境省），東京オリンピック・パラリンピック「街づくり・持続可能性委員会」委員などを務める。著書に『SDGs 経営時代に求められる CSR とは何か』（第一法規，2018），『ISO26000 を読む』（日科技連，2011）ほか。

川北 秀人（かわきた ひでと）
IIHOE（人と組織と地球のための国際研究所）代表者 兼『ソシオ・マネジメント』編集発行人

　京都大学卒業，㈱リクルート入社。広報や国際採用などを担当して 1991 年退社。その後，国際青年交流 NGO の日本代表や国会議員の政策担当秘書などを務め，1994 年に IIHOE 設立。市民団体のマネジメントや，企業の社会責任（CSR）への取り組みを支援するとともに，NPO・市民団体と行政との「協働しやすさ」を 7 段階で評価する世界初の「協働環境調査」を 2004 年から 5 回にわたって実施するなど協働の基盤づくりを進めている。また，地域自治組織の先進地である島根県雲南市の地域自主組織制度を 2006 年の立ち上げ，当初から支援するなかで「小規模多機能自治」の推進を提唱。同市などの呼びかけにより 2015 年に設立された「小規模多機能自治推進ネットワーク会議」には 200 以上の自治体が参加し，農山漁村部だけでなく，今後は都心部でも急速に進む高齢化や人口減少に備えた住民自治や地域経営のあり方をともに学んでいる。大小さまざまな社会的な事業や市民活動のマネジメント支援を毎年 100 件以上，社会責任志向の企業の CSR マネジメントを毎年 10 社以上支援するとともに，NPO と行政との協働の基盤づくりも支援している。

SDGs 時代のパートナーシップ

―成熟したシェア社会における力を持ち寄る協働へ

2020 年 1 月 20 日　第 1 版第 1 刷発行	編著	佐藤 真久
2020 年 2 月 20 日　第 1 版第 2 刷発行		関　正雄
		川北 秀人

発行者　田中千津子

発行所　株式会社 学文社

〒 153-0064　東京都目黒区下目黒 3-6-1
電話　03 (3715) 1501　(代)
FAX　03 (3715) 2012
http://www.gakubunsha.com

ISBN 978-4-7620-2931-8

SDGs をより深く捉えるための関連書籍

A5判:並製　304頁
定価（本体3000円＋税）
ISBN:978-4-7620-2649-2

SDGsと開発教育

持続可能な開発目標のための学び

田中 治彦・三宅 隆史・湯本 浩之 編著

A5判:並製　320頁
定価（本体3000円＋税）
ISBN:978-4-7620-2738-3

SDGsと環境教育

地球資源制約の視座と
持続可能な開発目標のための学び

佐藤 真久・田代 直幸・蟹江 憲史 編著

A5判:並製　288頁
定価（本体3000円＋税）
ISBN:978-4-7620-2871-7

SDGsとまちづくり

持続可能な地域と学びづくり

田中 治彦・枝廣 淳子・久保田 崇 編著

A5判:並製　304頁
定価（本体3000円＋税）
ISBN:978-4-7620-2875-5

SDGs時代の教育

すべての人に質の高い学びの機会を

北村 友人・佐藤 真久・佐藤 学 編著